信史

1501/001

指文烽火工作室编

中国长安出版社

图书在版编目（CIP）数据

信史001 / 指文烽火工作室编. -- 北京：中国长安
出版社, 2015.5
ISBN 978-7-5107-0918-0

Ⅰ.①信… Ⅱ.①指… Ⅲ.①社会科学－文集 Ⅳ.
①C53

中国版本图书馆CIP数据核字(2015)第108857号

信史 001
指文烽火工作室　编

出版：中国长安出版社
社址：北京市东城区北池子大街 14 号（100006）
网址：http://www.ccapress.com
邮箱：capress@163.com
发行：中国长安出版社
电话：（010）85099947　85099948
印刷：重庆大正印务有限公司
开本：787mm×1092mm 16 开
印张：12.5
字数：200 千字
版本：2019 年 1 月第 2 版　2019 年 1 月第 1 次印刷

书号：ISBN 978-7-5107-0918-0
定价：69.80 元

名家寄语

如果说历史是人类的日记，那《信史》便是择其一段拍成的一部优秀纪录片。

——郭威，纪录片导演

历史的真相在于探究，在于发掘，在于评判。指文的这本《信史》，注重多角度、多层面解析历史，切入点独到，读来令人兴致盎然。

——蔡小心，抗美援朝战史学者、党史研究者，歧路书院名誉总编辑

指文烽火的《信史》系列，是理性、科学研究历史的一个好开端。期待在研究历史文化、科普历史知识这条道路上，指文烽火的《信史》和《战争事典》能越走越好！

——党人碑，央视新科动漫频道主编，新科动漫论坛总版主，宋史学人

研究历史，不仅仅是寻求历史的真面目，更在于了解历史的脉络与规律以及对后世有何影响或借鉴意义。《信史》对历史的解读深刻、明晰、独到，是一本非常好的历史科普图书。

——顾剑，军事历史作家，《最后的空战》、《黑死神传奇》作者

读史可以明智。指文图书继《战争事典》之后推出的《信史》，着实令人眼前一亮，独特的观点、全新的解析会引导你再次去审视那些你原以为非常熟悉的历史。

——经略幽燕我童贯，网络知名历史研究者

《信史》以独特的视角和别样的体系来揭开历史之谜，这种别致的传达不是猎奇，而是作者对历史的洞悉与深度探究。

——江上苇，《南方都市报》专栏作家，天涯煮酒论史资深版主，历史作家，《大帝国的涅槃》、《迷惘的诸侯：后辛亥时代的西南军阀》作者

作为历史研究者，我的快意生活是：写历史故事，读《信史》；忆鼓角争鸣，览《战争事典》。因为只要读了指文的这两本书，就会发现原来史实还可以这样去表述。

——陆大鹏，西洋历史研究者，《1453：君士坦丁堡之战》、《海洋帝国》、《阿拉伯的劳伦斯》译者

《战争事典》展现了每个时代的军事历史，《信史》则记载着每个时代的历史痕迹。

——齐明，英国传统弓促进协会会员，正鹄弓箭社社长

《信史》的编撰体现了指文烽火工作室的责任心。一个国家和民族最宝贵的东西就是历史，《信史》研究挖掘文明与时代的过往，以一种客观的态度去分析和评判历史，更能给读者进一步思考的空间。

——毛小曼，中西书局副总编辑

书籍是人类最宁静和最永恒的朋友，是最善解人意和最具智慧的顾问，是最有耐心的良师。《信史》就是这样的朋友、顾问和良师。

——石炜，知名媒体人，军事史作家

一些人看历史觉得乏味，因为那些书都是在灌输历史知识，而指文的《信史》不仅仅讲述历史，还引导读者去解析历史、思考历史，从而独立评判历史。

——赵国星，笔名二手翻译小熊猫，新时代出版社编辑，《巨人的碰撞》译者之一

指文图书的《信史》与《战争事典》如一双眼睛。这对明眸目光如炬、深邃透彻，洞察历史真实。

——张子平，笔名清海，日本神奈川大学历史民俗资料学博士，16—17世纪东北亚国际关系史研究者

再精彩的小说也不如真实的历史。想了解真正的历史，就应该去读一下《信史》。

——秋李子，言情小说作家，著有《灶下婢》、《世家妇》、《恶女传说》等小说

历史研究重在"社会"和"人"的演进，唯有将人放在不同的历史背景之下，人的表现才会真实。《信史》追求的正是这种历史真实。

——穆好古，近代史研究者、民国史作者，《辛亥以来蓉属袍哥》、《天府百战》作者

指文烽火的《信史》让我们看到了一批有责任心的人对历史的关注。就是这份期待和热衷，足以看出对整个世界的人文关怀。

——李楠，历史社科作家，著有《第三帝国》、《鸦片战争》等作品

《信史》有故事，有知识，更有令人耳目一新的文风。

——陈肯，文史书作家、编剧，著有《挑灯看剑——混在杀戮里的浪漫情怀》、《洛克王国》等作品

整理断片般的历史是史学研究者的课题之一。《信史》其中既有新发现，又有新观点。以此看来，指文的作者当中不乏史学研究者。

——周晨鸣，知远防务研究所研究员、军事评论家

《信史》如清新的夏风，穿越历史时空，飘进历史爱好者的心际。

——安迪斯晨风，山坡网主编、独立书评人

研究历史，在于总结成败；讨论历史，在于延伸智慧。指文烽火的《信史》与《战争事典》以此为主旨，可谓重任在肩。

——王晓明，资深军事历史地图研究者、编制者

每个人了解历史的方式都不尽相同，选择的渠道也是五花八门。我只说《信史》一书逻辑性强，史料详尽，见解别出心裁。指文烽火给我们展示的是不一样的历史和更多层面的知识。

——本垒打，二战研究者、战史研究者、军刊主编

愿《信史》化为浩瀚历史中的灯塔，指引我们刺透苍穹，知史明今，如《战争事典》受到更多读者的欢迎，并且在历史题材书籍中脱颖而出。

——刚寒锋，知名军事历史图书策划人、原《较量》杂志总编、《号角》联合创始人

《信史》，指文烽火的倾力之作，国人读史的首选书。

——raingun，国内研究二战欧洲战场和德国党卫军战史的专家

如果历史可以是一部戏剧，那么我想以《信史》为剧本。因为它正以其独特的方式诠释着历史的真实，这是我想看到的，也是我所期待的。

——宇文若尘，文史作家、编剧

指文烽火将帮助我们追根溯源，拨开历史的迷雾，通过《信史》和《战争事典》将历史本源以及本来面目展现在我们面前。

——宇文拓，中国联合弓会负责人

指文烽火编著的《信史》与《战争事典》，可谓一文一武，为读者呈现了一道精品历史大餐。

——常山日月，专业文史作者，前凤凰网历史版版主，TOM 网渔樵耕读版版主

指文的《信史》与《战争事典》一样，都令我手不释卷或掩卷长思。

——GavinHu War Drum Games，战鼓游戏创始人，职业兵棋设计师

读《信史》，犹如品一壶陈年老酒，闻着墨香，在氤氲中玩味历史。

——王立鹏，原《世界军事》编辑，CCTV 军事频道评论员 凤凰，第一视频军事评论员

目录
CONTENTS

前言

信史，指有文字记载或实物印证的历史，即有据可考的历史。有学者说过："历史事件和历史人物都有三种形象：历史形象、文学形象和民间形象。"与此对应的，钱穆先生也提过研究历史的三种意见：站在古人的立场上看历史的"历史意见"，站在今天的立场上看历史的"时代意见"，站在自己的立场上看历史的"个人意见"。因此，历史爱好者或研究者往往需要做三件事：一是"还原"，探求历史的本来面目；二是"比较"，区分三种形象；三是"分析"，在明确立场的前提下，最终得出属于自己的历史意见。

《信史》这本书想要提供给读者朋友们的，就是通过史籍、资料以及考古发现，还原历史事件和历史人物等最真实可信的历史形象；通过辨析、解构史料，运用史料学、逻辑学，排除文学形象和民间形象的干扰，为读者提供科学合理的辨析思路和借鉴模式；帮助读者理性、科学地明晰"历史意见"，辨识"当代意见"，得到属于自己的"个人意见"。

文艺复兴是欧洲近代文明的曙光，在世界文明的星空中熠熠生辉。15世纪的意大利因汇聚了难以计数的、灿若繁星的天才，成了文艺复兴的崛起之地。《英雄、巨匠、美人、信徒的世界—艺术作品中的意大利文艺复兴时代》将带领读者管窥那个遍布英雄、美人、信徒的意大利文艺复兴时代。

大航海时代促进了欧洲资本主义的发展，打破了各大洲之间相对孤立的状态，让世界日益成为一个相互影响、相互联系的整体，但也让无数的土著文明湮灭于西方殖民者的坚船利炮和宗教狂热下。《从大洋洲到密西西比—大航海时代的土著世界》依托历史文献和考古发掘，让那些曾生机盎然、丰富多彩的土著世界重见天日。

苏美尔文明是目前发现于美索不达米亚文明中最早的文明体系，被誉为"全世界最早的文明"之一。《美索不达米亚上的星火—人类最古老的苏美尔文明》将跨过六十个世纪，再现那段人类刚踏出伊甸园大门的历史与风情。

两宋时期，商品经济得到了极大发展，但宋朝自建立就面临着北方强大的军事压力。这些都需要大量货币。《从军饷看两宋货币》一文将帮助读者见识两宋时期各种货币在经济、军事等诸多领域的关键作用。

斯巴达三百勇士的死战并没有阻挡住波斯大军的脚步，真正拯救了希腊的是雅典海军在萨拉米斯海战中的力挽狂澜，而其中居功至伟者莫过于雅典统帅特米斯托克利。《客死他乡的雅典海军之父》一文将向大家介绍这个伟大人物波澜壮阔的一生以及悲剧结局。

2015 年 5 月

英雄、巨匠、美人、信徒的世界

艺术作品中的意大利文艺复兴时代

作者：lepriest

文艺复兴，是欧洲近代文明的曙光。自古罗马帝国衰亡后，欧洲便沦入了漫长且黑暗的中世纪，此间充满了彼此攻讦的政教之争以及血流成河的十字军战争。直到君士坦丁堡陷落的雷声从达达尼尔海峡峡畔传来，欧洲文明才仿佛从蛰伏中猛然惊醒。随之短短两百年的时间里，在欧罗巴那并不怎么宽广的胸怀中，接连不断喷涌出难以计数的、灿若繁星的天才。无论你用多么华丽的辞藻描述这个时代的伟大，在文艺复兴巨大的成就面前，都会显得苍白无力。特别是15世纪时，意大利所独有的城邦政治文化，使文艺复兴在意大利发展到一个前所未有的高度。

但随着阿尔卑斯山以北的征服者们的南下，意大利微妙且脆弱的政治军事优势被打破，平静安详的田园风光一去不返。而唯一让意大利人聊以慰藉的是——在意大利兴起的文艺复兴，也因此得以向北迅速扩张。

直到今天，我们还能借助文艺复兴时代的艺术作品，遥想佣兵时代人们的风貌，管窥那个遍布英雄豪杰、君王美人，满载着大师、巨匠、信徒的意大利文艺复兴时代。

一 金钱·佣兵·公爵

穿着各色盔甲的骑士挺枪跃马，近处还有手持长剑和战锤的骑士在厮杀，金铁交击。遍地都是折断的长矛，倒卧着死去的战马和骑士。画面居中位置的醒目之处，绘有头戴金条纹猩红帽子手持节杖的指挥官尼科洛·达·托伦蒂。这组画作，就是著名的《圣罗马诺战役》组画。画作表现的是佛罗伦萨和锡耶纳这两个商业城邦之间的圣罗马诺战役。在此战中，佛罗伦萨取得了胜利。1435 年，佛罗伦萨艺术大师乌切洛为纪念本城邦在 1432 年的这次胜利，开始创作这幅尺寸超过三米的蛋彩巨作①。【蛋彩画是一种古老的绘画技法，用蛋黄或蛋清调和颜料绘成的画，多画在敷有石膏表面的画板上。】

依今天的审美来看，这幅画作的人物和动物造型都略显僵硬呆板，马匹如同旋转木马，骑士如同锡兵，但它在艺术史上却有相当重要的地位——是最早运用线条和数学方法，在二维平面上系统表现透视远近变化的画作之一。后世的各位意大利艺术家们之所以能在短短几十年时间里解决掉作品中透视表现的难题，创作出集艺术性、真实性于一体的杰作，都要归功于乌切洛这样的艺术家走火入魔般的钻研。画家乌切洛正是借圣罗马诺战役这个题材，对正在钻研的复杂透视原理进行了实践。骑兵交战时的前后距离、地上丢盔落枪的位置、马匹和人物的前后关系、倒在地上

的战士缩短形象、背景与近景之间的距离，甚至连战士举起长矛的角度都被他列入了透视的研究对象。乌切洛还对这些人物、马匹、器物的透视比例做了深入的描摹，其目的就是为了令画作的透视效果更加合理。因为孤立地研究透视，乌切洛忽视了形象的生动性，以致画面丧失了一定的真实感，使其笔下的人物显得刻板、生硬，缺乏立体感。

本页_《圣罗马诺战役》组画

虽然在《圣罗马诺战役》一画中，乌切洛对透视手法的追求远高于对画面真实感的追求，但我们依然能从乌切洛描绘的画面中领略到当时意大利城邦战争的风貌。这是一场混杂着新旧两个时代战争模式的战斗。战斗的主体是各个城邦雇佣的佣兵团，他们装备齐全，训练有素。战斗沿袭骑士时代的传统，在平坦的田地展开。战场上，佣兵团由穿着各式全身铠甲的重骑兵组成，交战方式以马战和骑枪对刺为主。画面远处是手持长矛、十字弓的步行侍从，这类步行的兵士当时还处于辅助地位。不过，指挥官不再身先士卒，而是手持复古自罗马时期的节杖，指挥部下纵马冲锋。因此，从《圣罗马诺战役》组画中所折射出来的，正是当时意大利与西北欧截然不同的政治和军事状况。

从理论上讲，在合同上代表佣兵签字的任何人都可以被视为佣兵队长（condottiere）。但"佣兵队长"这个词一般只适用于那些拥有5名随从，并能召集起2000名武装人员的佣兵首领。而且，佣兵队长往往特指那些拥有骑兵部队的佣兵指挥官，只拥有步兵的佣兵首领只能被称为民团司令。所以，15世纪意大利文艺复兴时期的雇佣兵战争还是以骑兵为主。

乌切洛的《圣罗马诺战役》组画是佛罗伦萨与锡耶纳两个城邦之间攻伐恩怨的缩影。而这两个城邦的竞争关系持续了将近三百年，可以说是当时意大利特有的城邦政治的缩影。古罗马帝国消亡后的数百年里，意大利的城市通过兼并周边地区的小城镇及控制其经济生活，逐渐演变成有独立主权的大小城邦。这些城邦凭借意大利优越的地理环境，慢慢发展壮大。它们或依靠商业贸易，或依靠发达的手工业和纺织业，或依靠划时代的银行体系。至13世纪，意大利城邦的富裕程度已经远远超过了阿尔卑斯山以北的欧洲国家。这些意大利城邦中，有的是由市民委员会治理的共和制政体，如锡耶纳和卢卡；有的是世袭贵族寡头统治，如费拉拉、米兰和曼图亚；另外还有那不勒斯王国和选举君主政体的罗马教廷，以及佛罗伦萨和威尼斯这样影响甚至超出意大利的贸易和金融中心。米兰的盔甲、威尼斯的舰队连同美第

本页_这是一幅意大利文艺复兴时期典型军人的画像，他除了穿着米兰板甲外，还穿着被称作"Tabard"的无袖短外套（上面可以缀彰显个人身份和家族的纹章），头上戴着红色毛毡制成的帽子。

奇银行的金币，成为当时意大利富裕强大的象征。有的商人和银行家因此在欧洲市场和教皇宫廷中享有越来越高的声望。

随着商人和银行家渐渐取代了传统贵族的统治地位，意大利城邦间的竞争也由传统中世纪式的领土、继承权争夺，演变为争抢商业利益和经营霸权。这些大小城邦没有从属关系，独立富有又相互竞争，为文化艺术的再生提供了理想环境。追随但丁和彼得拉克的意大利学者们，从收藏于寺院和国外图书馆的拉丁文和希腊文稿中挖掘出古典主义的艺术和思想。这种文学领域的古典主义兴趣又迅速蔓延到了雕塑、建筑、绘画、音乐和科学等领域，最终诞生了建立在古典主义基础上的新哲学思潮——人文主义。人文主义者大多是虔诚的基督徒，他们一改中世纪只关注上帝和神学的学风，转而把研究人以及人自身的能力作为学术研究的唯一出发点。经济和军事竞争难以分出高低的情况下，城邦统治者们不约而同把竞争目标转向了文化和艺术，用以彰显城邦的强大。于是，人

文主义和财富在意大利具有深厚艺术土壤的基础上相结合，焕发出了无与伦比的创造力。

城邦政治发展到 15 世纪，于意大利来说，这是一个"最好的时代"。统治者竞相赞助艺术和文化。由于实力的增强和幅员的扩大，城邦已经足以抵御佣兵团的叛变。并且，这些城邦建立了一套控制佣兵的机制。城邦通过大范围雇佣部队，抵御个别的雇佣兵队长和某支部队的不忠，同时也加强了城邦防务，这些举措对想搞军事政变的人来说都是威胁。另一方面，城邦改善了佣兵队长长期服务的工资待遇，使叛变不再具有吸引力。在城邦发明的控制雇佣兵的所有办法中，最著名的是向部队派遣文职特派员。这些特派员都是雇主国执政阶层中的年长者，他们会在战场上陪着雇佣兵，在军事政策方面给佣兵队长做参谋，并向雇主国报告部队的表现情况。显然，这些人也负责向城邦报告佣兵是否有叛变的不轨行为。14 世纪晚期 15 世纪早期时，这种机制在意大利大部分城邦已建立起来，并且发挥了重要的作用——成了中央集权制下官僚行政管理机构的发展方向，代表着未来政府的发展趋势。在军中注入大量被视为不同体系的文职官员以后，城邦军事制度的稳定性总体来说有所提高。后来，佣兵队长不仅在战争中有年长的特派员陪伴，还经常受到一批下级官员的协助和监督。15 世纪下半叶出现的论述军事组织的论文，尤其是基耶里基诺·基耶里卡蒂的著作《论民兵》就阐述了这种

本页_人文主义者肖像，多米尼克·基兰达约壁画的一个局部，描绘了致力于研究柏拉图著作的柏拉图学院成员。从左往右是马尔西里奥·费奇诺，曾将柏拉图的著作译为拉丁文；克里斯多佛罗·兰迪诺，研究亚里士多德、彼得拉克和但丁的学者；安吉罗·波利齐亚诺，天才诗人、戏剧家，做过洛伦佐·美第奇孩子们的家庭教师；甄提尔·贝奇，曾教授过年轻的洛伦佐。

制度对监督佣兵所起的重要作用。

正是由于这些监督机制的建立和城邦的逐渐强大，文职官员和佣兵队长之间相互考验并相互尊重的合作方式也被建立起来。这是一个先进的制度：佣兵队长越来越依赖雇主国方面的拨款、报酬和保护，而不是战利品和叛变，他们也由此成为雇主国重要的盟友。随着15世纪军政形势的发展，对佣兵的传统看法开始改变。佣兵团开始专心服务各自的雇主，不再是创立之初那见风使舵、毫无诚信、野心勃勃的逐利之徒。虽然佣兵队长们依旧野心勃勃，但他们的野心已变成建立一个稳固的基地、取得一定的威信以及获得适当的社

会保障。到了15世纪中期，中等规模的佣兵队长最大的奢望就是拥有一大片封地和可靠的收入，而不是像君主一样控制一个城市。为了使佣兵队长忠心耿耿为主顾服务，富裕的城邦倾向于同佣兵队长签订长久合约。除增加报酬的数量外，城邦还扩大了支付报酬的范围——报酬不再仅仅是金钱，也可能是一片封地，也可能是爵位头衔、特权及佣兵队长所希望的基地，或将佣兵队长上升为贵族阶层。这些奖励制度使佣兵队长在成为城邦受益人的同时，也成为相应的责任人。佣兵队长除了能得到这些报酬外，还有可能获得荣誉方面的赠予。在意大利君主国中，佣兵队长

本页 加塔梅拉塔骑马像。这是一件典型的人文主义的作品，马匹的姿势和人物的动作，参考了著名的古典作品马库斯·奥利略皇帝骑马像。但与作品原型——虔奉"斯多葛派"淡泊、禁欲至理的马克·奥利略皇帝相比，多纳泰罗刻画的人物却是真实的当代人。

可以通过与君主的私生女结婚，成为统治家族的荣誉成员。在共和国中，佣兵队长可以获得荣誉公民的称号。尤其在威尼斯，经常有大议会将荣誉公民称号授予劳苦功高的佣兵队长。

此外，城邦还会通过其他方式满足佣兵队长们的虚荣心。例如，当佣兵队长到雇主国首都接受军队指挥权、领取新报酬、进行战前商议或庆祝胜利时，城邦都会举行活动或筹备马上比武。尤其是佣兵队长以胜利者的姿态凯旋时，他会被城邦当作古罗马的英雄。这些"恭维"方式到了 15 世纪中期，便成为有民众参与的大规模活动，此时的佣兵队长已然是倍受恭维和崇拜的国家雇员。

长期受雇于一个城邦的佣兵团逐渐具备了常备军的性质，直至最后成为所在城邦的一部分。其中最著名的便是威尼斯佣兵队长"加塔梅拉塔"伊拉斯莫·达·南尼了，"加塔梅拉塔"是他的绰号，意为"狡黠的猫"。他先后服务于罗马教皇和佛罗伦萨，1434 年为威尼斯而战，对抗米兰的维斯孔提公爵。加塔梅拉塔去世后，威尼斯共和国为表彰其出众的荣誉和精诚服务，授权著名雕塑家多纳泰罗在 1443—1453 年间塑造他的纪念像。

雕像中的加塔梅拉塔嘴唇紧抿、双眼圆睁、眉头紧皱，身着全身板甲，骑坐在高大的坐骑上。他腰间长剑的形制，也因为板甲的普及，从以砍杀为主的宽剑转为以刺杀为主的窄剑。与传统骑士雕像不同的是，加塔梅拉塔手中持的不是圣乔治屠龙般的长枪，而是古罗马风的权杖。这象征了军事统帅的职能在意大利佣兵战争中的变化——靠才智和指挥技巧带领队伍取得胜利，而不是个人勇武。作品饱满、厚重、体积感强。加塔梅拉塔的雕像相貌一点也不英俊，但他面部神情刚毅，棱角分明，生动展现了一个佣兵队长沉着冷静、杀伐果断、不怒自威的形象，这也是文艺复兴时期人文主义者所推崇的，要在艺术作品中展现出"人"的真实性。

多纳泰罗是第一位推崇和借鉴古典艺术的大雕塑家，他深入研究了古希腊和古罗马的雕塑作品，发现了古典美术的精华，并加以发扬光大。他打破了中世纪古板的雕塑造型模式，通过细致的观察和高超的雕塑技巧，在作品中逼真地表现了处于运动状态中的人体，使作品中的人物形象栩栩如生。因此，多纳泰罗结束了一千多年的中世纪美术史，开创了文艺复兴的新纪元，还以此确定了文艺复兴时代意大利雕塑乃至美术发展的基本路线，并由此受到达·芬奇和拉斐尔等人的尊崇。

沿着多纳泰罗开辟的新道路，各城邦纷纷借鉴加塔梅拉塔像，将各自的佣兵队长用雕像的形式在广场上树立起来，成为当时城邦一道独特的风景线。这些雕像，无论是披甲鼎盔，还是身披斗篷，都以庄重肃穆的形象示人。可见当时意大利人对佣兵的推崇和理想化：坚毅、沉着、奋勇以及忠诚。这些雕像无不体现了人文主义

在人们心中打下的深深烙印。这些佣兵队长是古典化的英雄，他们像古罗马英雄般具备世人所推崇的一切优秀品质。但最重要的是，他们代表有血有肉的凡人，而不是冰冷、空洞、远离尘世的圣徒。正是骑马像这种特殊的意义，使得人们——无论是市民还是雇佣兵，都将自己被塑造成骑马像视作无上的荣誉。著名的米兰佣兵队长弗朗切斯科·斯福尔扎在军事上取得胜利，接受神圣罗马帝国皇帝的册封，最终成为国家统治者后，还为自己没被塑造成骑马像而耿耿于怀。于是，他儿子鲁多维科摄政后，请达·芬奇为他制作了一尊无比巨大的骑马像。

塑造鲜活的佣兵队长骑马像，并将佣兵队长刻画为理想的古典英雄，并不是当时人文主义艺术作品的唯一代表。各个城邦的统治家族，在赞助各类艺术家从事创作的同时，还让艺术家以统治家族成员为模特，创作了大量艺术作品。这些作品，或以雕塑，或以绘画展现意大利富裕的生活、先进的人文主义和划时代的艺术水平，

本页_佣兵队长骑马像

使得阿尔卑斯以北国家的仰慕者无不赞叹意大利。当然，这也使后世的我们得以一睹当时人们的面貌。

其中典型的统治家族，莫过于统治着意大利北部城邦曼图亚的贡扎加家族了。贡扎加家族统治曼图亚长达四百年，以宫廷和睦、警示精明以及捍卫圣骨匣而闻名于世。著名的帕多瓦派文艺复兴画家，北部意大利重要的人文主义者安德烈·曼坦尼亚（Andrea Mantegna），曾于1460年为贡扎加家族创作过一幅群像壁画。画作体现了画家高超的绘画功力和深厚的古典文化修养。画中人物面貌生动形象各异，但又无一不带有曼坦尼亚式的古典庄重肃穆感。瓦萨利（Vasari）曾评论："曼特尼亚一直认为好的古代雕塑品是如此完美，自然界的东西是无法达到此境地的……他作品的线条是那么锋利，似乎比较接近石头雕像，而不像人类肉体的线条。"同时，与三十年前的乌切洛相比，曼坦尼亚更加娴熟地运用透视技巧并将之运用到绘画中，同时人物又不失真实性。

画在墙壁上的诸多人物与墙壁的拱顶完美结合起来，看起来俨然是室内空间的延续。同时，在墙上画了一座阳台，阳台上的人则在广阔的天空下俯瞰室内，观众得以仰视贡扎加三世鲁多维科与他的家人。画面形成的仰视效果使人几乎忘了这幅画仅是被画在壁炉之上而已。这是文艺复兴时代第一幅运用"仰角透视"（Sotto in Su）的壁画。这种构想在拉斐尔（Raphael）和科雷吉欧（Correggio）之前没有人探讨过，直到巴洛克时代才得到充分发展。

本页_曼坦尼亚作品，贡扎加家族群像

画面被两个拱券巧妙分成两部分。左
边身着长袍端坐在座椅上的是曼图亚贡扎
加三世鲁多维科，他不仅是曼图亚的统治
者，也是一名出色的雇佣军首领，还是一
名慷慨的艺术赞助者。摘下帽子恭敬听他
讲授的是其私人秘书。中间端坐着的是女
主人勃兰登堡的芭芭拉，后面是其他家人
和一个朝中侏儒，此外还有匍匐在鲁多维
科座椅下的家犬卢比诺。右边部分，从帷
幕后走来的是请求觐见的人们，将贡扎加
一家与求见者隔开的，是其家臣们。他们
身穿长度及膝的束腰套衫，考究的毛皮装
饰着衣服下摆，下穿着特有的红白两色紧
身裤，脚穿着舒适的软鞋。为了以示敬重，
这些朝臣还摘下了自己的手套。整个画面
构图错落有致、主次鲜明，体现了画家高
超的艺术造诣。

贡扎加家族之所以能够吸引曼坦尼亚
这样的大师，是因为该家族在 1425 年兴
办了一所学校。当时的吉安·弗朗切斯科
一世侯爵邀请了著名的人文主义者维多利
诺·德·费尔特出任校长，侯爵的长子鲁
多维科·贡扎加三世正是这所学校的学生。
他在这所学校系统学习了军事、体育、数
学、音乐以及宗教等课程，帮助他日后能
治理曼图亚。此后，其他城市的学生也慕
名而来，要求上这所"贵族学校"，曼图
亚由此成为人文主义教育的中心。

与历史悠久的曼图亚相比，我们之前
提过的米兰斯福尔扎家族则是新晋贵族和
佣兵一步登天的代表。家族的开创者弗朗
切斯科·斯福尔扎一世原本不过是佣兵队

右上_弗朗切斯科·斯福尔扎画像

右下_弗朗切斯科妻子毕安卡·维斯孔提画像

长穆齐奥·斯福尔扎众多私生子中的一个，以力大无穷闻名，同时他又是意大利佣兵善变和精于权谋的典型。朗切斯科·斯福尔扎一世先后为那不勒斯王国、教皇马丁五世和米兰公爵菲利波·维斯孔提服务，不停接受新主顾又不断改换门庭，直至时运造化。1441 年，指挥米兰军队的他与米兰公爵的私生女儿毕安卡·维斯孔提（Bianca Maria Visconti）结婚。1447年，菲利波公爵死后无男嗣。1450 年，弗朗切斯科·斯福尔扎通过饥荒和战乱等手段，逼迫已宣布为共和国的米兰议会接纳他为米兰公爵，达到了一个佣兵所能达到的权力顶峰。

得益于维斯孔提家族之前的统治，弗朗切斯科·斯福尔扎接手的米兰是一个手工业发达的城邦。1423 年，米兰仅武器制造和细布纺织的收入就达到了 1200 万弗洛林金币，超过了威尼斯或是佛罗伦萨的同业。在由博尼法西奥·班博（Bonifacio Bembo）绘制的弗朗切斯科·斯福尔扎画像中，斯福尔扎以典型的早期文艺复兴风格的侧面像示人。他头戴猩红无檐圆帽，身穿华服，浓厚的眉毛、圆滚滚的下巴和粗壮的脖子，无不显示他原先是一名佣兵。这是斯福尔扎家族的遗传特征，斯福尔扎的儿子——绰号"摩尔人"的鲁多维科·斯福尔扎也是这样一副浓眉圆脸粗脖的相貌。

凭借先前维斯孔提家族打下的基础，弗朗切斯科·斯福尔扎又建立了一套行之

有效的税收政策，为米兰公国带来大量收入。他扩展了工业贸易领域，修建了大教堂，并把人文主义学者请进宫廷，使他的宫廷成为意大利文艺复兴的中心之一。在他的统治下，米兰成为意大利北部最强大的军事城邦。同时，斯福尔扎还展现了他高超的政治智慧——他是欧洲第一个以权力平衡为基础确立外交政策的统治者，也是第一个将外交延续至意大利半岛外的意大利统治者。以至于教皇庇护二世描述他是一位"集各种天赋于一身的人物，我们这个时代无人能比"。

本页_鲁多维科·斯福尔扎画像。因长子被杀，弗朗切斯科·斯福尔扎去世后，次子鲁多维科·斯福尔扎成为米兰实际的统治者。画像中，鲁多维科身着著名的米兰板甲，胸甲右边的突出物是托枪架。托枪架是在战斗或比武中帮助骑士减轻右手负担，托住越来越长越来越重的骑枪尾端的装置。鲁多维科给米兰带来了繁荣，也为米兰带来了灾难。鲁多维科有其父的政治野心，但没有其父的政治智慧，他迟迟不把权力移交给哥哥的儿子吉安·加莱亚佐·斯福尔扎，吉安便向岳父那不勒斯国王阿方索求援。为了对抗那不勒斯王国，鲁多维科引狼入室，勾结法国查理八世出兵那不勒斯，结果酿成了持续65年的意大利战争，直接导致灿烂的意大利文艺复兴衰落。

二 艺术·美人·狂欢

既然提到了米兰，就不能不提与之齐名的佛罗伦萨了。

佛罗伦萨位于联系罗马和北方欧洲大陆的交通要冲。该城凭借得天独厚的地理和资源优势完成了资本的原始积累，文艺复兴时期到达巅峰。而美第奇家族与佛罗伦萨的荣光紧密相关。

美第奇家族，这个当时欧洲最富有的家族，从科西莫·德·美第奇那代起就核心于艺术和公共事业。科西莫的儿子"痛风者"皮耶罗一世·德·美第奇也热心于艺术赞助和收藏，其妻子甚至自称"业余诗人"。

到了科西莫的孙子洛伦佐·德·美第奇这一代，美第奇家族对艺术的关注和投入就一发不可收拾了。

科西莫的五个孩子中，洛伦佐被认为是最聪明的。因此，洛伦佐从小就被着重培养，他的家庭教师都是当时佛罗伦萨的知名学者。除了文化学习外，洛伦佐还被要求多参加马上长矛比武、狩猎和猎鹰等户外活动。

此外，洛伦佐从少年时期就在父亲的授意下参与各种政治和宗教活动，包括去罗马会见教皇。在这些重大活动中，洛伦佐开阔视野，结交了位高权重的长辈和朋友，为他接掌美第奇家族的事业打下了坚实的基础。同时，又因为他的衣着华丽、行事豪爽，被称为"豪华者"。

成年后，洛伦佐的成就之一就是建立了一所人文学院，这学院最有才华的学生就是米开朗琪罗。直到晚年，米开朗琪罗还津津乐道自己与"豪华者"洛伦佐的初识。那年，米开朗琪罗只有15岁，在人文学院学习雕刻。当时，他正在雕刻一个老人的头像，洛伦佐看了雕像问道："你没注意到人年老的时候，往往是缺少牙齿的吗？"一见是"豪华者"在跟他说话的，米开朗琪罗立即拿起凿子敲掉了老人头像的一颗牙齿。洛伦佐看着他的举动，点头微笑表示赞许。

通过15世纪末著名画家桑德罗·波提切利的画笔，我们可以一览美第奇家族的风采。波提切利在他的作品《三博士朝拜》中，巧妙地将他的资助人美第奇一家融入画中。凭借这幅画，波提切利在佛罗伦萨和欧洲赢得了声誉。1481年，响应教皇的召唤，洛伦佐派遣他去罗马为新落成的西斯廷礼拜堂绘制壁画，这是当时的年轻画家能得到的最高褒奖了。

但对桑德罗·波提切利来说，他最钟爱且最为人熟知的作品应该是那幅被誉为"最美丽的人体画作"《维纳斯诞生》。当时，对女性魅力刻画技法的探索早在桑德罗·波提切利之前就开始了。对女性美好外在的展现，也凝结着人文主义思潮的努力和奋斗。

十四五世纪时，教会规定妇女必须在

头上戴东西，女性不论地位高低都受规范制约，贵族妇女还会把无法收纳进佩戴物的头发（如鬓发）剃去，把眉毛拔得只剩一条线。因为教会认为，女性的头发是诱惑男人的淫秽之物。这个想法源自使徒保罗所说的"女人若不蒙着头，就该剪去头发"（《哥林多前书》11—6）。

因此，画作中从圣母到修女，从贵族到农妇，无不将一头秀发收纳在头巾、帽子和发网中，区别只是材料和装饰物优劣多寡而已。文艺复兴初期，随着人文主义的产生和深入人心，女性逐渐从宗教的束缚中解脱出来。这个过程无比漫长。女人虽然能够逐渐在世人的目光下展示秀发，但却是千篇一律的侧面造型，体现不出除相貌和气质外的其他个性。

例如皮埃罗·德·弗朗切斯科描绘的对视双联画像，妻子的发型、头饰、珠宝、服装都得到了大师细致入微的刻画，但面部的刻画就逊色多了，面部木讷苍白，仿佛木偶一般。而公爵的肖像则经过了精心处理，用简单的服装和大块的色块将观众

的注意力引向公爵的面部，生动描绘了公爵脸部的疣子、因骨折而变形的鼻子以及面部流露出的坚毅气质。两厢比较，对比尤为明显。

同时期另外几幅女性肖像画也看不到画中人一丝一毫的内心流露。造成这一切的原因就是当时的女性地位低下。她们身上的华服、珠宝首饰是丈夫或家庭的财富，因此被当作画面的主体占据着重要位置，并得到了精心的刻画，而女性本身的内心世界却被忽略了。

但 15 世纪中期后，这一切逐渐改观，佛罗伦萨画派的作品中开始出现这样的女性：天真可爱，身材婀娜，在白色的光源下显得忧郁。

这些作品出自菲利波·利皮（Lippo Lippi）之手，这位相貌不佳原本立誓成为修士的画家，刻画最多的是圣母和圣子，细腻柔美的画风哪怕在今世也能引起观众共鸣。他画作中体现出的忧郁气质和柔美线条，被他更为有才华和最为出名的学生继承了下来。而这名学生就是桑德罗·波提切利。

在《维纳斯诞生》这幅作品中，从海中诞生的维纳斯女神有着洁白的肌肤、飘逸的金色长发，无愧为是完美的化身。但她脸上却挂着淡淡的忧愁、迷惘和困惑——她生为人，却对这纷繁的世界毫无准备。女神维纳斯的原型则是传说中佛罗伦萨最美的女人，西莫娜塔·维斯普奇。西莫娜塔 16 岁时就嫁给了佛罗伦萨的维斯普奇，不久被洛伦佐·美第奇的弟弟朱

理安诺看中并成为其情人。维斯普奇在佛罗伦萨结识了众多艺术家，其中就包括波提切利。波提切利为西莫娜塔的魅力深深吸引，是西莫娜塔最痴情的钦慕者。

就是从这幅画开始，文艺复兴绘画的内容开始从基督教题材转向了异教题材。也是从这幅画起，西蒙娜塔俨然成了波提切利心中的女神。因为他此后画作中的人物，从基督教的圣母到异教的维纳斯，无不以西蒙娜塔为原型。1510 年，根据波提切利的遗愿，他的遗体被安葬在西蒙娜塔的墓地旁边。

西蒙娜塔 20 岁时，波提切利曾专门为她画过一幅肖像画。在此画中，波提切利赋予了她文艺复兴时期人们理想中的美女特征：樱桃小嘴、细长脖子、金发蛾眉、白皙皮肤。在这幅充满了浓浓爱意的作品中，女性的肖像画风格出现了微妙的变化，原先的侧脸稍稍转动了一下，华丽的金质发网被素雅的珍珠头饰取代，原本应紧束在发网中的头发随意而散开来，脑后长发编成的发辫沿着朴素的白色衣领在胸口盘

成了心形。这一端庄造型是画家精心设计的，黑色的背景也是为了衬托西蒙娜塔美丽的面容。此外，她的眼睛也被波提切利精心刻画过，不再是空洞的凝望，而是反射了窗外的景致。在右侧光线的照射下，西蒙娜塔的眼神显得如此神采奕奕，我们不禁去想知道她到底看到了什么。绘这幅画时，波提切利 27 岁。

此后，西蒙娜塔又以维纳斯的扮相再次出现在波提切利另一幅异教题材的画中——大约于 1483 年绘成的《维纳斯与战神》。作品中，爱神维纳斯和战神玛尔斯躺在一起。维纳斯穿着衣服，胸前挂着

头发饰品，同样的发型和饰物在西蒙娜塔的肖像画中出现过。维纳斯痴情地看着卸下铠甲半裸仰睡的玛尔斯。边上四个萨堤尔像顽劣的幼童，偷走了战神的武器，并在他耳边吹着号角，玛尔斯却浑然不觉。整个画面构图平稳，气氛宁静。

可惜的是，西蒙娜塔在 22 岁时因感染肺结核而身亡。据说，她出殡时仰卧在有玫瑰花瓣环绕的车上，全城人都瞻仰了她美丽的遗容。这一场景曾被无数的童话、电影模仿，如《白雪公主》、《星战前传》。这一时期的佛罗伦萨就如波提切利笔下的维纳斯一样美丽、荣华。五十多年来，美第奇家族虽然不是贵族，却始终统治着佛罗伦萨，是佛罗伦萨当之无愧的无冕之王。以至于这个家族的命运与佛罗伦萨紧紧联系在了一起，一荣俱荣一辱俱辱。此后，在美第奇家族的领导下，佛罗伦萨度过了

左上_女性肖像　　|　　下_圣母画像　　|　　右上_利皮自画像

长达一个世纪繁荣的时光。

有光明的地方就有黑暗，佛罗伦萨繁华的背后也隐藏着危机和暗潮。西蒙娜塔香消玉殒两年后，她的情人朱理安诺·美第奇就遭政敌暗杀。

1478 年，美第奇家族经历了一场差点导致家族灭亡的政治阴谋。因在伊莫拉市的归属问题上与教皇意见不一，美第奇家族受教皇排挤；又因拒绝借贷给教皇，导致教皇愤恨；教皇任命敌对家族——帕奇家族的成员出任比萨大主教后，双方矛盾进一步激化。受到教皇西克斯图四世指使的帕奇家族纠集党羽，趁美第奇家族在佛罗伦萨大教堂做弥撒时发动了突然袭击。洛伦佐幸免于难，但堪称他左膀右臂的弟弟朱里安诺被杀。

上_《维纳斯的诞生》 | 中下_维纳斯 | 右下_西蒙娜塔肖像

此后，洛伦佐进行了血腥镇压，一共处死了 80 余名谋反主使和党羽，包括比萨大主教和杀害朱里安诺的凶手佛朗西斯科·帕奇。

西克斯图四世教皇，这位被洛伦佐称作"阴谋的始作俑者"得知阴谋失败后大为震怒。他以比萨大主教被杀为借口，没收了美第奇在罗马的银行资产，夺了佛罗伦萨的教权，对洛伦佐和美第奇宫廷的所有人开了绝罚令。他甚至动员那不勒斯王国费迪南一世向佛罗伦萨进攻。

佛罗伦萨的雇佣军惨败于教皇联军后，洛伦佐做了一个冒险的决定。他抵押了自己在乡间的地产，筹集了大量钱币只身前往那不勒斯"自投罗网"。在那里，洛伦佐向那不勒斯国王痛陈了教皇胜利后的利害得失。洛伦佐赢得了费迪南一世的好感。1480 年 3 月，被软禁十个星期后，洛伦佐终于回到了佛罗伦萨，市民们像欢迎英雄一样迎接他的归来。

达·芬奇老师韦罗基奥创作的洛伦佐雕像，表现了洛伦佐凭借一己之力怀揣与那不勒斯国王签订的和平协议回到佛罗伦萨时的容貌。但当时佛罗伦萨的危机还未结束——直到四年后西克斯图教皇去世，洛伦佐与新任教皇结成同盟时才得以解除。

洛伦佐以他的外交手段使意大利保持了十多年的和平，使家族达到了权力顶峰。他将女儿嫁给教皇养的私生子，贿赂选民使教皇英诺森八世将他年仅十三岁的儿子乔万尼·德·美第奇任命为红衣主教，即后来的教皇利奥十世。他甚至与奥斯曼帝国的穆罕默德二世苏丹保持着友好关系，用以维持佛罗伦萨与土耳其的贸易关系，增加财政收入。

洛伦佐在国内外取得的成就和他乐善好施的性格为他赢得了很高的声望，他统治的时期成了佛罗伦萨的黄金时期。丰厚的财富、文化的发达、美第奇家族出色管理营造的稳定环境，造就了佛罗伦萨的辉煌。这种繁荣不仅体现在恢宏的大教堂、翻修的街道、数不胜数的小礼拜堂、行业会所上，还体现在观念上，艺术家们不再拘泥于解剖和透视原理，可以自由自在探索人的内在美，例如探究人的裸体或情欲，将艺术创作提升到了一个新的高度。

这种物质和精神上的繁荣还体现在佛罗伦萨市民身上。15 世纪 80 年代的佛罗伦萨，如乔万尼·戴拉·科萨的礼仪书所描述的那样："每个人都应该根据自己的年龄和社会地位穿着得体，否则就会受到别人的鄙视。"文艺复兴时，富裕殷实的意大利人就崇尚这种观念，只要顾客出得起价钱，裁缝和绣工就能制作出既精美又合乎身份的服装，无论布料是亚麻、羊毛、丝绸、锦缎，还是锦缎天鹅绒。其中，金银丝线织成的布料配上珍珠宝石最上档次。

富豪们喜欢这种奢华，"豪华者"洛

伦佐拥有 30 多件豪华长袍，单件的价钱就是一个中产阶级家庭全年的花销。虽然普通人做不到像洛伦佐那样在衣服上一掷千金，但是也舍得在服饰上花钱。为了保暖和追求时尚，妇女一般穿三层衣服，最外层的外套常用上等布料缝制，可以淡雅（符合年长女性的身份），也可以鲜艳（年轻女子青睐）。无论是高位束胸的连衣裙、自然束腰的连衣裙，还是时髦的拖地裙、刚离地的普通裙，应有尽有。米兰和威尼斯等北部城市，大胆时髦的女性用珍珠串起修饰的领边来装饰低胸开领的曳地长裙，为了不使裙边弄脏，甚至用高 4~12 英寸的平台鞋垫高自己。人们将大量钱财花费在服装上的铺张做法曾促使地方政府颁布了《反奢侈法》，有几名妇女因身穿禁止出现的锦缎出席婚礼而被逐出教会。虽然《反奢侈法》限制佩戴贵重首饰的数量，当时赶时髦的妇女还是想方设法在服装和首饰上装扮自己。

此外，佛罗伦萨传统的施洗约翰节也是与其他城邦竞争的窗口，虽然各个城邦的庆典大多是宗教节日，但庆典的豪华壮观往往是为了激发市民的自豪感而不是宗教激情。城市为了庆典往往全力以赴，极尽奢华：燃放烟火、游行、赛马，演戏剧，开宴会、舞会，等等。城邦市政府的元老们都希望自己城市举办的庆祝场面比其他城市更壮观。佛罗伦萨的施洗约翰节时，人们身穿盛装游行，花数周时间装点自己沿街的房子，在游行队伍经过的路边摆起长桌，铺上绚丽多彩的桌布。广场支起巨

本页_朱里安诺·美第奇肖像。鸽子脚下的干树枝、人物背后半掩的门都在暗示这是一幅表达哀思的画像。

大的天棚，不同的商业行会在那里展示珍宝，为城市增添光彩。节日的前两天，绘有圣经故事的彩车在街道上游行，这些彩车通常都由著名的艺术家设计，如波提切利。6月23日，身着金色丝绸和刺绣的牧师们绕城环行一周后聚集到大教堂。晚上，男人们手举火把聚集在纪念施洗约翰的洗礼池。

6月24日早晨，佛罗伦萨大主教主持弥撒，并以圣约翰的名义接受施赠，然后举行庆典活动的主要节目——赛马，优胜者可以获得一批上等布料的奖励。

意大利各城邦的大肆铺张用以装点门面的节日除了宗教节日外，还有漫长的斋月前，为满足人们享乐需求而设立的狂欢节。

在节日期间，市民们可以尽享美食、装神弄鬼、骑马比枪、唱歌跳舞、嘲讽当局。"少男少女们，今朝有酒今朝醉，莫待明日空举杯。"这句当时很流行的诗，就出自洛伦佐·美第奇，代表了人们世俗享乐的时代特征。

狂欢节时，人们可以暂时无视社会等级，上下尊卑。尊贵如美第奇家族的人也可以与市井小民厮混在一起，体会平日不曾有的自由和放纵。意大利城邦的统治者们，无论是何头衔都效法古书中罗马皇帝们的做法，把从人民身上搜刮来的钱财再布施给人民，让人民在欢声笑语中忘却现实的苦痛。这不仅巩固了他们的统治，也满足了他们的虚荣心。

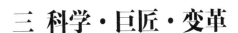

三 科学·巨匠·变革

洛伦佐·德·美第奇还有一个为世人熟知的事迹，那就是他与艺术科学巨匠列昂那多·达·芬奇的恩怨情仇。

"我想要创造奇迹"，列昂那多·达·芬奇在日记里这样写道，他也是这样做的。他生于佛罗伦萨的文艺复兴时期，作品成熟于洛伦佐统治时期，见证了佛罗伦萨最后的辉煌时代。作为一名公证人的私生

上 这座创作于1480年的洛伦佐雕像出自达·芬奇老师韦罗基奥之手。我们可以看到身穿普通市民衣服，头戴圆卷帽，帽子垂缨缠绕于肩膀的洛伦佐眉头紧锁，下巴突起，嘴唇紧报，一副沉思样。

下 佛罗伦萨的施洗约翰节巡礼，画中的教堂穹顶已经完工。

子，达·芬奇不得不屈从于世俗法则——无法得到一份传统体面的工作。或许我们应该感谢世俗的偏见，不然就不会有未来的文艺复兴三杰之一的达·芬奇了。达·芬奇出生自芬奇小镇，后来到佛罗伦萨安德烈·韦罗基奥的工作室当学徒。我们小时候学的那篇课文《达·芬奇画鸡蛋》讲的就是他早年在韦罗基奥工作室的故事。韦罗基奥的工作室与其说是画室，不如说是一座作坊，其产品不仅有绘画、雕塑，还有甲胄、铸钟。可能就是这段经历培养了达·芬奇日后广泛的兴趣。学徒期间，达·芬奇现出了惊人的艺术天赋。据说，韦罗基奥的《耶稣受洗》画作里，左边两个天使就出自年轻的达·芬奇之手。据传，因为这幅画里的天使画得如此成功，韦罗基奥从此歇笔专心制作雕塑。无论这是真是假，达·芬奇到佛罗伦萨后，只用了短短六年时间，就名列医药和香料商业行会名册，取得了"大师"称号。

洛伦佐·美第奇统治时期，有企图谋害美第奇家族的凶犯被绞死时，达·芬奇为其画过速写；著名的施洗约翰节时，他制作了一个精巧会飞的机械鸟，将庆典的气氛推向了高潮。达·芬奇就像所有人文主义者描述的那样：对自然的一切有着无限的兴趣和无穷的精力。他花费相当多的时间从事各种研究：光学、植物学、力学、音乐、水力、武器制造、天文和城市规划。几乎没有哪个学科不能引起他的兴趣。达·芬奇没有作为一名为取悦权贵的艺术匠人（当时还没有艺术家这个称谓）终其一生，从他的作品中，我们能看到他是一个具有远大抱负的人。

15世纪70年代后期，达·芬奇画了众多机械草图，包括一系列战争机械图，这是他着迷于军事机械发明的开始。这些设计对君主有很大吸引力，他认为这些君主将会赞助他。他对自己的定位超越了同时代的标准，这是他的悲剧。

达·芬奇对知识的追求与他对买卖的漫不经心有着鲜明的对比。后世有历史学家这样形容他："他生来就无法以商业方式完成他的职责。"他沉溺于那些不会给他带来金钱回报的活动，一再拖延合约。与达·芬奇探索纯粹知识的狂热形成鲜明对比的是他的行事乖张——同时代的人记述他痴迷飞行，为观察鸟类飞行，曾把市场所有的鸟买下来并放生。此外，他还喜欢穿人们很难接受的暴露服装。同时代的人曾这样评论他："他喜欢穿露出束腰外衣的服装。"评论家和此后的作家总会特别提起他的服装：达·芬奇把他的胡子梳好并使它们弯曲，他喜欢只到膝盖的玫瑰色束腰外衣……仿佛没有这些，达·芬奇就会一事无成。如果达·芬奇给自己画一幅自画像，我们就可以看到当年时髦青年的典型形象：紧身上衣悬吊着衬衫下摆，长度及臀的马裤由饰带穿过紧身上衣下摆边缘的圆形小孔束在一起。总之，达·芬奇的奇装异服和拖沓，成为同时期佛罗伦萨人对他不满的理由。

达·芬奇为何对创作如此消沉，我们也许可以从同时期的艺术家那里看出端倪。

"艺术家"这个词文艺复兴时期并不存在。波提切利也好，韦罗基奥也好，伟大的乔托也好，在同时代人的眼中，都只是技艺高超的艺术工匠而已。"画家"（painter）更多指的是那些按照旧模式使用工具参与表现美和利益的普通职业。大约在 1460 年，佛罗伦萨有许多"前途无量的大师"，他们与家具、服装、武器工匠没什么本质的区别，都是些日用品的生产者。他们受自身行会章程的约束，不能随便开店，学艺不是通过学校，而是有组织地去当学徒，通过拜师学得手艺。达·芬奇、波提切利的"大师"名号更多来自于他们作为工匠的技艺，而不是他们在精神、科学或是艺术方面取得的成就。达·芬奇有句箴言："绘画是一种脑力劳动。"他这句离经叛道的话在佛罗伦萨曾引起"画家是不是艺术家"的激烈争论。之后，米开朗琪罗也说过同样的话。艺术家重视绘画规则：绘画不是用手，而是用脑。

文艺复兴时期始终存在两种观点。有些人从宗教、道德和知识角度考虑，对艺术家日益增长的解放和享有的声誉持怀疑态度；有些人却主张重新划分学科，赋予艺术表现更重要的地位。但这些争论不能阻止市民对波提切利开粗俗的玩笑，说他"特别精细"，是个有见解的手艺人，竟然能解释但丁的作品。没人愿意承认他在文学和人文主义上高超的造诣。

总之，在意大利世俗和精明的市民眼中，无论画家或雕塑家拥有怎样的头衔他们都只是手工业者。市民们通过详细和烦琐的合同规定了作品的细节，表明他们购买的是"商品"而非艺术品的"价值"。因此，所付报酬仅是工时费。合同往往会规定作品交付的时间和计划，如果没有履约，则必须退还全部预付款。而且，合同还会根据作品的内容、质量以及创作者的声望，规定用何种方式来支付报酬：实物还是货币，麦子还是葡萄酒，银币（里拉）还是金币（佛洛林）。例如米开朗琪罗创作大卫雕像的酬劳就是金币。

而关于达·芬奇的工资则有这样一个故事：有一次，达·芬奇到账房去领取佛罗伦萨市政主席皮耶罗·索代里尼每月发给他的工资，账房先生想给他几包用纸包着的铜币。达·芬奇拒绝接受，并对他说："我不是领取铜钱的画家。"随后扬长而去。达·芬奇感觉受了皮耶罗·索代里尼的侮辱，非常不满，事后还向朋友筹了一笔钱退还过去领过的工资。

达·芬奇生气不是没有道理，他的水平已经高居手工业行会，怎么可能接受用铜钱支付的工资方式呢？他受到如此待遇，应该与他承担的佛罗伦萨政府大厅绘画迟迟不动工有关，索代里尼因此采取支付低级画家工资的方式对他进行了羞辱。这则故事发生在达·芬奇五十多岁时。达·芬奇虽然历经了岁月和社会的磨砺，但依旧没有改掉他那拖延的毛病。

1476 年，达·芬奇的名声再次受损。一封投入"真理之嘴"（佛罗伦萨允许市民表达对各种事物和人物的意见的盒子）的举报信，检举达·芬奇和另外三个年轻人对一名叫雅可波·萨尔第雷利的人进行了鸡奸（这个指控曾在电视剧《达·芬奇的恶魔》中有表现）。这封检举信引起了守夜和修道院委员会的注意，并为此发起了针对达·芬奇的法庭听证。在即将面临火刑的威胁下，达·芬奇度过了忐忑难熬的两个星期。此事件还被佛罗伦萨城的小报添油加醋广为宣传，达·芬奇被动卷入了这场试图让美第奇家族丢脸的政治阴谋中。而这仅仅是因为被告中有一名叫列昂那多·德·托儿那波尼的人，他和洛伦佐·美第奇的母亲一样，都来自托儿那波尼。阴谋的幕后策划者，试图利用这点巧妙抹黑美第奇家族，而达·芬奇作为一名行事乖张的艺术家，正好迎合了某些人心中艺术家都"道德低下"的偏见，为策划者提供了口实。即使最后这些年轻人都被无罪释放，达·芬奇还是被标上了性错乱的标签。

这个审判使达·芬奇在很多方面都产生了危机，无论是生活还是精神。在佛罗伦萨十年后，他取得了很多成就：登上了韦罗基奥画室的顶端，掌握了绘画技巧，是这个时代最伟大的艺术家，但这些并不能阻止他在佛罗伦萨的事业和生活走下坡。

达·芬奇离开佛罗伦萨的原因，与这些事有关，也与佛罗伦萨美第奇家族对他的冷落有关。洛伦佐·美第奇对达·芬奇非常冷淡，尽管两人有共同点，年龄也不相上下，都热爱知识和艺术。他们的性格和看世界的方式不同，出身、家庭环境、教育和社会地位也存在巨大鸿沟。美第奇家族接受的是古典教育，热爱正式教育，热爱传统学习方式。而达·芬奇作为私生子则没有受过什么正式教育，厌恶卖弄古人智慧的人，景仰具有创造力的思想家和革新家，认为只有这些人才对文明的进步有贡献。在受过传统教育，自认为是外交家、战略家、政治家，六岁就能熟练引用维吉尔诗句的洛伦佐看来，达·芬奇只是一个低俗、粗暴的人。他没看到达·芬奇的天赋，达·芬奇也没做什么事来提高自己在洛伦佐眼中的地位。即使他后来被美第奇家族接受了，仍然对社会规则不屑一顾。尽管达·芬奇尊敬洛伦佐·美第奇，但他却从来没有忘记自己的价值。洛伦佐呢，则宁可选择不如达·芬奇的艺术家来装饰自己的宫殿和组织节庆，也不选达·芬奇。

洛伦佐·美第奇是安德列·查斯太尔"文化宣传"政策的狂热信徒，他通过组织节庆来凝聚佛罗伦萨各阶层；他向政治盟友和友好城邦推荐他喜爱的艺术家，以此展示自己在艺术上的修养，更重要的是，这种外交方式显示了佛罗伦萨文化水准的高度，是意大利文艺复兴的动力和欧洲文化的策源地，大大满足了洛伦佐的虚荣心。话虽如此，但他却不会把达·芬奇当作佛罗伦萨文化的代表，尽管他欣赏达·芬奇的某些艺术才能。1481 年与教皇西克斯图四世达成和解后，为修复与教皇的关系，洛伦佐派佛罗伦萨优秀的艺术家去装饰罗马的教堂，但这却使达·芬奇选择离开佛罗伦萨。

按照洛伦佐倾向于佛罗伦萨年青艺术家的惯例，达·芬奇应该是文化代表的首选，但韦罗基奥画室中的其他学生，如波提切利、基尔兰达奥、西格诺里等人启程前往罗马的时候，达·芬奇被遗忘了。达·芬奇照例又没有完成圣多纳托修道院委托的《东方博士的朝拜》，修士们的抱怨照例传到了美第奇宫。作为一名需要从全局考虑问题的政治家，洛伦佐最不愿雇佣的艺术家就是会在罗马让教皇失望的艺术家，无论这个艺术家多有才能，都不会在他的考虑范围内，尤其是这个艺术家举止粗俗、不讲规矩、爱耍脾气，行事乖张不合常理。

1481 年底，达·芬奇被挫折和破碎的梦压倒了。佛罗伦萨成了给他耻辱和巨大失望的城市。如果洛伦佐真的放弃了自己，那他在这里的前途就无望了。年底，达·芬奇选择离开他度过了青春和早期职业艺术家岁月的城市。佛罗伦萨的艺术灵气亦随之散去，美第奇家族的统治也开始出现危机。

洛伦佐·美第奇是一名优秀的君主：战略家、外交家、政治家，如他对自己定位的一样。就像历史上同时代历史学家面对激进人士批评美第奇家族是暴君时回应的那样："如果佛罗伦萨曾有过暴君的话，不会有比洛伦佐更令人钦佩的暴君了。"

如之前所说，美第奇家族自统治佛罗伦萨起，其统治危机就从未中断过。洛伦佐上台初期便是危机的高峰，尽管美第奇家族是最令人钦佩的暴君，但暴君终究是暴君。洛伦佐用自己的御用机构七十人会议取代了佛罗伦萨的百人团，来行使政府的职能。今天，我们可以嘲笑当时佛罗伦萨宪法的幼稚和虚伪，但 15 世纪中后期，越来越多的城邦统治者连这种宪法都不再尊重了，他们排斥这些宪法中人民享有主权的部分。人民仅在执政和加冕时被充作令人愉悦的人工背景，选举意识早已荡然无存，民意仅成了政治斗争时的工具，佛罗伦萨成了美第奇家族的佛罗伦萨。

不能否认的是，洛伦佐不是一名优秀的金融家，他像祖父一样大手大脚花钱，却没有祖父生意场上的精明和敏锐。在他统治期间，美第奇银行的业务日益衰落，许多银行分部因坏账而破产。洛伦佐晚年还陷入了经济危机，以至于他不得不挪用信托基金，这进一步动摇了美第奇家族的统治基础。

此外，意大利文艺复兴带来的社会文化变化，与传统人们的宗教观起了巨大冲突，耶稣和圣徒被画得像英俊的帝王而不

是悲天悯人的牺牲者；有关异教题材的裸体画大行其道，烂醉如泥的巴克斯、搔首弄姿的宁芙与放荡不羁的撒提尔等异教形象不断冲击着中世纪信徒们的接受底线；权贵和艺术家们的情妇堂而皇之出现在教堂墙壁和祭坛，被冠以圣母、圣女和圣徒的美名接受人民的膜拜……谁愿意崇高的宗教圣人原型出自某名达官贵人卧榻上的荡妇？此外，平民百姓的赋税重，生活日益维艰，到洛伦佐统治末期佛罗伦萨的社会矛盾已非常严重。这是靠文艺复兴和狂欢节无法掩盖的。这些社会矛盾将在洛伦佐儿子皮埃罗统治时期进一步激化。

　　人们对现实的不满，势必会在精神层面宣泄出来。反对洛伦佐的声音此起彼伏，其中抨击最激烈的就是吉罗拉莫·萨伏那洛拉（Girolamo Savonarola，1452—1498 年）修士。

　　吉罗拉莫·萨伏那洛拉，出身于下层贵族的圣多明我会修士，1482 年被分配到佛罗伦萨时，为佛罗伦萨浮华奢靡的生活方式深深震惊，对官员和圣职人员的腐化堕落感到惊骇。他讲道时抨击这些现象、

指责作恶者，在佛罗伦萨赢得了众多信徒。尽管他身材矮小，有巨大的鹰钩鼻和厚重的嘴唇，粗黑的眉毛下有一双狂热的绿色眼睛，其貌不扬，但他的语言简练清晰，蕴含着打动人心的震撼力。神父、教皇、银行家、暴君以及人文主义文学艺术都是他布道时的抨击对象。此外，社会不公和受压榨的穷人也是他布道的内容。为此，他赢得了"为绝望者布道"的声誉，博得了大批追随者。为此，他不得不到大教堂布道，只有那里才能容纳下如此多的听众。

　　一幅当时的木刻版画展示了萨伏那洛拉布道时的情景，底下的善男信女们或面目忧愁，或表情专注，或如痴如醉，在布道台上的萨伏那洛拉则慷慨激昂，一手指向上帝，一手伸向普罗大众。面对权贵对他的影响日益扩大表示不安的质疑，萨伏那洛拉解释道："这并不是我在布道，而是上帝通过我在布道。"这为萨伏那洛拉赢来了越来越多的信众，不仅有底层人民，还包括波提切利这样善于表现异教题材、擅长描绘人体、通晓人文艺术的大师。

　　曾经有位高权重的人警告过萨伏那洛

左上_文艺复兴时期，通过以"酒神"巴克斯狂欢为主题的版画，我们可以看到各色裸体的人喝得酩酊大醉。他们摆着各种姿势，尺度之大已不是我们之前看过的圣像画、祭坛画能比的。　**右上_**萨伏那洛拉

拉言辞不要太激烈，但萨伏那洛拉对此置之不理。他回应道："去告诉洛伦佐，让他为自己的罪孽忏悔，上帝要惩罚他和他的罪孽。"

尽管萨伏那洛拉严厉抨击洛伦佐·美第奇，但洛伦佐对他却非常重视。1492年4月8日，统治了佛罗伦萨数十年的"豪华者"洛伦佐因痛风和胃病去世，享年43岁。临终前，他把萨伏那洛拉召到身边为他做临终忏悔。

洛伦佐的遗体被安葬在他的兄弟——十四年前在政变中死于非命的弟弟朱里安诺身边。他的死，仿佛将佛罗伦萨的灵气、福祉和荣光都一并带入了地下，继承他权力的儿子皮埃罗远没有他的智慧和才干。洛伦佐生前为意大利带来过十几年繁荣和稳定的外交体系在他去世后，再也维系不下去了。皮埃罗继位几个月后，就推翻了父亲生前的外交政策。佛罗伦萨成了那不

勒斯王国的盟友，但后者是北方强邻米兰的传统敌人，佛罗伦萨因此卷入了一场会把美第奇家族赶下宝座的纷争。

1492年8月，热那亚人哥伦布率领一支小小的西班牙船队开始横渡当时陌生且可怕的大西洋，发现了美洲这片新大陆，为世界历史翻开了新篇章。同一年，教皇去世，红衣主教西班牙人罗德里格·波吉亚当选为新一任教皇，史称亚历山大六世，意大利纷扰不断的时代开始了。

四 塑像·枭雄·战争

当年，萨伏那洛拉除了抨击权贵、为穷人鸣不平外，说得最多的就是警告世人的预言。他最著名的预言就是"上帝的宝剑就要劈向地球了"。在他的预言中，上帝对意大利的惩罚将以外国军队入侵的方式开始，这些（不止一支）外国军队将穿过阿尔卑斯山，"像一群用巨大剃刀武装起来的理发匠"，灾难即将降临。

虽然灾难没有如萨伏那洛所说的那般立即降临，但祸端的源头已在斯福尔扎家族的叔侄争权的斗争中埋下了。

如我们之前所说，鲁多维科·斯福尔扎贵为米兰的摄政，但他毕竟不是名正言顺的公爵，他的侄子吉安·斯福尔扎才是爵位无可争议的继承人。可鲁多维科觊觎米兰公国的权力，从吉安和嫂子萨沃伊的

博娜手中夺取了米兰权力，迟迟不还给吉安。

一开始，矛盾并没有真正被激化。鲁多维科风流倜傥，酷爱资助艺术，是一名堪比洛伦佐的人文主义君主，他治下的米兰如同美第奇家族治下的佛罗伦萨一样繁荣富强。在佛罗伦萨郁郁不得志的达·芬奇都在米兰找到了能发挥自己才干的工作。1490年，38岁的达·芬奇历经岁月和生活的磨砺后，在米兰拥有了他在佛罗伦萨没有的一切，迅速成为米兰社会上层人物，享受着意大利精英的尊敬和公爵的宠爱。

达·芬奇离开佛罗伦萨十年后，新

开通的通往亚洲的贸易航线为地处交通要冲的米兰带来了巨大财富和繁荣。这一时期也是达·芬奇的多产期，他的许多杰作都是在这段时期创作的。同时，米兰宫廷不断邀请达·芬奇来为数不胜数的舞会、庆典设计和装饰。其中包括一系列奢华婚礼，小公爵吉安·斯福尔扎的婚礼、鲁多维科的私生女与米兰军队总司令的婚礼、鲁多维科与费拉拉公爵小女儿贝阿特丽斯·德·埃斯特（她也是达·芬奇狂热的赞助人）的婚礼，以及鲁多维科最为得意的联姻——侄女毕安卡与神圣罗马帝国皇帝马克西米连的婚礼。

在完成艺术创作的同时，达·芬奇还应摄政夫人的要求建造鲁多维科的剧院，并为剧院所有的演出设计布景和装饰，为正在建造的米兰大教堂的各项工作提供指导和加工计划。在此期间，达·芬奇还受鲁多维科的委托创作一件划时代的伟大工程——为弥补前任公爵斯福尔扎家族的弗朗切斯科公爵的遗憾，建造一座堪称世界奇迹的巨大青铜骑马像。

左上_形象酷似其父弗朗切斯科的米兰摄政鲁多维科·斯福尔扎

右上_出自达·芬奇助手乔万尼·德·普莱迪斯之手的吉安·斯福尔扎画像

左下_鲁多维科·斯福尔扎与年轻妻子贝阿特丽斯的画像，边上是他们的两个儿子。

　　这件工程如此浩大，以至于几乎所有意大利人都认为用青铜建造如此巨大的骑马像是不可能的事情。鲁多维科为这尊雕像准备了足足 70 吨青铜原料，足见他对这骑马像的重视。将这么重要的工程委托达·芬奇完成，足以看出鲁多维科对达·芬奇多么有信心。

　　此外，还有一个小故事也从侧面体现了鲁多维科对达·芬奇的理解和支持：圣玛利亚修道院委托达·芬奇绘制一幅壁画，表现耶稣基督与门徒进行最后的晚餐的情景。毫无疑问，这幅壁画又延期了。达·芬奇要么一天只涂抹个两三笔，要么盯着画面什么也不做，站个一整天。最后，修道院长忍无可忍，气愤地跑到鲁多维科那里抱怨达·芬奇工作不积极（因为作品的报酬以工作时间来计算，达·芬奇的拖沓无疑给人骗取酬金的嫌疑）。"天才工作得最少的时候，实际上是他们工作得最多的时候。"达·芬奇为自己辩解时，将终日劳作的工匠和艺术家区别开来，他说他要

为自己的良心和灵感负责。鲁多维科站在了达·芬奇这边。当达·芬奇威胁修道院长会用其头像为犹大做模特时，鲁多维科哈哈大笑起来。保存至今的《最后的晚餐》中左数第五人就是犹大，面部隐藏在阴影中。达·芬奇是否真的以修道院院长的相貌为原型画了犹大，我们不得而知。

　　鲁多维科对达·芬奇的信任还表现在达·芬奇的肖像画中。鲁多维科的情妇众多，其中一个名叫塞西莉亚·加勒拉尼。为了讨好这个情妇，他请达·芬奇为她绘制一幅肖像画——这是文艺复兴期间，大师们将肖像画的侧面造型转成正面造型的代表作品——著名的《抱貂的女人》。

　　耗费近五年时间后，达·芬奇终于在 1493 年 11 月毕安卡·斯福尔扎的婚礼上展示了与未来青铜雕像一样大小的斯福尔扎公爵泥塑骑马雕像模型。这尊巨大的雕塑光是马就高 20 英尺，像建筑物一样高大。这引起的轰动，只有当时记录此事的诗人和史学家的溢美之词可以相比。"不

论是希腊还是罗马都没有见过比这更伟大的奇迹了。""胜利归于胜利者，达·芬奇得到了胜利。"那一刻，达·芬奇达到了他人生的顶峰。

但这一切美好的幻觉转瞬间就成了泡影。吉安·斯福尔扎于1494年神秘去世，时年25岁。之后，鲁多维科花了40万杜卡特从马克西米连皇帝那里得到了梦寐以求的米兰公爵头衔，只要他有足够的底气无视法国瓦卢亚王朝对米兰宗主权的要求，以及吉安妻子向父亲那不勒斯王国费迪南一世的抱怨，就可以为他长达18年的摄政生涯画上完美的句号。

随着费迪南一世去世，伊莎贝拉的兄弟那不勒斯阿方索二世国王即位了。为了能向鲁多维科问罪，阿方索与教皇亚历山

大六世结成姻亲，米兰潜在的两大敌人结成同盟。不仅如此，阿方索还抱怨，与鲁多维科是亲戚关系的维斯孔提家族曾宣称那不勒斯的阿拉贡王室才是那不勒斯合法继承者。再加上米兰传统的盟友佛罗伦萨也倒向教皇，公爵宝座还没坐温暖的鲁多维科就感受到了刀架在脖子上的冰冷。

就像落入井中筋疲力尽的人会爆发出求生本能一样，鲁多维科看到了自己的救命稻草——法国国王查理八世。

那不勒斯的阿拉贡王室，与鲁多维科一样，得位过程在法理上并不具备足够的说服力。以萨莱诺亲王安东内利·迪·圣赛维里诺为首的那不勒斯安茹流亡派怂恿查理八世进军那不勒斯。虽然查理八世继

承那不勒斯王位的要求像中世纪其他人继承王位的要求那样，缺乏法律依据，但按照安茹的勒内的遗嘱，查理八世是安茹家族事业的代理人。而且查理八世自童年起就有十字军情结，一直梦想以那不勒斯为基地进攻土耳其，收复圣地，建立不朽的基业。与那不勒斯调解失败后，急于寻求靠山的鲁多维科·斯福尔扎公开宣称自己是法国的支持者。意大利内部的选边站队完成后，自然就是战争了。维系了意大利六十多年和平的外交体系，在各方的贪欲和短视的共同作用下，终于崩溃。

就在达·芬奇展示巨大骑马像的时候，法国军队开始翻越阿尔卑斯山的隘口，意大利迎来了红胡子巴巴罗萨后最强大的外敌。1494 年 8 月底，查理八世亲率法国大军越过阿尔卑斯山脉，出现在伦巴第。他的部队规模庞大，共计 3.5 万人，包括近 2000 名精锐的重装骑士、1.2 万名步兵（其中有 6000 名瑞士雇佣兵、3000 名加斯科涅步兵）和当时最先进的各类火炮 136 门。这支意大利历史上前所未有的敌军气势汹汹、杀气腾腾。可怕而声名远播的瑞士步兵、精锐的法兰西骑士、昂贵但轻便的青铜野战火炮的组合，代表了今后欧洲军事的发展潮流，代表了法国经过百年战争后开始谋求欧洲霸权的勃勃野心。

从画作上来看，15 世纪末法国重骑兵的装备与圣马力诺战役时期意大利佣兵的装备大同小异。凭借发达的手工业和军火制造业，意大利佣兵的装备也许比法国重骑兵好点，但法国雄厚的人力资源使法国

国王可轻松召集 2000 名甚至数量更多的重装骑兵，这远远大于意大利佣兵的数量。此外，已成常备军的法国重骑兵，纪律和战斗力远远高于意大利的雇佣枪骑兵。

而且两国的战争方式也有巨大差别，意大利佣兵热衷于通过军队的机动迫使敌军放弃围困某一城镇，或是威胁交通线迫使敌军撤退。意大利佣兵对待俘虏的方式是收缴其武器、战马和盔甲后放他回去，他们认为一个没有装备没有战马的士兵重

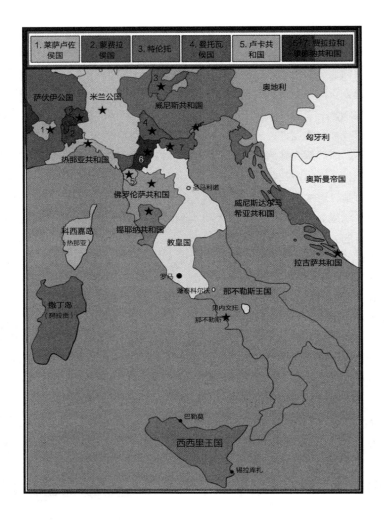

| 1. 莱萨卢佐侯国 | 2. 蒙费拉侯国 | 3. 特伦托 | 4. 曼托瓦侯国 | 5. 卢卡共和国 | 6、7. 费拉拉和摩德纳共和国 |

新得到装备前，等于没有战斗力。但经过百年战争的法国人却对一场战役死伤上万人的事情感到习以为常。难怪经历过奥尔良、阿金库尔特、格拉纳达等血腥战役的法国人、英国人、西班牙人会吐槽"一场意大利式的佣兵战争，可能只会死一个人，而那个人还是倒霉掉进水坑淹死的"。

战争伊始，意大利的防御便不堪一击。不仅保持意大利本土稳定的外交体系不复存在，保护意大利不受入侵的外国势力制衡也荡然无存。通过交出一系列领土，法国换得了西班牙和帝国对入侵那不勒斯一事的谅解；与那不勒斯阿拉贡王族有领土纠纷的西班牙，乐于见到表兄弟陷入困境；希望实现自己帝国理想的马克西米连则通过与米兰联姻和册封鲁多维科，得到了法国和米兰的支持，并对孤立他的敌人——窃取大量帝国领土的威尼斯，感到十分满意。

意大利城邦的小算盘和小地方主义，更使法军长驱直入。北部米兰，鲁多维科为一己私利引狼入室。拥有艾米利亚大道的博洛尼亚首鼠两端、无所作为。教皇亚历山大六世更是两面三刀的好手，一方面承认阿方索继承的那不勒斯王位，另一方面则轻描淡写告诫查理八世不要扰乱意大利的和平，鼓动狂热的查理一定要夺取那不勒斯王国，实现十字军东征的伟大目标，他放法军过境，以换取查理八世承认他教宗权位的合法性。

而"文艺复兴之光"佛罗伦萨在法军入侵中的表现更是令人哭笑不得。已经与那不勒斯结为盟友的皮埃罗·美第奇，原本计划在托斯卡纳与那不勒斯军队配合，将法国军队阻挡在亚平宁山脉。但皮埃罗支持那不勒斯的做法在佛罗伦萨极其不得人心。之前，为惩罚佛罗伦萨支持那不勒斯的做法，法国对佛罗伦萨实行禁运，导致佛罗伦萨很多工人失业。此外，美第奇家族也出现了分裂，旁系在家族内部未达成一致意见的情况下，就在法国大军抵达皮亚琴察时出面迎接法王，并保证佛罗伦萨会站在法国这边。在咄咄逼人的法国大军的压力下，内外交困、优柔寡断的皮埃罗竟效法当年洛伦佐只身劝退那不勒斯军队的做法——他只身前往法国国王的帐前，希望说服查理八世改变从佛罗伦萨过境的计划。结果事与愿违，幼稚的皮埃罗不仅对法国国王的要求全盘接受，而且还放弃了佛罗伦萨重要的对外通道比萨，默许法国军队占领比萨和其他几座要塞以保

本页_福尔诺沃战役

证法国大军后方的安全。他甚至还无视美第奇家族的银行收支状况，借给查理 20 万佛洛林金币作为对其军事行动的支持。最糟糕的是，皮埃罗的这些举动压根没和佛罗伦萨市议会商量过。消息传到佛罗伦萨，引起轩然大波，对盟友出尔反尔和借款就算了，

不仅没有劝退查理八世，甚至连佛罗伦萨控制了百年的比萨都给了法国人。市政议员们愤怒了，他们集体罢黜了皮埃罗的权位，驱逐了皮埃罗及其家庭。1494 年 12 月 17 日，60 年来第一次摆脱了美第奇家族统治的佛罗伦萨怀着希望和畏惧的复杂心情迎接了查理八世的入城。从那天起直到 1512 年，佛罗伦萨名义上是独立的，实质上已完全沦为法国的藩属。

1495 年 2 月 22 日，孤立无援的那不勒斯沦陷。耸立百年的意大利要塞，在由欧洲最优秀步兵、最优秀重骑兵、最优秀炮兵组成的法军面前，是如此不堪一击。法军破城后大肆抢掠的暴行，更是习惯了佣兵战争的意大利人闻所未闻的。意大利人在法国军队的攻势面前闻风丧胆，查理轻松实现了夺取那不勒斯王国的目标，顺带还占领了一系列古老且富庶的城市，他俨然成了意大利的主人。

面对法国人的成功，西班牙的共治君主、阿拉贡国王费迪南再也坐不住了，他决心介入意大利战争——派遣名将贡萨洛·德·科尔多瓦率领军队登陆西西里，与那里反法的那不勒斯阿拉贡王室会合，图谋反攻那不勒斯。另外，在他的撮合下，吓破胆的意大利各方势力，对法国迅速坐大感到震惊的帝国皇帝、教皇和西班牙君主一起坐到了谈判桌前。他们在法军攻占那不勒斯后仅一个多月，就签订了反法的《威尼斯条约》，建立起反法国的神圣同盟。仿佛为了替自己引狼入室的罪行开脱，闯下大祸的鲁多维科为这个同盟的建立可谓殚精竭虑——不仅出钱，将计划用来铸造父亲骑马像的 70 吨青铜挪去铸造火炮，还出动三万大军把出兵策应查理八世的奥尔良公爵路易给围得水泄不通，很久以后才把其放回法国。表面上看，有意大利参与的这个反法神圣同盟与意大利过去为维护和平而结成的同盟别无二致，但实际上，这个囊括神圣罗马帝国和西班牙的同盟表明，意大利再也无法掌控自己的命运，昔日富庶繁华的亚平宁半岛已成为新时期欧洲大国角逐的竞技场。

同时，在亚平宁半岛的南边，法国人在那不勒斯的统治结束得也非常迅速。法国人夺取了原属阿拉贡家族的土地，霸占了所有官职，支持他们的安茹派没有分到一点好处。法军的横征暴敛和残暴恶名远

扬，供应短缺，那不勒斯民怨沸腾。法军占领不到3个月，各地的起义就此起彼伏。法国的3.5万大军不是被起义军杀死，就是哗变投降，查理八世的统治难以为继。再加上疾病流行（梅毒），到了1495年5月20日，查理八世的大军就只剩不到1.5万人了。法军不得不放弃那不勒斯，匆匆退回法国本土。

1495年7月6日，在意大利北部帕尔马——通往法国的必经之路福尔诺沃，曼图亚公爵弗朗切斯科·贡扎加率领以威尼斯、曼图亚和米兰联军为主力的神圣同盟联军截住了北撤的法国军队，史称的福尔诺沃战役爆发。尽管法军人数不到同盟军的三分之一，但事实证明，由强悍的瑞士佣兵和精锐重骑兵组成的法国军队（法军火炮已在行军途中被遗弃）还是具有压倒性优势。虽然贡扎加的迂回战术大体成功，威尼斯的指挥官和步兵也很顽强，但骑兵纪律涣散——他们抛下盟友去抢夺法国人丢下的战利品——使神圣同盟的努力功亏一篑，无法阻止法国军队回国的脚步。这场虎头蛇尾的战役以法国损失1000人、同盟军损失2000人告终。意大利人战后大吹大擂自己的胜利。虽然查理八世的撤退如此狼狈不堪，回到法国的法军寥寥无几，但种种迹象表明，高傲的法国人不会就此善罢休，假以时日必将卷土重来。鲁多维科·斯福尔扎因在这场战争中首鼠两端，惹上了一个不该惹的敌人——奥尔良公爵路易，日后的法国国王路易十二的报复，将比查理八世的打击更加残酷无情。

历时不到一年时间的第一次法国入侵，就此结束了。法国人退却的速度如此之快，使意大利人产生了危机已逝的错觉。神圣同盟的瓦解速度与它的建立速度一样快。除了烽烟四起的那不勒斯和已改头换面的佛罗伦萨外，意大利北部城邦——米兰、威尼斯、曼图亚又回到了日夜笙歌的生活。尤其是第一次意大利危机的始作俑者鲁多维科·斯福尔扎，他深为自己的手腕感到满足，无视达·芬奇建造桥梁、制造武器、增强国防的建议，一头扎进女人的温柔乡中做起了美梦。陶醉在幻象里的意大利人，丝毫没有意识到阿尔卑斯山以北正在发生的变化。

作为一致对抗法国的保证，哈布斯堡王室和特拉斯塔马拉王室于10月21日联姻，马克西米连的女儿玛格丽特嫁给西班牙王位继承人唐·胡安，儿子"美男子"菲利普大公则迎娶国王费迪南德和伊莎贝拉的次女"疯女"胡安娜。马克西米连开始施展哈布斯堡家族擅长的联姻手腕，一个从维也纳到佛兰德斯到马德里的巨大同盟正悄然建立起来。而法国人则舔舐伤口后，酝酿着再次入侵意大利，尤其要与背信弃义的鲁多维科·斯福尔扎算账。

如果不算插足的外国势力，这次战争的受益人只有两个。其中一个是预言家——佛罗伦萨圣多明我修会修士吉罗拉莫·萨伏那洛拉。佛罗伦萨与法国的危机重创了城邦经济，比萨失陷更使佛罗伦萨失去了通海的生命线，商店关闭，土地撂荒，赶跑了美第奇家族的市民亟须有人出来引导。萨伏那洛拉曾预言过佛罗伦萨将要发生灾祸。法国占领佛罗伦萨期间，查理因皮埃罗全盘接受自己的条件，曾要求恢复皮埃罗的权力。一时间，市民和法军的关系极为紧张。绝望的市议会派遣萨伏那洛拉向查理八世求情，他十分出色地完成了使命。萨伏那洛拉先把查理八世赞颂为佛罗伦萨的救世主、正义的化身、上帝派来的使者，之后又告诉查理，上帝要求他善待佛罗伦萨，如果法军还滞留不走，上帝将会极为不满。

萨伏那洛拉的一席话，加上市议会同意支付给法国军队一笔可观赎金，查理八世终于决定率军离开佛罗伦萨向那不勒斯挺进。因此，在市民的眼中，萨伏那洛拉创造了一个奇迹，是佛罗伦萨的救星。

战后，萨伏那洛拉提出，只有通过市政改革才能拯救佛罗伦萨。每天他都在大教堂布道，呼吁建立全新的政府运作方式，声称"佛罗伦萨已被上帝选作净化全体意大利人灵魂的中心"，他还许诺在上帝的指引下，佛罗伦萨将比以往"更加辉煌、富裕和强大"。每天在教堂听他布道的民众多达 1.4 万人，他们将佛罗伦萨的大教堂挤得水泄不通。

在萨伏那洛拉不知疲倦的奔走号召下，佛罗伦萨市民议会颁布了一部新宪法，使美第奇家族统治了半个多世纪的市政府增加了代表人数。此外，税费得到削减，成立了一个城邦贷款办公室，低息向穷人贷款。萨伏那洛拉介入市政改革，减少了战后政府与市民的冲突。此外，在普通虔

诚的市民看来，萨伏那洛拉最大的成就还是他对青少年的影响，他把狂欢节改成的行善活动尤其使人称道。就这样，萨伏那洛拉在佛罗伦萨建立起一个与以往意大利城邦截然不同的宗教共和国。在这个共和国里，他通过自己在市民中的巨大号召力和影响力，逐步强化自律、禁止铺张奢华、不准亵渎神灵的道德法规。原本只罚款的

上 恢宏的佛罗伦萨大教堂，壮观的穹顶高107米、内径43米，建成于1470年，而其设计师布鲁内列斯基早在二十多年前就已去世。

下 佛罗伦萨大教堂内部，当年萨伏那洛拉就是在此向大众布道。

同性恋行为，在萨伏那洛拉执掌佛罗伦萨时期，竟会被执行死刑。萨伏那洛拉在此后的数年时间里，都是佛罗伦萨的世俗和精神领袖，他俨然已为日后的马丁·路德和加尔文开了先河。

另一个受益人则是西班牙人罗德里格·波吉亚——教皇亚历山大六世。查理八世入侵意大利的原因之一，就是亚历山大六世的政敌红衣主教圭利亚诺·德拉·罗韦雷投奔法国宫廷，想借助法国的力量废黜他。查理的入侵非但没有废黜靠贿选上位的亚历山大六世，反而使他剪除异己，巩固了自己的权位。法军撤退后，这位意图扩大教廷世俗权力和使其家族发迹的教皇，开始着手实施他的计划。在他统治期间，意大利进入了更动荡和混乱的时代。

五 教皇·暴君·婚姻

文艺复兴时代的教皇很少有像西班牙人罗德里格·波吉亚这样的，了解他，不如从一幅画讲起。罗德里格·波吉亚当选教皇后，其寝宫卧榻正后方有这样一幅装饰画，自上而下是耶稣和圣母玛利亚，画面右边是圣奥古斯丁，画面左边是教皇圣格里高利一世。

这幅组画，恰如其分表现了教皇亚历山大六世罗德里格·波吉亚一生的理念。他秉承圣奥古斯丁的理念，手握《圣经》和上帝之城与尘世之城的钥匙；同时继承圣格里高利创建的世俗的教皇国，以武力作为后盾，树立教皇和基督教的权威。应该说，圣格里高利之后的历任教皇无不是这样想这样做的。但是，将理念付诸行动，并达到登峰造极的程度，试图在意大利建立起一个以家族为中心，集宗教和世俗权力于一体的统一政权的教皇，罗德里格·波吉亚是唯一一个。

罗德里格·波吉亚就像一枚两面分别印有天使和魔鬼的硬币。历史学家伊阿科波·德·佛尔特拉 1486 年时盛赞他为"无所不能的全才"。波吉亚毕业于博洛尼亚大学，有教会法学博士学位，是"一名卓

本页_波吉亚的床头画

枢机主教团。整个选举过程中，威逼利诱可谓运用到了极致，为了贿赂竞争对手米兰的阿方索·斯福尔扎，他就送去了用四头骡子才能驮动的银币。而近来披露的史料表明，1492 年教皇选举的花费比传说中的还要高昂。波吉亚的竞争对手——亲法的朱利安诺·德拉·罗韦雷（后来的朱利奥二世教皇）在竞选教皇期间，他名下的银行账户就收到了来自法国国王查理八世的 20 万杜卡特金币和来自热那亚共和国的 10 万杜卡特金币的竞选资金，可见竞选教皇的费用之大。作为罗马首富的罗德里格·波吉亚为了支付数额巨大的贿款，几乎倾家荡产。

此外，罗德里格·波吉亚还是第一个公开承认自己有情妇，并与情妇有私生子的教皇。尽管中世纪教皇拥有情妇、私生子并不稀奇，但公开承认的教皇，他是第一个，也是最声名狼藉的一个。可以想象，这样一个私生活极度不检点的人当选为神圣的教皇后，会在笃信天主教的意大利激起何等轩然大波。习惯玩弄幕后交易的以意大利人为主的教会，自然会厌恶这样一个无视教会潜规则的西班牙人。以至于波吉亚当选教皇后，他的反对者和支持者一样多。总之，罗德里格·波吉亚及其家族，就像家族纹章里的粗野公牛一般，闯入了意大利的历史舞台。

罗德里格·波吉亚（后面称"亚历山大六世"）上台后第一件事就是巩固他的权位，物色合适的盟友。毕竟他是名有西班牙背景的外来者，与土生且排外的意大

越的、头脑清晰的法律学家"。同时，他对艺术和科学也有独到的鉴赏力，尊敬教会。他有能力且为人谨慎，在演讲与对话方面很有天赋，非常熟悉《圣经》，每次讲道都会引经据典，精心组织话语，颇有真才实学。他执政期间颇有建树，重建罗马大学、充实梵蒂冈金库、重新控制教皇领地，并重新修建了圣彼得大教堂，等等。

而作为硬币的另一面，1456 年，波吉亚叔父阿方索·德·波吉亚当选为教皇卡利克斯特三世以后，他便凭借当时通行的裙带关系，领受圣职当上了教堂执事。之后，他在教会的地位一路高升，直到教会的最高核心。先后为五位教皇服务后，这位积累了足够经验、财富与人脉的西班牙人于 1492 年当选为教皇，史称亚历山大六世。据说，他之所以能当选教皇是因为大肆贿赂，如承诺提供优厚的职位贿赂

本页_教皇亚历山大六世画像，他被称基督教天主教会教皇三大恶之首，另两位是教皇西克斯图四世和教皇英诺森八世。

利本土圣职人员格格不入。他的反对者甚至试图劝说那不勒斯国王费迪南一世和法国国王查理八世动用军队赶他下台。他虽然拥有圣奥古斯丁和圣格里高利的雄心壮志，但他上位时的教皇国却赢弱不堪、四分五裂，教皇空有意大利除那不勒斯王国外最大的世俗领土，阿维农之囚（1305—1378年，法国国王曾强制罗马教廷迁至法国阿维农地方，并受法王控制）导致教皇国权力出现真空，使得世俗地方领主乘虚而入，教皇国名下的世俗领土被地方统治家族分割为七零八落的小城邦。亚历山大六世必须从宗教和世俗两方面着手，树立起自己的权威，巩固和扩大来之不易的成果。

宗教方面，亚历山大六世除运用贿赂、下毒等手段逐步化解和消灭了罗马的反对派外，还将惩治佛罗伦萨的萨伏那洛拉作为提高宗教权威的目标。因为萨伏那洛拉

不仅宣称亚历山大六世比西克斯图四世更腐败无耻，是个纯粹的"不知廉耻的娼妇"，还是亲法派。在查理八世差点将他赶下教皇宝座，断送他家族前途的入侵中，佛罗伦萨在萨伏那洛拉的劝说下，保持了中立。亚历山大六世为了让佛罗伦萨加入神圣联盟，曾向萨伏那洛拉许诺红衣主教之职，但萨伏那洛拉根本不为所动，声称他宁愿穿"用鲜血染成的法衣"，也不穿红衣主教的冠袍。这样一个面积不小，富裕强大的城邦掌握在一个亲法的反对派手中，着实使亚历山大六世寝食难安。

报复的机会终于在1497年到来。佛罗伦萨对萨伏那洛拉的不满与日俱增。因为萨伏那洛拉在佛罗伦萨实行严苛的宗教律法，佛罗伦萨人特别喜爱的酒馆、赌场、妓院都被迫关门。而他于1496年狂欢节召集起来的被称为"希望少年团"的

左下_波吉亚家族纹章

右上_这是罗德里格·波吉亚当选教皇后的纹章，上方是教皇的三重冠，交叉的是象征罗马统治权的圣彼得的钥匙。

6000名青少年，已不再局限于手举橄榄枝、唱赞美歌、向穷人分发募集的财物。萨伏那洛拉将他们当作警察和军队，派到佛罗伦萨的街道，强制执行他指定的道德法规：不许赌博，不许穿奇装异服，不许亵渎神灵。

"如果有谁胆敢违抗命令，不论是谁，都会有生命危险。"同时代的一名市民在日记中如是写道。1497年狂欢节时，萨伏那洛拉及其追随者在市政大楼广场前点起一堆大火。希望少年团抬着挨家挨户搜来的邪恶物——镜子、化妆品、画像、异教书籍、非天主教主题雕塑、赌博游戏器具、乐器、做工精细的衣服、女式帽子和所有古典诗作——全都投入了这堆大火。很多文艺复兴时期伟大的艺术品，包括一些作家和艺术家一时冲动贡献出来的珍贵手稿和艺术珍品，都被这堆火烧掉了。曾经热爱异教主题的著名画家桑德罗·波提切利，晚年也沉溺于萨伏那洛拉的布道，把他晚期很多作品扔进了这火海。

这场被萨伏那洛拉称作"虚荣之火"的大火，不仅烧掉了佛罗伦萨市民花高价购买的物品，还点燃了自萨伏那洛拉掌权以来佛罗伦萨人对他的不满。方济各修道院和地方的教士对他猛烈抨击教会不满；市民对他干涉了自己的日常消遣不满；贵族们对他允许平民参政不满；现在，大家对他指使青少年抢夺私人财产，焚烧财物和艺术珍品的蛮横行为不满；大家对他最不满的是，他反对经商，使以商业为主的

佛罗伦萨一直处于萧条中。佛罗伦萨人厌倦了萨伏那洛拉严厉的说教，他宣称的末日迟迟没有降临，很多市民不再听他的布道了，他们开始为佛罗伦萨没有参加反对法国的圣战感到耻辱和懊悔。此外，佛罗伦萨还受到饥荒的困扰："因饥饿而倒下的男女老少不少，有些甚至饿死了。"雪上加霜的是，法军入侵时带来的梅毒和瘟疫也蔓延到了佛罗伦萨。在种种不满的交织作用下，1497年5月4日，一伙人在萨伏那洛拉布道时起哄生事，并很快酿成民变，萨伏那洛拉禁止的种种娱乐场所再次营业，追随者纷纷离开。

对佛罗伦萨的变化感到欣喜的亚历山大六世，于5月13日宣布将萨伏那洛拉革出教门，并下令逮捕在罗马的佛罗伦萨商人，没收他们的财产。面对罗马的强大压力，佛罗伦萨市政议会只好禁止萨伏那洛拉从事布道活动。但萨伏那洛拉继续着他的抵抗。"我感到周身都在燃烧，闪烁

本页_这幅画作表现的是萨伏那洛拉被处以火刑的场景，可以看到佛罗伦萨市政大楼和佛罗伦萨大教堂。火刑台位于广场中央，由搭建的一条木质步道连接到市政大楼前的高台——宣布萨伏那洛拉罪行和审判结果的地方。虽然周围围观的市民不多，但依能看到为数不少的民兵在四周警戒。有史料称，曾有人在行刑日冲击火刑台，试图救走萨伏那洛拉。

着主的精神火花。"他对听众们这样讲道。萨伏那洛拉甚至给欧洲各国的君主写信，要求组织一个改革委员会，废黜荒淫无度的教皇亚历山大六世。

这一切终于在亚历山大六世公开要求佛罗伦萨逮捕并处死萨伏那洛拉后有了结果。1498年4月8日，顽强对抗教皇将近一年时间的萨伏那洛拉被捕。因信仰异教、伪造预言、妨碍治安等罪名，他于1498年5月23日在佛罗伦萨市政大楼广场——点起"虚荣之火"的地方——被处以火刑。

值得一提的是，在萨伏那洛拉被处死后的不到一个月，一个名叫尼可洛·马基雅维利的29岁年轻佛罗伦萨市民，开始了自己市政公务员的工作。

总之，亚历山大六世对佛罗伦萨竖起的火刑柱非常满意，他终于消灭了他在宗教上最桀骜不驯的敌人，而他旨在加强自己世俗权力的行动也在他成为教皇的那一刻起就开始了。

教皇亚历山大六世比之前易怒的西克斯图四世更贪婪些，但其精明的程度远远高于西克斯图四世。后来的教皇西克斯图五世和乌尔班八世，都称亚历山大六世为圣彼得之后最杰出的教皇，当然这些都评价的是亚历山大六世的权谋，而非其品行。亚历山大六世比以往的教皇更懂得运用外交手腕的重要性，因此更像是一名世俗的君王、外交家和政治家。例如法国第一次入侵前，为了拉拢西班牙、避免西班牙因殖民扩张与葡萄牙发生纠纷，他就亲自裁定了西班牙和葡萄牙瓜分殖民地的边界线——教皇子午线。靠这个举措，他博得了西班牙的好感和支持，瓦解了那不勒斯国王费迪南一世试图推翻他，联合西班牙建立反波吉亚同盟的企图；之后，他借阿方索二世迫切想与教皇结成联盟、抵御法国的时机，与那不勒斯结成姻亲，化解了那不勒斯对他家族的威胁；随后又凭借查理八世南侵狠狠削弱了南部城邦那不勒斯王国。

亚历山大六世这种不讲道德原则，凭需要出尔反尔的外交手腕，仅靠联姻就轻松化解了家族和统治危机的手法，令马基雅维利叹为观止，因此将这些写入了他的著作。

不过，马基雅利见识到的君王之道，不是来自教皇亚历山大六世，而是来自教皇亚历山大六世的孩子恺撒·波吉亚——亚历山大六世众多子女中的一个。

在亚历山大六世之前，教皇有情妇和私生子女的情况并不少见，但那些教皇往往耻于自己不道德的性行为，将私生子女称作侄子女或外甥子女。而亚历山大则公开吹嘘他有众多私生子女，毫不避讳他的私生活，甚至让画家把那些打扮成圣母玛利亚模样的情妇画在他的卧室门上。

有一幅表现亚历山大六世跪在圣母和圣婴前的画作中圣母的形象就是以他的情妇茱莉娅·法尔内塞为原型。茱莉娅原来的姓氏茱莉亚·拉·贝拉在意大利语中就是美人的意思。连恺撒·波吉亚也形容她容貌靓丽，为人热情，充满了健康美。拉

斐尔所作《独角兽和贵妇人》，相传模特也是茱莉亚·法尔内塞。茱莉娅·法尔内塞怀抱象征贞洁的独角兽，真是一个莫大的讽刺。电视剧《波吉亚家族》就有拉斐尔为茱莉亚·法尔内塞绘制肖像的情节，她怀抱的独角兽其实是一头山羊。

但教皇亚历山大六世的情妇远不止茱莉亚·法尔内塞一个。他众多情妇中最著名的是瓦诺莎·卡塔内女伯爵。

瓦诺莎·卡塔内女伯爵，生于1442年，1470年成为亚历山大六世的情妇，共为其生下了四个孩子，分别是：乔万尼·波吉亚（1476？—1497），第二代甘迪亚公爵；切萨雷·波吉亚（1475—1507），红衣主教，瓦伦提诺公爵；鲁克蕾齐亚·波吉亚（1480—1519），费拉拉公爵夫人；乔佛里·波吉亚（1482—1518），斯奎拉切亲王，娶了那不勒斯阿方索二世的女儿阿拉贡的珊莎。

虽然罗德里格·波吉亚当选教皇前就对为他生下四名子女的瓦诺莎失去了热情，但他对他们的四个孩子却非常用心。

笔者觉得，教皇亚历山大六世对子女的"用心"，并不是爱。在电视剧《波吉亚家族》中，编剧将亚历山大六世塑造成对子女们无比关爱的慈父，一再对子女们强调"家族第一"。"家族第一"，笔者看来并不是指亚历山大六世提醒子女们要团结友爱。因为在历史上，教皇亚历山大六世对子女谈不上有多爱，时刻强调家族第一更像是要求子女以家族利益为大。在他的所有政治活动中，子女就像是他权力棋盘上的棋子，不停在棋盘上移动跳跃。

这个可以从他给子女安排的婚姻上看出来。这位擅长外交和政治手腕的教皇，在安排子女的婚姻时，同样秉持着不问道德和情感的实用主义态度。

亚历山大六世和瓦诺莎的长子乔万尼·波吉亚被安排在 1493 年结婚，女方是西班牙共治女王、卡斯蒂利亚的伊莎贝拉女王的侄女玛丽亚·安立奎兹·德·露娜。她本是乔万尼同父异母的哥哥——第一代甘迪亚公爵佩德罗·德·波吉亚的未婚妻，但还未来得及举行婚礼，佩德罗就去世了。于是，乔万尼迎娶了哥哥那与西班牙王室关系密切的未婚妻。1493 年，正

是罗德里格当选为教皇后不久，其反对者准备借助法国国王把他赶下教皇宝座的时候。乔万尼的婚姻以及之后的教皇子午线，无不带着讨好西班牙的色彩。

亚历山大六世对女儿鲁克蕾齐亚·波吉亚的婚姻安排，则更体现他的实用主义态度。至于鲁克蕾齐亚被亚历山大六世安排了多少次政治交易，从鲁克蕾齐亚长长的头衔就可以看出来：佩萨罗及科迪尼奥拉君主夫人，比谢列公爵夫人，萨莱诺亲王妃，费拉拉、摩德纳及雷焦公爵夫人。这些头衔都是通过她不断结婚获得的，还不算亚历山大六世因政治变故而作废的两段订婚。结合史实可以看到，鲁克蕾齐亚每次婚姻变动，几乎都和其父的政治活动有关。

鲁克蕾齐亚的第一段正式婚姻是在 1493 年 2 月 26 日——罗德里格·波吉亚当选教皇四个月后。年仅 12 岁的鲁克蕾齐亚就安排嫁给年龄比她大一倍多的乔万尼·斯福尔扎——米兰公爵鲁多维科·斯福尔扎和教廷副大法官阿斯卡尼欧·斯福尔扎的堂弟，佩萨罗君主和名义上的科迪尼奥拉伯爵。相比贵为教皇女儿的鲁克蕾齐亚，

上_阿拉贡的珊莎

下_乔佛理·波吉亚

乔万尼·斯福尔扎仅是斯福尔扎家族的一个私生子，虽然都是私生子女，但鲁克蕾齐亚的身份地位无疑比乔万尼·斯福尔扎高贵得多。

亚历山大六世愿意把自己的女儿嫁给斯福尔扎家族卑微的私生子，正是因为当时他的政敌维尔吉尼奥·奥西尼，准备借助那不勒斯国王费迪南一世将他赶下教皇宝座的危急时刻。通过这场婚姻，他就能从米兰和佛罗伦萨的包围网中跳出来，依靠拥有强大军队的米兰做后盾。与同样和那不勒斯有冲突的米兰结成同盟，还能震慑可能会进犯的那不勒斯和佛罗伦萨。

但老奸巨猾的亚历山大六世在鲁克蕾齐亚的婚约中耍了一个手腕。当时意大利的局势日新月异，费迪南一世的身体状况又不乐观，再加上北方传来了查理八世将谋求那不勒斯王位的消息，亚历山大六世便在婚约中规定，6 月举行完婚礼后，新婚夫妇将在罗马待一年，且在罗马居住期间，乔万尼和鲁克蕾齐亚不圆房，鲁克蕾齐亚的嫁妆是一笔巨款——3.1 万杜卡特金币。

佩萨罗并不是什么富裕的城邦，这笔巨款以及高攀教皇家族的诱惑，使乔万尼不由自主上了亚历山大六世的钩。不久，费迪南一世便过世了，新即位的阿方索二世国王面临法国国王的压力，急于希望得到教皇对他合法地位的认可，于是一改父亲咄咄逼人的政策，向亚历山大六伸出橄榄枝。而此时，阿方索的堂亲西班牙共治君主、阿拉贡的费迪南二世和卡斯蒂利亚的伊莎贝拉一世，也递来极为诱人的条件——将阿方索二世的私生女阿拉贡的珊莎嫁给亚历山大六世最小的私生子乔佛理·波吉亚，同时把费迪南二世的侄女玛丽亚·安立奎兹·德·露娜嫁给亚历山大六世儿子乔万尼·波吉亚。就这样，亚历山大六世又与佛罗伦萨、那不勒斯结成了同盟，抛弃了乔万尼·斯福尔扎和斯福尔扎家族。或许是因为老奸巨猾的他预料米兰会像墙头草一样倒向法国，而法国入侵后，西班牙和帝国必然会干涉，查理八世的入侵注定持续不了多久，所以就背地里串联了西班牙、帝国和威尼斯，否则《威尼斯合约》不可能这么快签订，神圣同盟也不可能这么快就建立起来。

阿拉贡的珊莎与乔佛理·波吉亚1494 年缔结婚约时，只有 16 岁，乔佛理14 岁。从画像上看，阿拉贡的珊莎相貌极为出众，气质高雅，但她与乔佛理的婚姻却相当不幸。因法国与西班牙的矛盾，珊莎受尽了波吉亚家族尤其是恺撒·波吉亚的虐待，1500 年还被恺撒关入了罗马圣天使堡的监狱，直到 1503 年亚历山大六世死后才被释放出来。她与乔佛理·波吉亚婚后无子，将弟弟阿方索和鲁克蕾齐亚的孩子视作己出。珊莎于 1506 年在那不勒斯去世，年仅 28 岁。

鲁克蕾齐亚的第一段婚姻就这样在法国入侵的威胁下名存实亡，倒霉的乔万尼·斯福尔扎还未与新娘圆房，就于1495 仓皇逃出了罗马。这个对波吉亚家族没有利用价值的穷女婿，还被冠以"里通外国、替米兰斯福尔扎通风报信"的罪名，若不是好心的鲁克蕾齐亚暗地里给他通风报信，他势必会在罗马被暗杀掉。

之后，乔万尼·斯福尔扎又为自己的婚姻负隅顽抗了将近 2 年时间。亚历山大六世希望以温和的方式结束他与鲁克蕾齐亚的婚姻。教皇命令促成这段婚姻的红衣主教阿斯卡尼欧·斯福尔扎必须说服乔万尼离婚，并要求乔万尼·斯福尔扎声明自己性无能，无法与鲁克蕾齐亚圆房，鲁克蕾齐亚因此还是处子之身。亚历山大六世需要鲁克蕾齐亚的处子之身，这样还能与其他势力联姻。

差点丢了性命，又要签署丢脸的离婚协议，乔万尼自然不愿答应，他拒绝签字，且反过来指责鲁克蕾齐亚与父亲和兄弟有乱伦关系，甚至不愿接受教皇给他的补偿金——鲁克蕾齐亚的嫁妆 3.1 万杜卡特金币。直到 1497 年 11 月，面临第二次法国入侵威胁，急得焦头烂额的斯福尔扎家族忍无可忍，威胁要不再保护他时，乔万尼·斯福尔扎才无可奈何在有公证人的场合下，签署了离婚协议和性无能声明。作为反击，他在签字时留下这么一句："如果圣座陛下决心重新定义所谓的正义与公平，我也无可奈何。教宗可以为所欲为，但天父自有分晓。"

这就是鲁克蕾齐亚充满喜剧色彩的第一次婚姻，历史的戏剧性程度远远超过了喜剧，估计能妙笔生花的薄伽丘也写不出

本页_钱币上的乔万尼·斯福尔扎头像

如此妙趣横生的情节。

之后，鲁克蕾齐亚又迎来她充满血腥的第二场婚姻以及看似美满的第三场婚姻，在这些婚姻中，鲁克蕾齐亚无不扮演着她父亲的棋子角色。

在同时代画家、诗人的笔下，鲁克蕾齐亚金发垂腰、身材丰满、体态优雅，富有文艺复兴时期被普遍赞扬的美貌。但鲁克蕾齐亚从来不是花瓶，她自幼就接受了系统教育，无论是西班牙语、加泰罗尼亚语，还是意大利语、法语、拉丁语，都说得非常流利，甚至还能读希腊语书籍（这是当时阅读古典文学作品必须具备的能力）。除此以外，她还热爱诗歌、写作、舞蹈，常常是舞会的中心。可以说，文艺复兴时代，任何贵妇人具备的素质鲁克蕾齐亚·波吉亚都具备。亚历山大六世外出时，甚至会让鲁克蕾齐亚代他执掌梵蒂冈。教皇的私生女公开在梵蒂冈教皇的居所，端坐在教皇宝座上代表教皇处理神圣教会和教皇国的事务，这在教会历史上是空前绝后的事情。因为这件事惊世骇俗，直到19世纪末才有画家将它描绘在画布上。

现今留存下来的几幅描绘鲁克蕾齐亚的画作，只有平托瑞丘描绘的那幅一针见血指出了鲁克蕾齐亚的精神归属。

这幅由文艺复兴时期佩鲁贾画派著名画家平托瑞丘，绘制在梵蒂冈波吉亚家族居所的壁画，表现了基督教女圣徒圣凯瑟琳与罗马皇帝马克森提乌斯的辩论。在这场辩论中，她凭借自己的才智和对基督教坚定的信念，赢得了辩论。画面中央，金发垂腰、皮肤白皙，身披红色斗篷的正是以鲁克蕾齐亚·波吉亚为模特的圣凯瑟琳，红色是她家族的颜色，靛蓝色裙服上的金绣十字架象征着坚定的基督教信仰。圣凯瑟琳终生未嫁，因为她的夫婿须超越她的美丽、智慧、财富和尊贵，而能达到这个高度的只有耶稣基督了。

虽然用终身未嫁的圣女来隐喻鲁克蕾齐亚·波吉亚不合适，不过有一个事实是改变不了的：鲁克蕾齐亚·波吉亚一生就像一件紧俏商品，被父亲和哥哥从这个家族卖到另一个家族，接着又被卖到其他家族，期间还要经受哥哥的种种恐吓。

本页_这幅画表现的是鲁克蕾齐亚·波吉亚在教皇亚历山大六世离开梵蒂冈时期代替他执掌梵蒂冈的情景。画面中央高坐教皇宝座上身穿裙服的就是鲁克蕾齐亚，她脚下葡匐着一名圣多明我会的修士，正膜拜教皇一样亲吻她的鞋尖。她四周坐着枢机主教们，无论他们是无聊还是愤懑，此刻无不老实聆听着她的指示。她身后密密麻麻的是等候觐见的教士、贵族、使节，我们甚至能够在左边看到几位头缠头巾的穆斯林——土耳其苏丹的使节。当他们看到教皇宝座上坐着的是教皇女儿时，无比惊骇。

至于谁是买主，她没有选择的余地，得看
当时意大利和欧洲的外交局势以及父亲
的决定。鲁克蕾齐亚的肉体或许属于她的
夫婿，但她的精神却永远属于她的家族，
她必须为家族毫无保留地献出自己。

上_平托瑞丘绘制在梵蒂冈波吉亚家族居所的壁画，这幅画右边端坐在白马上的是穿着土耳其式服
装的乔万尼·波吉亚，那时他还是教皇国军队的统帅。

下_乔万尼·波吉亚

六 结盟·恺撒·落幕

1497 年，斯福尔扎家族之所以同意解除鲁克蕾齐亚和乔万尼的婚姻，纯粹是因为受外部威胁的缘故——法国人又要卷土重来，一度强大的米兰已经到了孤立无援、腹背受敌的边缘，不得不同意教皇的要求以求博得其好感，争取到盟友。

法国国王查理八世无嗣而终，王位由奥尔良公爵路易继承，史称路易十二。路易是一名典型的中世纪式法国国王——相貌英俊、统治仁慈、生活节俭，但缺少文艺复兴式君主的现实主义和灵活变通。同时，路易十二又是前代米兰维斯孔提家族瓦伦蒂娜·维斯孔提的孙子，因此他坚持自己对米兰拥有无可置疑的主权。此外，在上一次战争中，路易还被鲁多维科·斯福尔扎率领的三万大军围困了整整 4 个月，迫不得已签订了城下之盟。因此，他必须再组织一次远征，不仅要收复查理失去的那不勒斯，更要借此机会惩治鲁多维科。

1497 年，对鲁多维科·斯福尔扎而言是难熬的一年。法国人准备复仇的消息令他如坐针毡，他那经验丰富的雇佣军指挥官吉安·特里武尔奇奥也抛弃他，改投到那不勒斯王国的伊莎贝拉身边。此外，他也失去了姻亲盟友费拉拉公国。好色的鲁多维科与费拉拉的贝阿特丽斯结婚以后，依旧与女人绯闻不断。得知鲁多维科与一名漂亮宫女混在一起后，怀着第三胎的贝阿特丽斯非常难受。为了忘却痛苦，她在一场舞会上纵情狂舞至深夜后不幸病倒，生下一个死胎后几小时便命丧黄泉，死时只有 22 岁。

贝阿特丽斯的死令鲁多维科懊悔不已，他不仅失去了埃斯特家族的支持，还失去了能替他排忧解难的得力妻子。从此，他一蹶不振。在法国入侵的紧要关头，威尼斯怨恨他私自与路易签订《维切利合约》放跑了奥尔良公爵而选择支持法国人。上一次选择法国的佛罗伦萨，听到法军又要打过来时，自然还是选择站在法国人这边。鲁多维科这次能依仗的，仅有同病相怜的那不勒斯和教皇领地罗马涅的几个小城邦了。鉴于上次是靠亚历山大六世组织的神圣同盟赶跑了法国人，此时孤立无援的斯福尔扎家族才被迫答应亚历山大六世如此侮辱性的离婚要求，希望波吉亚家族能再次站在米兰这边。

1498 年 7 月，在米兰和那不勒斯王国结盟，准备共同对抗法国可能开始的入侵时，亚历山大六世的女儿鲁克蕾齐亚被秘密安排与那不勒斯王国的比谢列公爵，阿方索二世的私生子阿方索结亲。而阿方索的姐姐阿拉贡的珊莎，已在四年前与鲁克蕾齐亚的弟弟乔佛理·波吉亚结成夫妻。17 岁的阿方索相貌英俊，编年史学家塔利尼曾经惊叹他"是自己在罗马见过的最美的青年"，与之前斯福尔扎家的乔万尼相比，阿方索年轻、正直、和蔼可亲，堪称理想的夫婿，鲁克蕾齐亚非常满意。与阿拉贡的阿方索的婚姻，也是鲁克蕾齐亚唯一一段有过幸福生活的婚姻。

问题是，波吉亚家族这次会站在斯福尔扎家族这边吗？答案是不，仅一个月后事件就出现了变化。

一直致力于强化教皇世俗权力的亚历山大六世，正忙于统一罗马涅的教皇领地，从那些杂七杂八的小家族手中收回属于教皇的城市统治权。就在这时，他与瓦诺莎·卡塔内生育的第二个儿子恺撒·波吉亚登上舞台了。

恺撒早年的经历与其父有相似之处。15岁时，恺撒就被父亲委以主教的职务，18岁时，因父亲当选教皇，被升为枢机主教，穿上了众多天主教神职人员梦寐以求的红衣。如果一切正常的话，恺撒或许将以神职人员的身份度过一生，如果运气够好的话，他或许能和父亲一样当选为教皇。但是后面的事件发展却呈现戏剧性的变化。

首先是长子乔万尼·波吉亚的神秘身死。乔万尼身为教皇国军队统帅，军事水平却与他的头衔不相称。在替亚历山大六世征服罗马涅的小城邦时，他竟然被坐镇小小城邦弗利的伯爵夫人卡特琳娜·斯福尔扎所击败，其声誉一落千丈。这让亚历山大六世非常失望，因为按照他的计划，乔万尼将替他指挥军队征服意大利的大小

城邦，恺撒接替他成为掌握天主教精神世界的教皇，整个意大利——无论世俗世界还是宗教世界——都将统一在波吉亚家族名下。他宏伟计划的第一步，就这样被他掌握军队的长子乔万尼给搞砸了。

比乔万尼更有才干和手腕的恺撒再也忍不住了，乔万尼是成功的绊脚石，必须挪去，因为恺撒是乔万尼之死的最大受益者（有人推测恺撒杀死乔万尼是因为兄弟俩在争夺阿拉贡的珊莎）。乔万尼死后，恺撒能够掌握军队，踏上他期待已久的征伐之路。

接掌教皇国军队一年后，1498年8月17日，枢机主教恺撒·波吉亚向教皇亚历山大六世辞去圣职。这是善于离经叛道的波吉亚家族又一惊世骇俗之举——恺撒是基督教历史上第一个主动辞去圣职的神职人员。那一年，恺撒22岁。同一天，他接受了法国国王路易十二的册封，成为瓦伦提诺公爵。

这一番令人眼花缭乱的变故，就是法国国王路易十二与教皇亚历山大六世幕后交易导致的。路易想与现任妻子——身患残疾的法兰西的让娜解除婚约，迎娶查理八世的遗孀布列塔尼的安妮，以保证布列塔尼和勃艮第保留在法国的版图内。而他离婚和再婚都需要教皇亚历山大六世批准。

作为交换条件，路易答应册封恺撒为瓦伦提诺公爵，为其物色合适的妻子，

本页_阿拉贡的阿方索画像

并为波吉亚家族在罗马涅的军事行动提供援军。恺撒迎娶了路易的侄女——纳瓦尔国王之妹查洛特·德·阿尔布雷公主，然后趾高气昂带着他的法国妻子和法国援军头衔返回意大利，准备开始他征服世俗世界的道路。尾随恺撒身后的是浩浩荡荡的法国军队，由路易十二亲自率领，于1499年直扑米兰。

米兰再一次投降，鲁多维科的将领或是望风而逃，或是向法军投降。其实，米兰城堡非常坚固，可固守一年，但法军入侵仅12天后就投降了。鲁多维科孤立无援，他的盟友和神圣罗马帝国皇帝马克西米连这一年都忙于指挥士瓦本同盟与瑞士联邦开战，无暇顾及米兰的烽火。鲁多维科只好放弃其家族经营了半个世纪的领地出逃。法国军队在米兰照例进行了劫掠，那尊出自达·芬奇的骑马像泥塑，也沦为

法国弓箭手练习射箭的靶子。

占领米兰后，一直处于孤立状态的佛罗伦萨再次倒向法国，法军畅通无阻经过教皇国和佛罗伦萨直扑那不勒斯。走投无路的那不勒斯国王费德里克想向路易十二称臣，承认法国对那不勒斯的宗主权。对路易来说，这应该是最合理的提议，他能以最小的代价实现查理损兵折将都无法达到的目标。但路易拒绝了，他宁愿按照1500年与阿拉贡的费迪南达成的条约，一起瓜分那不勒斯王国。蒙在鼓里的费德里克直到法国人入侵还不停向西班牙国王费迪南求援。费迪南则袖手旁观，毫不理会。当别无选择的费德里克请求与土耳其结盟的时候，费迪南德终于出击了，法国和西班牙南北夹攻那不勒斯。费德里克这才意识到自己被亲戚出卖了。心灰意冷的他最终选择向公开的敌人法国投降，而不是西班牙。那不勒斯王国被法国与西班牙瓜分，路易十二如愿得到那不勒斯王位。相比背后捅刀子的西班牙特拉斯塔马拉王室，法国瓦卢瓦王室还算比较厚道，没怎

右上_路易十二与布列塔尼的安妮

左下_威尼斯画派画家乔尔乔内所作的恺撒·波吉亚画像

么为难费德里克——他们将费德里克送往法国的安茹，授予他安茹领地以弥补他失去的王国。

1499—1500 年的意大利战争，就这样以法国如愿以偿结束。除了西班牙国王费迪南外，最大的受益人莫过于罗马教廷和亚历山大六世了。亚历山大六世借两个大国之手，兵不血刃就将两个宿敌彻底剪除。此外，乘法国人占领米兰期间，他还实现了前几任教皇都没有实现的目标——将罗马涅的所有城邦重新纳入教皇统治之下。意大利中部，已没有能与波吉亚家族相抗衡的势力了。

在此期间，恺撒·波吉亚为实现他父亲的目标攻城略地，立下了汗马功劳。

同时代的马基雅维利，曾记录过与瓦伦提诺公爵恺撒·波吉亚的一次交谈，那时，他作为佛罗伦萨的代表，前往恺撒的军营与他进行谈判。而恺撒·波吉亚则用一种戏剧性的方式接待他：夜晚的帐篷里，只有一支摇曳的蜡烛，恺撒从头到脚一身黑。马基雅维利在写给佛罗伦萨上级的信中，这样形容恺撒·波吉亚："他身材伟岸，气度恢宏，对武力的热衷使他对其他一切事都不在乎。"

其他记述也留下了有关恺撒的传闻。据说他力大无穷，能徒手扭断马掌，一剑可以杀死一头公牛。恺撒通常穿着黑色紧身衣，外面套着轻便铠甲，戴着一顶插着华丽羽毛的宽大贝雷帽。他的靴子用金子镶着边，上面还镶嵌了珍珠，他战马的马掌甚至是用实银做的。罗马妇女很喜欢他，

尽管都知道他是一个冷酷无情的人，别指望从他那里得到什么。恺撒的妻子怀孕后，他就对她不再理睬。

恺撒于 1499 年 11 月率领军队围攻曾令哥哥乔万尼铩羽而归的弗利时，女伯爵卡特琳娜·斯福尔扎表现出了令鲁多维科·斯福尔扎汗颜的顽强，她指挥小城与恺撒展开了一场激烈的围攻战。恺撒为卡特琳娜开出了 1 万杜卡特的赏格，卡特琳娜则派奇兵乘恺撒离开兵营时试图俘虏他；恺撒用法国大炮轰击弗利的城墙，卡特琳娜则把大炮架在城墙上，居高临下打得恺撒的法国炮兵毫无还手之力，她还督促士兵在晚上修好白天被恺撒打坏的城墙。最后，恺撒只得改变战术——夜以继日爆破城墙，六天后打开了两个缺口。1500 年 1 月 12 日，恺撒的军队突入弗利

本页_恺撒·波吉亚在罗马期间的个人画像，他的神情自然，胡须和头发经过精心打理，紫色外套装饰着昂贵的黑色皮草滚边，头戴同样皮草的帽子，外套里面是一件红底金丝刺绣紧身衣及绣着金边的白色衬衣。画面上的恺撒是文艺复兴时期典型的学者模样，温文尔雅，令人着迷。

要塞。经过短暂和血腥的厮杀后，他们占领弗利并俘虏了卡特琳娜。为了羞辱这个差点令他颜面扫地的女人，恺撒强奸了她，并把她关入了罗马的圣天使堡。

攻占弗利后，恺撒仿佛找到了感觉，开始马不停蹄征服。凭借法国大炮和他刻意制造的恐怖，只用了三年时间，他和他的军队就征服了罗马涅十多个城池，统治的疆土面积仅次于那不勒斯王国，一跃而成为意大利最有权势的人之一。他用自己那支规模不大的军队，获得了几个世纪佣兵队长们都没取得的成就。

恺撒在战术上是个平庸之辈，但在搞阴谋方面却是个天才，他懂得如何借别人之手制造恐怖，并用恐怖来震慑普通人的心。恺撒曾命令一个名叫雷米罗·德·奥尔科的总督采取"一切可能的手段"维持当地秩序。这自然导致各种形式的暴力镇压行为，为了与这些暴行脱离干系，恺撒又下令将奥尔科处死——向当地人民证明他是一位贤明的君主。同时代的普通市民曾在日记中写道，波吉亚制造的恐怖使他们像"恐惧上帝一样浑身颤抖着"。

此外，恺撒还涉嫌杀害了自己的妹夫——鲁克蕾齐亚的丈夫阿拉贡的阿方索。那不勒斯王国覆灭以后，阿拉贡家族再也没有利用价值了，有必要让鲁克蕾齐亚守寡，并重新为她物色一位值得结盟的君主。1500 年 7 月 15 日傍晚，阿方索在圣彼得教堂门口台阶上被数个杀手袭击，身负重伤。幸亏卫兵及时赶到，把他救了下来。7 月 18 日，数名佣兵闯入尚在养伤

的阿方索房中，以阿方索涉嫌加害恺撒·波吉亚为名，当着他妻子鲁克蕾齐亚和姐姐珊莎的面，勒死了阿方索。

失去那不勒斯的阿拉贡家族成员对波吉亚家族来说，一点利用价值都没有了，可怜的珊莎也没有逃脱恺撒的魔掌，哪怕她曾是恺撒的情妇。恺撒不念旧情，将珊莎打入了圣天使堡的大牢，直到教皇亚历山大六世去世后，她才重获自由。

恺撒就是如此一个不讲道德的统治者。1502 年，乌尔比诺公爵朱多巴尔多·德·蒙特菲尔特罗借他炮兵后没几周，恺撒的部队就带着这些大炮进犯乌尔比诺。应该说，恺撒与他父亲一样，将圣职、婚姻、盟约看作可交易的商品。他意志坚决，野心勃勃，会全身心投入与敌人的战斗。他是文艺复兴时代的典型君主，不露感情，崇拜权力并不择手段获取权力。他

本页_卡特琳娜·斯福尔扎被誉为罗马最优雅的贵妇，因英勇抵抗波吉亚家族在意大利家喻户晓，被冠以"母老虎"（Il Tigre）的绰号。

的格言就是"Aut caesar aut nihil"（成为恺撒，或什么也不是）。恺撒可以在理论上通过无情的手段来征服世界。他像毒蛇一样危险狡诈，又像罂粟一样充满邪恶的魅力。

1502 年，恺撒的邪恶魅力甚至吸引了达·芬奇为他工作。这两人在某些方面是完全相反的，恺撒嗜杀成性，他做的每一件事都是为了权力，而达·芬奇则是一个和平主义者和素食艺术家，对巨大财富和统治他人不感兴趣。但两人又有惊人的相似之处：都是相貌英俊的私生子，都有强烈的自我，内心力量强大。

无论这对组合是多么荒诞和不可思议，达·芬奇在合作期间似乎都得到了极大满足，他穿越罗马涅，从一个城市到另一个城市，为要塞防御提建议，他的笔记本里充满了防御装置和武器设计图。他对能抵御炮火的壁垒或墙体特别感兴趣，设计了秘密交通壕和有内部暗室的要塞，即使被攻破也不会被敌人发现。他可以自由旅行，可以与意大利最有权势的人来往。

他将大部分时间用在加强波吉亚家族军事力量和提高军事效率的计划上。这是头一次他在雇佣期间不被要求去装饰王室卧室或设计舞台，他的才干在更高层次的领域里发挥了作用。

但达·芬奇与恺撒的合作结束得非常突然，缘于达·芬奇有一位在恺撒底下任雇佣兵队长的朋友——维太罗佐·维太利意图谋反。恺撒骗维太罗佐及其追随者，说自己已经原谅他们了，并在塞尼加利亚镇安排一次见面来讨论和解决问题。在那里，恺撒热情接待了他们，还邀请他们到自己的私人住所，在那里，维太罗佐一行人被逮捕，后全部被绞死。

听闻这个消息后，达·芬奇立即离开了恺撒，再也没有回来。达·芬奇的不辞而别也预示了恺撒的结局将悄然到来。

1502 年，马基雅维利与恺撒面谈时，他深深折服于比自己小六岁的这个男人。恺撒给他留下了深刻的印象，他十分赞赏恺撒依靠本国民兵而不是外国雇佣军的政策。日后，他还在佛罗伦萨实施了这种政策，佛罗伦萨公民组成的军队成功收复之前失去的比萨。

总之，马基雅维利没有在治世著作《君主论》中对安邦治国的道德伦理进行说教，他曾经历过萨伏那洛拉时期的冲突，知道在国家治理方面只讲道德伦理是远远不够的。路易十二本能以更小的代价获得意大利的宗主权，但却拒绝接受那不勒斯臣服，迂腐地遵守与西班牙瓜分那不勒斯的约定，不仅导致西班牙从此踏上亚

本页_达·芬奇《安吉利之战》的草图，他热衷于研究人类非理性的厮杀和残忍面貌。

平宁，更使意大利战争扩大。这种死板地遵守道德规范、缺乏变通的政治领袖，在马基雅维利眼里就是失败君主。日后的著作中，马基雅维利并没有讲统治者应怎么守道德，而是讲统治者应怎样维持自己的统治。他强调统治者可以狡诈欺骗，可以残酷虚伪，如有必要还可以杀人害命。他认为，恺撒就是这种统治者的典范。他曾一度希望恺撒能举起统一后的意大利旗帜。

马基雅维利在书的最后一章提出，意大利经常遭受外部侵略的原因是国家不统一，只有强有力的领导（即使是暴君也无妨）才能一改意大利半岛割据的局面，将大小城邦统一起来。"只要有人登高一呼，意大利就会在这面旗帜下站立起来。"

但 1503 年后，这一美好愿望已不可能会实现了。

1503 年 8 月 6 日，恺撒和教皇亚历山大六世宴请了红衣主教阿德里阿诺·德·柯麦拓。恺撒原准备这次宴请后再次出兵，结果，他与父亲在宴会后都病倒了。据说他俩是误食了家传的毒药。经过极端的抢救后，恺撒因为身体强壮脱离了危险，但年事已高的教皇却没有幸免。1503 年 8 月 18 日，教皇亚历山大六世去世，享年 72 岁。

按照惯例，教皇所佩戴的渔人权戒在他死后，戒指上有关他的执政痕迹将被凿掉。罗德里格·波吉亚死后，凿击权戒的锤击声不啻拆毁波吉亚家族好不容易构建起来的王国基石的撞击声。恺撒的权力后盾在这敲击声中灰飞烟灭了。

就像很多粉丝往往会忽略他们的偶像在成功的过程中，或多或少有家庭扶持那样，马基雅维利在其《君主论》中同样忽略了恺撒能在如此短的时间取得巨大成就，很大程度是依靠了他的父亲。尽管亚历山大六世手腕高超，但他毕竟不是万能的上帝，教皇国终究不能与大陆的强国相抗衡。由于路易十二与佛罗伦萨联盟，亚历山大六世在托斯卡纳扩充势力的计划受挫。就在恺撒准备抛弃法国投靠西班牙时，亚历山大六世去世。随后，路易十二剥夺了恺撒的公爵头衔和领地，恺撒的政治生涯就此结束。恺撒初具雏形的帝国就这样崩溃了。他的政敌朱利安诺·德拉·罗韦雷在继任教皇庇护三世的支持下，剥夺了恺撒的军权，将其流放到了西班牙。失势了的恺撒只能在妹夫纳瓦拉国王的麾下做一名军人。1507 年，恺撒战死，年仅 31 岁。

七 尾声

就这样，文艺复兴时期旨在统一意大利，并将它团结在教皇或是波吉亚家族的旗帜下的最后一次尝试失败。意大利还将在分崩离析中度过三百多年的时光，直到 1861 年统一为止。亚历山大六世和恺撒死后，意大利大大小小的城邦、统治家族纷纷松了一口气，他们又过上了小国寡民的舒坦生活。

但是过去的好时光不会再回来了，接下来，将是漫长而又痛苦的 50 年时光。

西班牙、法国等众多势力争相挤上意大利这个狭小的舞台，你方唱罢我登场，在面积不大的亚平宁半岛地图上，刻下一个又一个战役纪念碑。意大利，俨然成了新野战战术、围城战术、筑城技术的试验场。北方的征服者们如阿提拉再世纷至沓来，他们用火炮、火绳枪、长矛在意大利杀得不亦乐乎，同时又把在意大利经过检验的火枪和长矛合成方阵、棱堡筑城术等，连同文艺复兴的艺术品、人文主义思想带回本土。

意大利文艺复兴的种子，就这样由征服者们带去了比利牛斯山以南、卢瓦尔河流域、波罗的海、维也纳，并很快在那些地方生根发芽、开花结果。在以后几个世纪，整个欧洲都将成为科学和艺术之花争奇斗艳的华美花园。

尽管意大利还会诞生一些像米开朗琪罗、拉斐尔、提香的巨人，古老的圣彼得的陵墓上方还会矗立起一座不朽的人类奇迹，但它却不再是历史的重心了。新大陆的朝阳正在冉冉升起，意大利文艺复兴落幕的幕布正在缓缓落下。

那么，我们之前讲的那些人结局怎样呢？列奥纳多·达·芬奇，他在恺撒倒台后回到了阔别多年的佛罗伦萨。与当年离开时那个心灰意冷的年轻人相比，现在的他更睿智、稳重、声名远播。在佛罗伦萨，他还遇到一个终日与石头打交道的年轻人——米开朗琪罗，并由此展开一场艺术水平竞争。

鲁克蕾齐亚·波吉亚则开始了自己人生中最长的一段婚姻，和费拉拉公爵阿方索·埃斯特共同走完剩余的人生。她为公爵生了许多儿女，并通过赞助许多艺术活动证明自己是一个可敬的公爵夫人，相信这能有效提升自己的声誉，并使波吉亚家族存续下去。日后，波吉亚家族还将诞生两位教皇。

卡特琳娜·斯福尔扎在恺撒倒台后重获自由，她目睹了恺撒的死亡，因为她坚贞不屈反抗恺撒在意大利很有名气。后来，她在佛罗伦萨度过了余生，在此期间，她曾想重新得到弗利的统治权，但未能如愿。晚年时，她曾向僧侣告解："如果我写下生平故事，会震惊世界。"后来，她的小儿子乔万尼继承了她的军事才能，成为一名佣兵队长。

鲁多维科·斯福尔扎，整场闹剧的始

鲁多维科·斯福尔扎夫妇墓

作俑者，失去米兰后，带着一万名瑞士兵打回来，想要重夺故土，但与法军对阵时，麾下的佣兵却以"瑞士人不打瑞士人"为借口拒绝参战而不战自溃。鲁多维科被俘，一直被囚禁到1508年他去世为止。死后，他与被他辜负过的妻子合葬在一起——用这种方式向他的妻子表示忏悔。

尼可洛·马基雅维利在皮埃罗·索代里尼当选市政主席后，终于得以重用。在新职位上，他最重要的贡献是建立了城邦民兵，于1509年收复比萨。这是几个世纪以来，佛罗伦萨第一次用属于自己的军队打了胜仗，也是尼可洛·马基雅维利第一次将从恺撒那里学到的宝贵经验付诸实践，但好景不长，1512年，佛罗伦萨在普拉托战役中惨败，曾经风光一时的佛罗伦萨公民军队被经验丰富的西班牙军队杀得溃不成军。美第奇家族在教皇和西班牙的支持下重归故里。马基雅维利因涉嫌参与过反叛美第奇家族的阴谋被捕入狱，受尽了折磨和拷打，虽然后来被免除罪责，但却被流放到自己乡间的农庄。在那里，他写下了不朽著作《君主论》。

回顾曾经历过但从来不曾主导过的时代及那不成器的公民军队时，马基雅维利这么调侃道："他们（佛罗伦萨人）在穿着和日常生活方面比他们的先辈更自由。在休闲、游戏和女人上花的时间和金钱更多，他们的主要目的是拥有更好的衣服，更文雅的谈吐。谁能以最精明的方式伤害他人，谁就是最能干的人。"或许这些话也适用文艺复兴时代的意大利。

从大洋洲到密西西比

大航海时代的土著世界

作者：澜风

大航海时代第一次将地理上相互隔绝的不同人联系起来，不仅与旧世界的文明建立起了深入的交流，也使新世界的土著居民与旧世界产生了接触。新世界土著中最广为人知的无疑是中南美洲的阿兹特克、玛雅和印加人。偶得注意的是，大洋洲和北美洲也存在具有独特风格和一定文明程度的土著。但这两个广阔区域的土著缺乏文字史料，加上受到欧洲国家殖民统治的时间较晚，他们在大航海时代与欧洲人的早期接触往往很容易被忽视。有鉴于此，笔者参考国内外大航海时代大洋洲和北美洲土著的相关资料，对这两个地方的土著做一番解读。

一 阿贝尔·塔斯曼的大洋洲探航

大洋洲及太平洋地区占了地球表面积的三分之一，这片广袤的区域自然生活着众多不同的土著族群。大约还在5万年前的冰河时期，他们的祖先就已经从东南亚地区迁徙来了。由于当时地球的海平面水平比现在要低，很多岛屿的面积远比现在大，岛屿与岛屿间的距离

也更短，给大洋洲土著最终散居到各个角落提供了便利条件。以近古时代的文化传统为区分标准，大洋洲地区的土著民族大约可以分为四个族群：澳大利亚（包括澳大利亚大陆和塔斯马尼亚岛）、美拉尼西亚（包括新几内亚及周边岛屿、所罗门群岛、瓦努阿图、新喀里多尼亚、斐济）、密克罗尼西亚（包括加罗林群岛、马里亚纳群岛、马绍尔群岛以及基里巴斯），以及东至复活节岛、南抵新西兰、北达夏威夷群岛这一三角形地带的波利尼西亚。

在大航海时代，这些地区的原住民与远道而来的欧洲航海者有了第一次接触。其实，早在16世纪

时，打通欧洲前往香料群岛航路的设想就让西班牙航海者的目光聚焦于此处了，包括大名鼎鼎的费尔南多·麦哲伦、鲁·洛佩斯·德维拉洛博斯（Ruy López de Villalobos）、阿尔瓦罗·德·萨韦德拉·塞龙（Álvaro de Saavedra Cerón），以及探索从墨西哥到远东太平洋航路的安德烈·德·乌达内塔（Andrés de Urdaneta）和探索南太平洋的佩德罗·费尔南德斯·德·凯罗斯（Pedro Fernandes de Queirós）、路易斯·瓦斯·德·托雷斯（Luís Vaz de Torres）、乌尼戈·奥尔蒂斯·德·雷泰兹（Yñigo Ortiz de Retez）、豪尔赫·德·梅内塞斯

右上_大洋洲土著文化圈的划分

下_佩德罗·费尔南德斯·德·凯罗斯画像

（Jorge de Menezes）、伊萨贝尔·巴雷托（Isabel Barreto）、阿尔瓦罗·德·门达尼亚·德·内拉（Álvaro de Mendaña de Neira）等人。而到 17 世纪，占据了东南亚的荷兰东印度公司，也对传说中的南方大陆产生了强烈兴趣。他们派了大批探险队考察这一带的海岸线以及商业价值，包括威廉·杨茨、雅各布·勒梅尔、威廉·斯考滕、德克·哈托格、弗雷德里克·霍特曼、杨·卡斯滕斯逊、法兰斯·迪赛、弗兰西斯科·佩尔萨特等人。17 世纪 40 年代，在著名的阿贝尔·塔斯曼（Abel Tasman）前往澳大利亚和新西兰进行探航前，欧洲人对太平洋诸岛和澳洲的西半段海岸线已经有了很深刻的认识。

阿贝尔·塔斯曼被认为是大航海时代探索大洋洲地区最为出名的航海家。他于 1603 年出生在尼德兰地区的格罗宁根省，30 岁开始前往爪哇的巴达维亚为东印度公司服务。1639 年，他曾跟随公司的船队前往日本以东的太平洋海域进行远航，但无功而返。

1642 年 8 月，位于巴达维亚的东印度公司评议会决定任命阿贝尔·塔斯曼为舰队司令，前往太平洋寻找传说中的"南方大陆"。塔斯曼首先率领舰队向西，一个月后抵达毛里求斯，并在那里进行休养。到了 10 月份，他重新启程，向澳大利亚的西海岸驶去，并于 11 月底发现了澳大利亚东南端的塔斯马尼亚岛。塔斯曼用时任东印度公司总督的安托尼奥·范·迪门为这个新发现的岛屿命名。他与部下尝试在岛上登陆，但因恶劣的海况被迫放弃，转而向北方驶去。

不巧的是，西风使塔斯曼舰队偏离了既定航向，不断向东北方行进。10 天后，

右上_毛利人试图登上荷兰人的舰船。 ｜ **右中**_塔斯曼的舰队遭到毛利人的进攻。 ｜ **左下**_阿贝尔·塔斯曼画像

他们看到了位于今新西兰的南岛西南海岸。塔斯曼率领船队继续沿海岸向北航行5天左右后到达一片海湾，他派了几艘小艇前去岸上寻找水源。不幸的是，这些小艇遭遇了新西兰本地的原住民——善战且凶猛的毛利人。其中1艘小艇被毛利人的2只战船夹击，4名荷兰水手被杀。塔斯曼下令舰队撤离港湾，结果却遭到了另外11艘战船组成的毛利人舰队的攻击。虽然他们最终用炮火击退了毛利人的进攻，但这场突如其来的袭击给塔斯曼留下了极其深刻的印象，使得他将这片海湾命名为"凶手湾"。这是欧洲人第一次遭遇毛利人部落，塔斯曼的随从记录下了他们的形象。

"……他们极其高大，皮肤呈黄褐色，似乎无所畏惧，嗓门大而嘶哑。他们的头

发像日本人一样向上梳着，在头顶盘成一束，并用一根羽茎固定住。他们只用草席或毛织物遮住身体的中部，步履敏捷，脚步大……"

离开新西兰后，塔斯曼的舰队向东北行进途中经过了汤加群岛。在汤加群岛逗留期间，塔斯曼在汤加塔布岛拜会了统治当地的图伊·汤加王（Kau'ulufonua）三世和诸位权臣。这是继雅各布·勒梅尔后，荷兰人第一次与汤加统治者碰面，但这个会面仍然没能改善双方关系。因为在荷兰人看来，汤加无疑是一个贫穷的国家，雅各布·勒梅尔就曾这样描述："汤加塔布的居民很穷，他们住在周长约25英尺的锥形小屋中，屋内家具寥寥无几，门极低，人们必须匍匐而进。他们似乎没有关于贞洁的规定，也没有宗教，不精于商务……"告别了这个孤悬于大洋之中的岛国，塔斯曼舰队开始转向西北，穿过斐济群岛的东北海岸，最后经过新几内亚，回到了巴达维亚。

塔斯曼的这次探险对确定"南方大陆"的面积和位置至关重要。另外，通过这次

右上_这幅图描述的是塔斯曼造访汤加王国首都的情景。
左下_欧洲人使用枪炮对毛利人进行反击。

塔斯曼的航海"既没有发现任何具有贸易价值的土地，也没有开拓新的航线"。评议会对塔斯曼非常不满，甚至怀疑他"没有尽全力探索每一个可以探索的地方"。从此以后，荷属东印度公司中止了对太平洋和南方大陆的系统勘探，阿贝尔·塔斯曼也被调到其他亚洲贸易航线，不再从事任何未知土地的探勘活动了。

尽管大航海时代的欧洲人与大洋洲的土著已经有了比较多的接触和交流，但他们却没有在大洋洲建立殖民地，其原因大概是因为这一地区没有能引起欧洲人兴趣的货物。因此，大洋洲除了充当欧洲人远距离航海的中转补给站以外，没有别的商业价值。正因如此，这些地方的土著社会避免了阿兹特克帝国和印加帝国的命运，得以继续保持自己的生活文化传统，直到两百年后。

探险还发现了塔斯马尼亚和新西兰。为了趁热打铁，1644年，塔斯曼第二次踏上了航海之旅。

塔斯曼的第二次旅程始于重走扬·卡斯滕斯逊的航路。这条线路沿新几内亚岛南岸，穿过托雷斯海峡，而后南下，经过澳大利亚北部约克角半岛新海岸。航程结束时，塔斯曼已将卡奔塔利亚湾和澳大利亚北海岸的大部分地区绘入海图。

然而，从东印度公司评议会的角度来说，这两次航行的成果显然是令人失望的。

值得一提的是，虽然大洋洲没有引起欧洲人的兴趣，但却吸引了东南亚商人的

左上_澳大利亚土著的壁画遗址中描述了马卡萨叭喇哝商船到访的场景。

右下_马来和印尼人使用的商船

目光。根据土著人的壁画遗迹可以发现，早在17世纪初，来自印尼苏拉威西岛的马卡萨商船队就定期到澳大利亚北部的阿纳姆地一带，与当地的雍古族（Yolngu）进行海参贸易。这些海参的最终流向地，自然是对山珍海味有大量需求的中国。除此以外，生活在伊利安岛（新几内亚）西端的美拉尼西亚部族也曾经向雄踞爪哇群岛一时的麻喏巴歇王朝（即中国典籍中的满者伯夷）纳贡。贡品包括上好的檀木和可作为观赏鸟的极乐鸟。据说，这些贡品最终也流向了中国大陆，当时的明朝皇帝视这种朝贡关系为恭顺的象征。

以上这些就是大航海时代初期，大洋洲土著跟周边地区的接触情况。接下来，让我们详细了解一下澳大利亚、美拉尼西亚、密克罗尼西亚以及波利尼西亚这四个大洋文化圈的不同社会风貌。

二　大洋洲土著风貌

澳大利亚土著

在欧洲人到来前，生活在澳洲大陆，包括塔斯马尼亚岛的土著人口大约在55万~100万之间。他们分为500多个部落，操着500多种语言，大部分处于母系社会，部落依靠血缘来维系。澳洲土著尚未出现部落同盟的概念，邻近的部落之间会定期集会以物易物和年轻男女的相亲。

澳洲土著几乎可以说是当时世界上最为原始的族群之一，只有石制和木制的工具，以采集和狩猎为生，武器包括长矛、棍棒以及澳洲土著特有的回旋镖（Bommerang）。这种飞镖是一种扁平镰刀形的木器，掷出时沿一条曲轨飞行，能够从意料不到的地方击中猎物，如未击中则会返回。在传统观念里，人们似乎认为这种武器很有效，但最近的一些研究指出，这种可以返回的飞镖事实上杀伤力并不强，在攻击一些大型动物时，土著人会更倾向于使用长矛或者不可返回的飞镖。除北部约克角半岛的部落，澳洲土著也缺少世界其他地方的部落普遍使用的弓箭。

澳大利亚的土著部落沿一定地带移动，按季节吃野禽或野生植物的果实、种子和块茎，还吃小的昆虫。他们往往把植物的可食部分放在平的大石头上用小石头碾压成粉末后再吃。他们虽会做熟食，但只会炙烤，不知水煮。在部落里，女人通常负责采集野果，男人则结伙外出狩猎。

在这种原始的生产方式下，男人通过狩猎获得

的食物往往不如女人采集的食物，由此造成澳洲大部分土著部落处于母系社会。

荷兰东印度公司的文献这样描述了澳洲土著："（他们）头发卷曲，皮肤黝黑，全身几乎赤裸，居住在极其简陋的茅屋甚至露天，以块根为食，生活似乎极其悲惨。他们喝井水，用桨划树皮制成的轻舟。他们好像以烟雾作为远距离交流的信号……总之是一片不宜居住的土地，民族野蛮，几无潜力……"

美拉尼西亚人

美拉尼西亚人种是澳洲黑色人种或赤道人种的大洋洲旁系，欧洲人据此把他们居住的地区称为美拉尼西亚。东印度公司的文献已经对居住在巴布亚的美拉尼西亚人有比较多的描述，并且留意到了他们在外貌、语言上与其他大洋土著的不同。

本页_生活在墨尔本雅拉（Yarra）河畔的澳洲土著乌伦杰里（Wurundjeri）

"……不过，他们的肤色更黑。事实上，他们与非洲人同样黑，唇厚、鼻扁。虽然他们的耳垂有孔，但他们大多会通过鼻中隔戴上环形物。许多人还会在上臂戴链子，用贝壳或野猪的牙齿装饰他们的脖颈和肩膀，或在头发上插羽毛。他们的头发卷曲，却不像埃塞俄比亚人的那么卷。常见的是胡子，而非髭须。有些人用石灰把他们的头发和胡子涂上条纹……他们的语言似乎与汤加岛民的用语和马来语截然不同。他们会将房屋建在离地八九英尺的柱子上……有些人会在头顶折断箭或木制长矛以示和平或友谊……"

与荷兰人接触时，居住在巴布亚岛和所罗门群岛的土著部落刚处于原始公社制的解体阶段。其中，巴布亚岛西端的部落已经跟蒂多雷和爪哇的苏丹有了比较紧密的贸易及政治关系。勒梅尔和斯考滕的船队就曾经在巴布亚西部的部落中发现不少出自西班牙和中国的物品。

东南部的瓦努阿图、新喀里多尼亚以及斐济群岛等地，严格的等级制度已经出现。氏族贵族拥有很大的权力，常将战争中的俘虏变成家内奴隶。经济以农业为主，居民种植薯芋类和豆类蔬菜，或椰子树、香蕉树、西米树、面包树等果树。主要农具为挖掘棒和石斧。个别地方已有人工灌溉。沿海地区和小岛居民多以渔业为生，渔具种类较多，捕鱼技术很高。此外，他们也饲养猪、鸡、狗，并从事了多种手工业，善于造船、制陶、捶制树皮布，用竹

木、贝壳、羽毛制作用具和装饰物。他们虽衣着简单，但装饰物繁多，有鼻棍、头梳、项圈、手镯、胸牌、脚套等。男性装饰物多于女性。独木舟多用面包树干凿成，一侧舷外附有支架，以保持船身平稳。大船由木板制成，使用草席帆，可载40人，远航数百里。

密克罗尼西亚人

　　密克罗尼西亚在地理上包括了雅浦岛、帛琉、马里亚纳群岛、东加罗林群岛、马绍尔群岛以及基里巴斯群岛等地。密克罗尼西亚人在体态上兼有美拉尼西亚、印度尼西亚及波利尼西亚人的特征。印尼东部诸岛、菲律宾和台湾岛迁出的移民对密克罗尼西亚人的形成起了十分重要的作用。密克罗尼西亚人在社会发展水平上高于美拉尼西亚与澳大利亚土著，社会分工与交换有所发展，以实物交换为主，一些岛上还有了充当一般等价物的特殊商品贝壳串和串珠。值得一提的是，在雅浦（Yap）岛上，本地部落使用一种磨盘大小的石盘作为一般等价物。交易时，这些石盘放在一个地方不移走，只在原石盘的面上刻下新所有者的标记，即代表所有权的转移。

　　密克罗尼西亚的诸岛屿面积狭小，又被大洋包围着，海洋自然成了密克罗尼西亚人最大的依赖对象。他们虽然饲养了少量猪、狗和鸡，也食用椰子、芋头和番薯等植物，但海鱼、海鸟、海豚和海龟等海

左上_新喀里多尼亚土著部族的房屋　｜　右上_新喀里多尼亚土著所使用的独木舟　｜　右下_雅浦岛的石币

洋生物才是他们日常饮食的重要部分。在波纳佩岛，海龟和海鳗甚至是当地人所崇拜的神祇形象。由此可见，海洋对于密克罗尼西亚人的重要性。除了海产品外，密克罗尼西亚人也依赖跨海贸易。几乎每个岛屿都有自己的特产品，包括基本食物、日用品或宗教祭祀所用的装饰品。密克罗尼西亚人会利用这些特产去其他岛屿交换他们感兴趣的商品。

虽然密克罗尼西亚人各岛屿因海洋的关系而紧密联系在一起，但与波利尼西亚人不同的是，密克罗尼西亚诸岛屿间的文化并没有形成一种广泛的同质性，这也是导致他们对其他岛屿的商品产生强烈兴趣的原因。也因如此，拥有大量剩余物的岛屿往往被认为在政治上具有强大的力量。在密克罗尼西亚，一些高海拔的火山岛比低海拔的珊瑚环礁更容易拥有生产结余，例如加罗林群岛的波纳佩岛——加罗林群岛最大的岛屿，已是早期的世袭国家。

根据波纳佩岛居民的口头传说以及考古发现，这个世袭王朝名为邵德雷尔，大约建立在 12 世纪中期。王朝的第一位统治者奥罗索帕（Olosohpa）在波纳佩岛东部海岸建立大型的石造政治和宗教中心南马都尔后，开始了世袭统治。据说，奥罗索帕之后邵德雷尔王朝一共存续了 12 代共 16 位君主。岛上的土地所有权和宗教仪式都掌握在邵德雷尔君主手中，不同社区负责不同的作业，譬如独木舟的建造、装饰品纺织、作物的种植，并定期向王族纳贡，延迟或者不缴纳者将会受到严厉处罚。

当大航海时代欧洲人第一次到达这里时，王朝已进入衰退期。邵德雷尔家族逐渐失去了对地方领主的掌控，一个叫勒潘·帕里克尔（Lepen Palikir）的贵族甚至在王城里谋杀了他的君主。国家动乱频繁，宗教矛盾也愈发尖锐。邵德雷尔的第一代统治者奥罗索帕，实际上是一位来自外岛的酋长，所以在其后的几个世纪里，邵德雷尔君主都强制向全岛推行先祖的异地宗教仪式，打压波纳佩岛的传统神祇，致使宗教矛盾终于爆发。邵德雷尔君主放逐了一位颇受本岛人尊敬的祭司南萨维，使其最终丧失了民心。若干年后，被放逐到科雷斯岛的南萨维之子伊索科雷克

右上_加罗林群岛的村庄

右下_马绍尔群岛土著的独木舟

尔（Isokelekel）率领族人浩浩荡荡地杀回了波纳佩岛。伊索科雷克尔途中未受到有效的抵抗，故顺利攻入了南马都尔王城。末代君主帕雷登萨（Pereidensapw）战败后狼狈逃入深山后失去了踪迹，邵德雷尔王朝自此灭亡。

伊索科雷克尔推翻邵德雷尔家族的统治之后，便一改前代的做法，将土地分封给不同的贵族首领，与自己的后裔共同治理波纳佩岛。象征着中央集权的宏伟宫城南马都尔因而失去了它的地位，渐渐被波纳佩岛的统治者们弃用。

南马都尔古城是密克罗尼西亚文明最为壮观华丽的遗迹，主要供邵德雷尔家族及其他高级贵族和祭司居住，同时也是举行宗教仪式的神圣场所。古城坐落在一片浅滩的 92 个小岛上，不同的小岛间有供独木舟行驶的水道隔开。大部分墙体由内

陆水运过来的巨大玄武岩雕砌而成。大约公元 1500 年，这个古城居住的人口达到了巅峰，估计有 1000 人。南马都尔在墙体构造上采取了层叠设计，巨大的玄武石排呈水平摆放，中间则垂直铺设了细小的玄武岩石块做支撑。古城内有石板路、广场以及房屋基建，还有专门用来酿造卡瓦酒（卡瓦酒在大洋洲土著中十分流行。卡瓦，一种胡椒科作物，将其根磨成粉末状后溶于水可作饮用，饮用后会有醉感）的场所。

南马都尔内部主要由两大部分组成。第一部分是宗教中心，邵德雷尔王族以及大部分高级祭司都居住在此，同时也是皇家陵园；另一部分则是行政中心，各种御前会议、庆典以及宗教仪式在此举行。除此以外，整个古城的外围还修筑有巨大的岸防堤，用来保护整个城区不受潮水侵袭。古城中最引人注目的是被称为南·道瓦斯（Nan Dauwas）的皇家陵园。陵园拥有一个巨大的地下室，四周和入口处有高达 7.5 米的斜体石墙保护。整个皇家陵园的外围还有一排高 4.5 米、厚 10 米的岸防堤。南·道瓦斯的主体墙面向东西方向，据说

①神庙内正在举行仪式。
②孩子正在听从年长者的教诲。
③王宫内的住房由木头搭建，覆盖着由茅草铺设成的屋顶。

往来的独木舟可以根据此建筑物判断行进的方向。

潘·卡迪拉（Pahn Kadira）岛是供邵德雷尔王族以及前来拜访的贵族居住的区域，外围同样由一道高达 5 米、宽 4 米的石墙拱卫着，其中，君主居住的区域还有庭院。伊德（Idehd）岛则主要是宗教中心，一些重要的农业祭典会在此举行。这个岛还有专门的鱼池，饲养着一种被邵德雷尔家族视为圣物的大型海水鳗。当祭典进行到最后，作为祭牲的海龟就会被宰杀投入鱼池喂养鳗鱼，以求鳗鱼保佑整个岛屿。佩内林（Peinering）岛是制作和

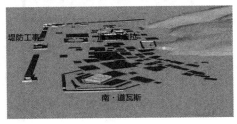

堤防工事
南·道瓦斯

储存椰子油的场所，有专门的高级侍从官负责，椰子油主要用在王室的诞生庆典和葬礼上，也可作为照明的燃料。

波利尼西亚人

大洋洲土著的四大文化圈中，波利尼西亚分布的区域最为宽广。现在所认为的波利尼西亚文化圈包括夏威夷群岛、拉帕努伊（复活节岛）以及新西兰为端点的三角区域。

公元 11 世纪前，这个巨大的三角区域就已经遍布了波利尼西亚人的踪迹。相比其他三大文化圈，波利尼西亚人拥有更加先进的社会生产力。同密克罗尼西亚人一样，波利尼西亚人也依靠海洋为生，但有所不同的是，他们的航海技术大大超越了前者。他们巧妙地发明了船用平衡器（或平衡锤）。船用平衡器是固定在船上的一块圆木，可使独木舟的船体稳住重心，在大浪中维持平衡。远洋航行时，他们使用双联船，最长的可以达到 40 多米，容纳150 人以及大量物资辎重。船队中有专门司职航海的祭司，懂得根据海流与风向判断附近岛屿的距离，也懂得根据天上的恒星推测舰队的位置。他们出航时，往往有几十只船组成一支船队，排成扇形，以便扩大海域搜索的范围。

在航海补给方面，他们携带了大量晒干的椰子果肉以及烤熟的番薯。再加上已经掌握了在船上生火烹饪的技术，他们也可以用随船饲养的活鸡、活猪作为料理食材。这样的航队可以一个月不靠岸，一个

上_从空中鸟瞰南马都尔，图中正中央的岛是皇家陵园所在地，远远可看到岸防堤。

中_南马都尔的3D复原全图

下_南·道瓦斯岛的皇家陵园结构简图

月足以使波利尼西亚人渡过岛屿间广阔的海域。

在社会制度上，严格的等级划分已普遍存在于波利尼西亚人社会。以夏威夷群岛为例，社会被分为四个等级，处于最顶层的是被称为阿里（A'li）的大酋长或者高级贵族。他们在波利尼西亚人的宗教观念中是掌握了玛纳能力的人。在大洋洲土著的宗教观念中，玛纳是一种存在于自然万物的力量，是泛灵论的一种。因而，这些人执掌了整个社会的生杀大权和对外战争的指挥权。比阿里低一级的是被称为库纳（Khuna）的祭司，掌管宗教仪式，也司职其他领域，如航海、医疗和艺术。贵族和祭司之下的是平民，是社会的主要劳动力。最低一层的是被称为考瓦（Kauwa）的奴隶阶层，通常来自战俘或战俘家庭，从事最卑贱的劳动，甚至被用作宗教祭典的牺牲。夏威夷社会存在一种被称为卡普（或 Taboo，"禁忌"一词的语源）的法律体系，对社会的生产和生活乃至礼仪等各方面都做了严格规定。譬如不允许在规定季节以外的时间捕鱼，不允许跟不同阶层的人通婚以及不允许触及阿里的身体，

包括影子（在宗教观念里，此等行为或破坏酋长的玛纳能力）。任何阶层的人触犯这些禁忌，都会遭受极刑。

由于航海技术发达，一些波利尼西亚酋长甚至拥有统治数个岛屿的能力，并由此形成早期的国家。其中，最广为人知的当属在西部波利尼西亚的汤加王国。这个王国的首都位于汤加塔布岛的穆阿（Mua），君主集政治和宗教权力为一身，被称为图伊·汤加。公元 1450 年时，王国的版图包括汤加群岛、萨摩亚和斐济的一部分，并与萨摩亚的统治者有姻亲关系。但也是在这个时候，王国陷入

右上_夏威夷瓦胡岛的阿里穿戴的披风，由彩色羽毛编制而成，披风加上长矛，是至高无上权力的象征。

右中_夏威夷人处决死刑犯的方式之一，在夏威夷，任何阶层的人只要犯了禁忌都有可能作为祭品被处决。

左下_荷兰东印度公司档案里描述的波利尼西亚人的远洋船，可以看见双体船中间的平衡木结构。

动荡，第二十三代图伊·汤加卡塔劳被来自外岛的人暗杀，其儿子乌鲁佛努亚一世（Kauʻulufonua I）带领军队前往追讨，并将凶手带回穆阿处决。为父报仇之后，乌鲁佛努亚一世将统治的实权交给自己的弟弟莫翁加莫图，自己担任宗教领袖。图伊·汤加从此成为宗教的一个名誉头衔（类似日本天皇），实权则落入莫翁加莫图（Moʻungā motuʻ）一系的图伊·哈塔卡劳家族手中。到了公元 1610 年左右，第六代图伊·哈塔卡劳莫翁加通加（Moʻungatonga）又为一个半萨摩亚血统的儿子纳塔（Ngata）设立了新头衔图伊·卡诺库珀鲁。此后，图伊·哈塔卡劳和图伊·卡诺库珀鲁两系开始为了掌握实权而斗争，再加上名义上的国家元首图伊·汤加，汤加王国就处于三权并立的奇异政治体制。

另一个鼎盛的波利尼西亚文明位于波利尼西亚三角区最东端的拉帕努伊岛。拉

帕努伊岛是个面积不过 117 平方公里的孤岛，岛民只有三四千人，鼎盛时期可能有万余人。这个孤岛最引人注目的地方莫过于岛上部落修建的超过 700 个半身"摩艾"石像（一般高 4~5 米、重 4~5 吨，最高的有近 20 米），并伴有大量未完成的石像和用于竖立石像的石台。这些石像很可

右上_古汤加王国首都穆阿的石造拱门遗址，是图伊·汤加鼎盛时期为了宣示权力而修建的。
下_图伊·汤加统治者的陵园

能象征着拉帕努伊人的祖先，在宗教活动中有重要作用。对这样的小岛来说，进行此类大工程的困难是难以想象的。种种迹象表明，这个岛屿鼎盛时期时很可能处于拥有丰富资源且高度发达的奴隶制社会。

波利尼西亚人的军事

在波利尼西亚，战争是酋长维持统治和威信的重要手段。战争通常指由于复仇，或者由于不同部族间所进行的仪式性战斗（类似阿兹特克帝国的"花之战"）。譬

如萨摩亚人的战争通常会在一个敌我双方约定好的日子开战，而且交战前，双方指挥官都需要发表仪式性的演讲并得到对方回应。类似的仪式也存在于新西兰岛的毛利人中。毛利人在开战前总会举行固定的仪式，战士们通过挥动武器或者运用夸张的肢体动作及表情来吓唬对方。

波利尼西亚人通过在战场展示自我来向敌人夸耀自己的财富与地位。在塔希提，大酋长战争爆发时会戴上有夸张半月形羽毛装饰的头盔，头盔的防护面积可触及后背，以防御来自弓箭或投石的伤害。塔希提的酋长通常会身穿一种华丽的羽饰——由椰子纤维、狗尾毛、鲨鱼齿和贝克混合编织而成。

在斐济，一些坚固的村庄防御体系通常伴随着人造沟渠，因此，大型独木舟战船会被用在攻打这种地方的战斗。战士手中的武器包括棍棒、长矛、弓箭以及投石器。近身肉搏时，战士们最重要的武器无疑是一种需双手挥舞的重型棍棒。男子只有使用这种武器杀死敌人后才能被认为具有战士的资格，并根据所斩杀的敌人获得荣誉称呼。一位普通战士的装束包括一条黑色布料维成的腰褂和用椰子油涂的装饰性文身。酋长通常会加戴一顶假发或者黑色头巾，以示区别。当一个战士成功杀死十名以上的敌人后，他还有资格在自己的手臂上戴一条黑白相间的贝壳臂环。同时，重型棍棒在被用来杀死一个重要敌人后，也会像战士一样被冠上荣誉称呼，以此来显示这柄武器的神圣和威慑力。

上_拉帕努伊人建造摩艾石像的想象图

下_拉帕努伊岛的石像

在汤加王国，这种重型棍棒还反映了汤加人的宗教观念。按照汤加人的思想，武器是祖先中那些伟大的战士或者贤者灵魂的象征，尤其是这些武器杀死一个敌人后，也相应地会接纳来自敌人的玛纳。正因如此，汤加人十分重视武器的制造，不仅为它们起名，还辅以大量浮夸的装饰。最典型的例子就是一种锯齿形的棍棒，上面刻有非常精细的人物或动物雕像。像一些亚洲国家，这样的雕刻往往具有故事性，描绘着一些传说中的英雄人物。对于周边的波利尼西亚部族来说，能够在战争或者交易中获得一把汤加王国军队的武器无异

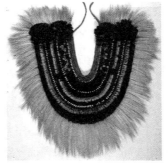

于莫大的财富，因为这些武器往往具有很高的珍藏价值。

夏威夷武士用来攻击敌人的长矛分为两种，一种是伊贝（Ibe），长2~2.5米；另一种长约3~5.5米，被称为波洛鲁（Pololu）。在战场上，这些长矛可刺杀敌人，或者攻击敌人脚部将其绊倒。夏威夷武士还使用另一种特殊的武器来绊倒敌人，这种武器通常指的是系在一根长5~12米细绳上的石器或木棒。攻击时，武士将重物掷向敌人的腿部，并使细绳顺势缠绕，将敌人绊倒。为了防御这种特殊的抛掷武器，一个战士通常将一根长矛立

上_在战前利用舞蹈来吓阻对方的毛利勇士。 ｜ 中_塔希提酋长所佩戴的羽饰。 ｜ 下_塔希提酋长与高级祭司在战舰上。

在距离其前方几码远的地方，使掷来的绳索不能缠紧自己的腿部。

在密克罗尼西亚，战争通常由政治冲突、复仇、土地及女性争端引起。来自基里巴斯群岛和瑙鲁岛的战士被认为是最让人恐惧的。他们使用一种以鲨鱼齿作为枪刃的长矛，穿着用刺鲀皮制成的头盔以及椰子纤维编织成的护腿和铠甲。值得一提的是，这种特殊的铠甲在背部有一个高高竖起类似盾牌的结构，目的是为了防御投来的矢石。

波利尼西亚人中，毛利人最晚迁来，但最为勇武，他们大约在公元13世纪才从东波利尼西亚跨海迁徙到新西兰岛。目前，考古学界暂时还没有证据表明有比毛利人更早的人类居住在新西兰，因此毛利人也被认为是最早定居在新西兰的原住民。他们从北岛登陆，在占领了大片肥沃的土地后慢慢往南岛扩张。毛利人的定居给新西兰原生的大型陆行鸟恐鸟（Moa）产生了灾难性影响，使这种鸟很快灭绝了。虽然鱼和小型鸟也能提供重要

的蛋白质，但最稳定的食物还是甜芋等作物。新西兰本地产的一种亚麻则是他们用来编织衣物和绳索的重要材料。

虽然生活在新西兰南北岛的所有毛利部落都属于共同的波利尼西亚文化，但他们没有统一意识，分成了不同的部落联盟：伊威（iwi）以及更小的部落哈普（hapu）。这些部落联盟被认为有一个共同祖先，即当初登陆的独木舟主人。在伊威以下，有许多哈普，每一个哈普都由自己的一个权势家族来统治，该家族的家长，则为这个哈普的酋长。相比于伊威这个较大的概念，哈普是毛利人社会中最基本的行政单位，他们维持着毛利社会的基础运作。虽然同一支伊威下的不同哈普之间偶尔会发生争端甚至战争，但伊威面对一个更强大的外敌时，这些哈普又属于伊威的一部分，承担提供兵员的职责。

毛利人缺乏土地私有的观念，土地属于全哈普，但不同的哈普之间经常会因为土地发生战争。除了土地争端外，如果一个哈普酋长的行为被认为侮辱了另一部落的尊严，也会引起严重的甚至是持久战争。毛利人是一个尚武的社会，部落的男性战

右上_现代的基里巴斯人模仿古代土著战士打斗，可见铠甲背后高高竖立的背盾结构。
左下_汤加军人使用的棍棒，上面有精细的绘画。

士称为托阿（toa），从儿童时代就开始训练各种战斗技能，女性加入哈普保卫战的例子也有不少。部落间的战争常常发生于 11、12 及 1 月份，这三月属于南半球的夏天，刚好在作物播种之后、收成之前。虽然在战斗中作为主力的托阿阶层表现得非常勇猛，但往往缺乏组织。毛利人的观念中，酋长虽然是军队的统帅，但却没有驱使托阿服从战术命令的权力。一个酋长的领导力更多依赖于他表现出来的技能和勇气，而非指挥能力。

毛利人在祭典性质的比武中会使用一种被称为泰阿哈（Taiaha）的长柄武器，这种武器也是高级阶层权力和地位的象征。但在实际战场上，毛利人更喜欢使用一种被称作帕图（Patu）的单手操作棍棒。这种单手棍棒由玄武岩、绿岩、木头或者鲸鱼骨制成，在近身肉搏中杀伤力很强，也易于操作。在毛利人的尚武社会中，这种武器同样具有特殊意义——通常作为战士家庭的传家宝或历史纪念物流传下来。

毛利人在军事方面值得一提的还有被

称为"帕"（pa，即毛利语村庄）的军事防御体系。由于战争在毛利人社会中十分频繁，如何保卫自己的家园不受侵犯就成为重要课题。虽然一个部落选择居住地时倾向于资源丰富的河流和森林地区附近，但是否具有高度防御性的地形也是他们不得不考虑的因素。

总体上，当一个部族定居以后，其成员便会开始在高地修筑这种被称为帕的防御工事体系。战争爆发后，哈普的所有民众都会迅速从附近村庄撤离，将物资和人力集中到帕中。这种帕和日本战国时代的城防体系十分类似，其防御工事依靠梯田状的山体呈层叠式分布，修筑有壕沟、栅栏以及塔楼等防御设施。为了防备围攻者切断水源，帕内往往还挖有巨大的蓄水池储备水源。粮仓、武器库、供守军祈祷的宗教场所等设施也一应俱全。由于毛利人缺乏有效的远程武器，帕的防御体系在与欧洲人接触前的毛利社会中显得非常有效。围攻的军队即使是推进到要塞跟前，也无法给守军有效打击。再加上毛利人的社会属性，酋长难以驾驭众多顾念自家一亩三分地的托阿阶层长期围城，施展类似欧洲或日本的长期围困战术几乎是不可能的。对围攻者来说，唯一的取胜机会是在突然袭击中抓获对方的要人，以此作为迫使对方降伏的筹码，但这样的机会是微乎其微的。

帕通常建在山顶，修建帕的第一步，就是寻找合适的地形。完美的地形拥有天然的良好视野，并且有险要的悬崖峭壁保

本页_ 曾经生活在新西兰岛上的巨型猛禽哈斯特鹰捕猎恐鸟图。随着恐鸟的灭绝，失去食物来源的哈斯特鹰也迅速消失，再加上它们翼展可达3米的体型是毛利人的生存威胁而遭到疯狂围捕，最终于1500年左右灭绝。

护的山包。就近有水源也非常重要，因此，帕有时会修建在由河流包围的高地上或湖中央的小岛上。有些帕会建在密林中，这类型的帕不需要修建得像建在开阔地上的帕一样好，因为森林本身对防守者就是一种很好的掩护，而且丰富的木材资源也使临时增筑更加方便。比如，居住在新西兰北岛的毛利部族酋长就富有智慧地利用了地形优势，将部族的村庄建在呈梯田状的丘陵或是海岸边的峭壁，用木制栅栏或者土墙等防御工事保护起来，并备有粮仓、武器库、水井等设施，足以应付敌对部落的长期围攻。

　　不过，对没有轮子技术和金属工具的毛利人来说，建造帕需要耗费许多手工劳动，如将大量的沙石和成百上千的厚重木材搬运到施工现场。改造山体也是非常耗费劳动力的工程，修建者需要将山体改造成高低不同的梯田式平面。山体改造完成后，其他工事才能开始进行，比如搭建木栅栏和塔楼。战壕通常会被挖在木栅栏的后方，至少有2米深，有的甚至可以达到3~4米。挖掘战壕产生的沙土会被堆砌在战壕后方，形成一道有一定坡度的土垒，用来保护后面的建筑。这样的土垒高度加

左_毛利武士使用泰阿哈比武
右上_毛利人使用的单手武器——帕图

上战壕的深度一共可以达到5米。为了防止土垒上的沙石塌陷，还需要用亚麻或者其他植物的纤维加以固定。再加上修建在土垒上方的那一层平台栅栏，防守者拥有了进攻者难以逾越的天然优势。要完成这样的工程，毛利人可利用的工具只有木制的铲和楸，以及一种2米长，一端被削尖的长木棍。一个普通规模的帕要塞，至少有两层栅栏－壕沟－土垒这样的防御工事。

在防御工事包围的平台中，各种生活和战备设施一应俱全，包括供人休憩的屋敷、公共厨房。这些房屋分配时以家庭为单位，而每家房屋前还会设置一道小栅栏。这些栅栏一方面是为了划分不同家庭的生活区域，另一方面也是为了和外围的防御工事相互呼应，起到扰乱敌人进攻路线的作用。最顶层的平台修建有酋长的居所（类似日本的本丸御殿），同时还包括粮仓、武器库、会议室以及可供众人祈祷用的广场。有时，食物还会特别储藏在挖好的地窖内。

对攻城者来说，想要围攻如此一座工事，最优先的办法自然是能够利用突然

袭击，赶在敌人撤退到帕前就将其歼灭。他们通常会选择在夜晚悄悄潜入附近，并派遣间谍监视防守者的一举一动，寻找岗哨的破绽——负责站岗的托阿战士虽然善战，但缺乏组织纪律，他们的责任感来自于对部族负责而非纪律的约束，使他们容易开小差，而这恰恰给了袭击者绝佳的机会。即使如此，偷袭成功的案例也总是罕见的。防御方的民众收到岗哨发出的警戒信号后，会毫不犹豫放弃自己的土地，带上有限的物资，迅速而齐整地撤退到帕里，使进攻者丧失先机。

如果偷袭失败，进攻方指挥官下一步往往会采用火攻。由于缺乏有效的远程武器，一般的火攻很难逾越防御者的栅栏和土垒——栅栏的木料是硬木，经过特殊处理后不易点着。一种常用的点火方式是用亚麻绳系上一块焖烧过的木棒，然后高速旋转使其产生火焰后再掷出。如果投掷者技术高超，且运气够好，这块木棒能跨越栅栏和土垒，直接触及平台内房屋干燥部分的话，火势很快就会蔓延开来。可惜的是，在多数情况下，防守方对此也会早有准备。他们的岗哨会随时将投掷进来的火棒重新掷出去，即使火势真的蔓延开来，事先储备好的沙土和水也能灭火，除非敌人的火攻攻势十分密集。

一些有工程学知识的指挥官还会选择一种更聪明的攻城法。他们会在离帕不远的地方筑起土堡，仔细观察防御工事的弱点。任何一个不利的角度或者看似松动的土壤，都能成为进攻者的机会。像许多其

他文明在攻城时会采用的方法一样，进攻方指挥官会派人在防御工事的弱点处挖掘地道。一旦成功，进攻方将有机会在近处点火，甚至直接趁防守方不备时将栅栏工事推倒。

假设上述方法都不奏效，一些对己方战力有自信的进攻方指挥官便会正面强攻，使用大面积的木盾防御来自防守方如雨点般的矢石，然后一点一点向帕的栅栏处挺进。如果进攻的战士成功到了栅栏附近，他们会采用一种被称为罗（rou）的武器来破坏栅栏，这种武器由一根亚麻绳和一个木块组成。接近栅栏后，战士只要将这种武器抛至栅栏后方套住栅栏的尖端，再顺势拉倒即可——当然，这么做的前提是保证绳索不被防守方事先砍断。栅栏被破坏后，真正的血战就开始了。进攻方面对的是居高临下，占有天然优势的防守者。巨大的伤亡会消磨进攻方的斗志，而这个时候，防守方战士往往会将杀死的敌人首级插在栅栏的尖端示众，给予敌军士气沉重的一击。

一旦防守方的防线被进一步攻破，胜利的天平就向进攻方倾斜了。这时，防守方便会全体动员，连妇女都会跟随在男子左右加入战阵，将石块掷向敌人。如果依然无法阻挡进攻方的攻势，那意味着弃守的时候到了。防守方会在这个时候选择事先安排好的路线撤离，如果他们事先安排过的话。

当然，在大多数情况下，进攻方并不具有如此巨大的优势，强攻是下下之策，围攻便成了最后的选择。进攻方会在帕的周围搭设营帐安顿下来，以求长期围困。但正如前面说的那样，在那个社会，后勤的落后、托阿战士的无组织、帕战备体系的完备都给长期围困带来了重重障碍。

即使进攻方能够取得最终胜利，成功拿下敌人的帕，他们也不会占领这里，而是选择抛弃它，哪怕这帕修得非常完美。因为按照毛利人的信仰观念，这座帕的玛纳力量已被失败者的血玷污，胜利者接纳这种被玷污过的力量是一种禁忌。

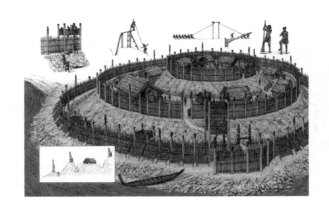

本页_帕的建造简图，可以清楚地看到栅栏-壕沟-土垒防御体系的截面图。

三 密西西比的卡霍基亚遗址

介绍完大洋洲土著社会后，我们再把目光投向北美大陆。大航海时代前，北美大陆的东南部曾兴起过一系列璀璨辉煌的密西西比文化。

密西西比文化大约在公元 9—17 世纪兴起于北美大陆东部、东南部、中部及中西部广阔区域间的原住民文化。一般来说，密西西比文化具有如下特点：

1. 建造有大量金字塔形状或有断面平台的大型土丘，居所、寺院或者墓葬都建筑在其顶上；

2. 大规模的人力集约型农业，以玉米种植为基础，耕作工具开始细化；

3. 大量使用河川贝（极少情况下会使用海贝）作为制造陶器用的混合材料；

4. 贸易网络广，东至大西洋沿岸、西至落基山脉、南至墨西哥湾、北至五大湖地区；

5. 首长制国家形态的出现；

6. 社会阶级的不平等开始被制度化；

7. 一些城邦开始出现政治和宗教集权；

8. 定居点的等级制度开始出现，一个高级城邦通常影响或控制着许多小规模的部落；

9. 采用"东南部祭礼样式"的宗教仪式，类似仪式被广泛应用在东南部的密西西比城邦中，并常伴随着一种仪式性的曲棍球类游戏"昌基"（Chunkey）。

伊利诺斯州的东圣路易斯——这个宽阔的城市如今坐落在一个衰败工业区的高速公路边上。一个世纪以前，这座城市对附近的牧场主来说是一个臭名昭著的限入区；但一千年以前，这个密西西比河上的战略要地曾是一个富裕的北美原住民聚集区，拥有墨西哥以北最多的人口以及纪念性的古建筑群。

在那个年代，成百上千座完好的长方形茅草屋整齐排列在这一带。茅草屋被成打的巨型土丘墩的阴影覆盖着，四周是广阔的仪式广场。这片区域的东面是另一处聚集了大量人口和土坟工事的城市，被今天的考古学家称为"卡霍基亚"（Cahokia）。从这里往西穿过宽阔的密西西比河，也坐落着另一处大型聚落，也就是今天的圣路易斯市区。卡霍基亚是前哥伦布时期格兰德河以北地区唯一一座城

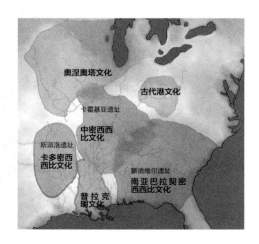

本页_密西西比文化及遗迹分布图

市，曾吸引了几百公里以外的移民来此定居、工作并参与此地的宗教仪式。即使是按同时代欧洲或者梅索亚美利加文明（指墨西哥的阿兹特克、玛雅等文明）的标准，它也够格被称为一座巨城。

如今，一些新的发掘工作进一步揭示了这个巨大复杂的古代都会区。"这是城市扩张的一个早期范例。"来自伊利诺斯州的考古学家帕特里克·多斯特（Patrick Durst）如是说。当时，他正带着一支50多人的考古小组在秋天的艳阳下忙于圣路易斯市的发掘现场，不厌其烦地对各种考古发现进行绘图及比对。他们的任务非常紧急，因为这附近很快就会被一座跨越密西西比河的高速公路桥破坏掉。

考古学家们原先认为，圣路易斯这个19世纪的工业城市已经抹去了这附近1000年前的所有考古遗物。但那个投入了250万美元的发掘工程无疑给参加的研究者回馈了巨大的惊喜。他们对坐落于这个城市以东约10公里的巨大都市卡霍基亚毫不陌生，但却没有想到在这座古代都市的西面也能发现大型古城。现在，多斯特的考古小组不仅发现了位于这一带的古建筑遗迹，还挖掘出大量陶器，以及各种由铜、铅或玄武岩制成的奇异物品。这些物品的原材料有可能来自远方，暗示了这个古城原住民所拥有的财富水平。"很明显，我们完全被这个巨大的成果给吓倒了。"来自华盛顿大学的考古学家约翰·凯利（John Kelly）说道。这位考古学家在卡霍基亚考古超过了40年，但并未参与这次在圣路易斯的发掘。

与其他城市的形成不同，圣路易斯市的发掘工作揭示了卡霍基亚聚落，很可能只是一座规模更为庞大的都会区的一部分。来自伊利诺斯州立大学的托马斯·埃莫森（Thomas Emerson）说道："毫无疑问，这是一个都会区，有可能聚集了高达5万的土著人口，你步行或者划着独木舟穿过整个都会区甚至要用一天时间。"

这个都会区的影响范围可以到几百公里以外，甚至有研究者已经在北边的威斯康星州境内发现了明显是卡霍基亚原住民

本页_卡霍基亚城邦的集市

建立的遗址。

这个都会区的社会组织性质以及它为何会在 14 世纪左右突然解体消亡的原因，至今仍被热烈争议着。科学家们开始重新考量古密西西比文明这些古坟建造者的社会，他们的起源甚至可能早于中美洲的梅索亚美利加文明。"越来越多的人开始认识到，北美大陆东部文明社会的复杂和细致程度远远超过我们之前的想象，"来自华盛顿大学的考古学者崔斯坦·基德尔（Tristram R. Kidder）说道，"这是一个不同的思路。"

这个新思路的核心在卡霍基亚。19 世纪，卡霍基亚肥沃的土地吸引了大量白人移民。他们认为，大批古土丘是自然形成的，或者是维京人甚至是消失的以色列人的产物，并将这些土丘填平。在 20 世纪 50 年代，还有专家认为这些土丘是玛雅人而非北美原住民建造的。但无论如何，这些土丘的价值被忽略，并且大部分土丘遭到了破坏。

到了 1860 年，19 座土丘在圣路易斯市被发现。位于密西西比河另一边的东圣路易斯市，有双倍于这个数量的土丘因为工业城市的兴建而被夷为平地。在更东面的卡霍基亚，超过 100 座土丘组成了一片超过 7 平方公里的仪式中心区域。多亏卡霍基亚遗址的偏僻位置，才使得这些土丘堆幸存下来，避免了圣路易斯市土丘一样的命运。这些古城中，最大的一座土丘是蒙克斯遗址（Monks Mound），得名于 19 世纪在这附近修建修道院的天主教特拉普派。蒙克斯遗址位于四个仪式广场的中心，四周被大量附属的古丘群环绕。这个巨大遗物的地基几乎与埃及的吉萨金字塔相当，周长要大于中美洲特奥蒂华坎文明的太阳金字塔。蒙克斯遗址仅由土建造而成，高度大约有 30 米，顶部形成了一片长 30 米、宽 15 米的矩形区域，而这其中或许隐含了许多故事。

"如果你是在玛雅低地发现了这么一座如卡霍基亚一般的聚落群，毫无疑问它是一座城市，"来自杨百翰大学的梅索亚美利加研究专家约翰·克拉克（John

本页_卡霍基亚城邦的集市

Clark）说道，"它将成为梅索亚美利加文明的前十大城市之一。"

古密西西比河的土著民曾聚集在这个仪式中心举行重要的祭祀仪式。在一场持续数周的盛宴后，参与者通常会留下数量令人吃惊的遗物。从卡霍基亚遗址里曾出土过大量禽类的骨骼、破碎的餐具，伴随着已风化成化石的鲜肉，当然还有大量虫子和蟑蚁。"准确地说，如果你在那个时代将大量食物放进卡霍基亚的某个地洞里，今天就会是这个景象。"来自伊利诺斯大学的蒂莫西·保科塔（Timothy Pauketat）说道。同时出土的南瓜以及其他一些秋季收获的作物显示，这种盛宴可能是秋季的庆典。但传统观点认为，卡霍基亚缺乏充分的贸易、人力分工以及明显的阶级划分，并且缺乏必要的文字记载以及墓葬证据。多数研究学者认为，这样的盛宴不过是事先谋划好的临时季节庆典，而非永久的都市区。

但后来圣路易斯市和卡霍基亚的大量发掘工作表明，这个区域的聚落形成不是一个临时现象。从聚落的规模上看，这更有可能是一个永久性的定居地。一份考古发掘论文描述了从卡霍基亚某个小土坟出土的八块铜板，并认为这八块铜板是经过反复加热软化处理后再锤打并分割而成的。在这些铜板的附近还出土了许多应是战士或猎人庆典用的酒杯，暗示着这片区域在那个时代很有可能是原住民的金属工坊或酒吧。

根据碳同位素检测的结果，卡霍基亚的聚落现象大约出现在公元 11 世纪。在那个时代，美国之底平原（American Bottom）开始吸纳来自四面八方的大量移民。那些整齐排列的土丘群强化了季节性庆典的概念，并成为这些聚落行为的关键。其中一些土坟的位置恰好落在夏至日黎明时分太阳出现的位置，而另一些则朝向秋分和春分日时太阳出现的位置。研究者们推测，一些发生在当时的天文奇观，比如公元 989 年哈雷彗星的经过以及 1006 年的超新星爆炸，或许触动了当时在这附近生活的北美原住民文化进行宗教和政治中心迁徙的热情，目的只是为了"离天空更近一些"。

为了寻找这种说法的线索，来自密歇根大学的安娜·阿波尔（Ann Arbor）在卡霍基亚以南 64 公里的密西西比河岸处

上_密西西比城邦的土丘建造者

下_卡霍基亚城邦的复原图，可以看见大型的土丘结构、整齐排列的房屋、玉米田、仪式广场，还有进行昌基比赛的球场，可能是墨西哥以北的美洲唯一称得上是大城市的聚落。

发现了面积达 8.2 公顷的人类活动遗迹。根据碳同位素检测，这个遗迹的年代大约在公元 1000—1050 年之间，此后，这处遗迹被彻底废弃。在这短短 50 年时间里，这处遗迹充分展现了古密西西比文明的复杂性。不像一般只搭建几处棚屋的原始村落，居住在这里的 100~200 名住民建造了大型广场以及 3 座土丘建筑。他们还建了 40 多座平房，其中一些甚至带有庭院。尽管如此，这里的住民还是在不到两代人的时间里就抛弃了这里。据研究者推测，他们很有可能是继续北迁，最终加入了卡霍基亚的古都会区。

现在，研究者们不得不开始推翻过去对于卡霍基亚的一些旧有观点，譬如"这些由 600 万篮泥土堆砌而成的大型土丘群建筑需要几代人的工程才能完成"。在 2007 年的一次发掘工作中，来自印第安纳大学的考古学家蒂莫西·斯奇林（Timothy Schilling）声称，在发掘中并未发现任何可以证明这是一项长期建筑工程的证据。基于碳同位素检测，他认为这些土丘建筑的时间不会超过 20 年，甚至有可能在两年半的时间内就完成了，这些工程的建筑时间大约是公元 1100 年。"这表明，这个区域居住着远远超过我们想象的庞大人口，至少是临时性的，"他补充道，"大量人口从美国之底迁徙而来。"

研究者将发生在美国之底及附近地区这种短期内拥有大量人口和纪念性建筑物的现象称为"大爆炸"（Big Bang），类似一种磁力现象。到公元 1050 年，新移民群体也从北美大陆中西部迁徙至此，并接纳了卡霍基亚的陶器及其他产物。到了 12 世纪，这个都会区已成为一两万名原住民的家，这个规模在墨西哥以北的北美大陆直到 18 世纪才被超过。但这个人口数仅是估计，并未得到确凿的发掘证据支持。

大量新近的发掘，包括各种抢救性及学术性工程则提供了诸多新数据。在东圣路易斯市，抢救性的发掘工作正在检测一处大约 60 公顷，即将被公共工程破坏的考古现场。目前，这个遗迹只有一部分被挖掘出土，绝大部分的发现已经被送去分析。研究者发现了多达 500 座由木头与茅草建成的矩形棚屋，同时出土的还有各种烟斗石、红色玉石首饰等物品显示这里曾

本页_卡霍基亚的祭司在主持祭祀仪式。

是一座加工奢侈品的工坊。

　　埃莫森和他的同事得出结论，卡霍基亚文明可能只是一个巨大且复杂，分布在长达 13 公里的密西西比河两岸的都会区的东部。"曾经有种误解认为卡霍基亚以及圣路易斯遗迹是独立的两个古聚落。"埃莫森如是说。约瑟夫·加洛伊（Joseph Galloy）——伊利诺斯州的抢救性考古发掘工程总负责人，则称卡霍基亚"是一个真正的都市区"。斯奇林补充道："研究结果暗示美国之底地区可能拥有多达 7.5 万的人口。"

　　由于东圣路易斯以及卡霍基亚之间的大量遗迹尚未被发掘，或者已被现代公共工程所毁坏，一些考古学家（譬如凯利）并未找到确实的证据证明这个地区存在一个统一的、持续性的大型都会区。但毫无争议的是，这个区域曾经聚集了大量人口。大卡霍基亚的人口密度或许不如欧洲及玛雅城镇，因它的形态更类似于近现代的美国城市，在向乡村地区扩张的同时就消除了旧有遗迹。

　　究竟是什么原因吸引了大量人口迁徙至这一地区，目前仍然不清楚。这座古代都会区似乎并不是建立在跨境贸易的基础上，但考古学家最近的工作又有了那里曾存在一个贸易网络的许多新发现。奥扎卡（Ozark）山区，在古都会区以西大约几百公里，按埃莫森的描述，"就像是卡霍基亚的沃尔玛超市"，供应着铜、赤铁矿以及玄武岩等都会区所稀缺的资源。研究人员还在蒙克斯遗址中发现了由大白鲨利

右上_城邦的祭典用燧石刀　|　**右中**_斯派洛（Spiro）城邦的铜制手斧　|　**右下**_精美的贝克雕刻工艺品

在卡霍基亚以北的600多公里处，又有研究者发现了大约在11世纪形成的300人聚落。而根据考古学家的描述，这个聚落的房屋以及出土的燧石和各种陶器"完全就是卡霍基亚风格"。他们同时还找到了一种特殊风格的闪耀砂石工艺品，被镶嵌在蓝色的烟斗石内，是这个北部地区的特产之一。

但可惜的是，卡霍基亚文化的广泛传播现象并未维持太长时间，中密西西比河地区的人口规模在公元1100年开始下降。12世纪末，一场大火毁了位于东圣路易斯市的部分聚落，随后被住民遗弃。但就在这时，壮观的栅栏结构工事开始在卡霍基亚出现，长度达3公里，将包括蒙克斯遗址以及周边仪式广场在内的200公顷区域。密西西比文明的其他大型城邦，比如奥克拉荷马州的斯派洛、密西西比州的纳切斯（Natches）以及田纳西州的希罗（Shiloh）这时也开始修筑防御工事。然而一个世纪后，卡霍基亚也遭到了被废弃的命运，中密西西比河定居点的人口和规模不断减小，直到欧洲殖民者到来。

在这一世纪，大量破坏性事件最终导致这个古代都会区解体，卡霍基亚成为传说。这些事件包括干旱、洪涝、荒漠化以及意识形态上的危机。保科塔及其同事对一棵有上千年历史的古树年轮进行研究后发现，在随后的三个世纪，这个地区曾遭遇过气候上的巨大变化。在第一个世纪，也就是附近居民迁徙"大爆炸"时期，气候整体属于潮湿阶段，但在这之后，干旱

齿制成的武器，这种原材料很明显应该来自于遥远的大西洋东岸。最富有戏剧性的发现应该是，来自以北500多公里远的威斯康星州的一堆玄武岩石条以及一堆未完成的玄武岩材质耳饰。而在今密尔沃基市的西面80公里处，又有这种来自卡霍基亚的耳饰成品出土。可以想见，这里确实曾存在过一个贸易网络，卡霍基亚的工匠从远处采购原材料，加工成各种成品以后，再出口到其他地区。

左上_密西西比风格的陶器
左下_密西西比城邦的铜制耳饰

一再发生。第一次干旱期发生于 1160—1170 年间，第二次在此一个世纪后，并可能最终导致卡霍基亚的大规模消亡。食物和木材短缺，玉米的产量大幅下跌，一些植物的生产量也受到影响，这些植物被认为是卡霍基亚仪式性竞技最重要的原材料。

保科塔相信，气候的变化只是卡霍基亚消亡的次要原因，此后产生的政治矛盾可能才是主要原因，理由是在卡霍基亚以南的一些小定居点同样遭受了干旱的灾害，但却并未如卡霍基亚一样消亡。目前关于卡霍基亚古城邦具体的政治形态以及宗教信仰尚有许多猜测，现代印第安人部落的传说或许可以给研究者们提供一些参考。一些部落认为，宇宙分为下、中、上三个世界，分别由黑、白、红或黄等颜色

上_密西西比文化的贸易范围非常广泛，原材料可从北美大陆不同的地方进口，贸易对手包括五大湖地区的阿尔冈琴系部落、西面科罗拉多高原的古普韦布洛人、东南面墨西哥湾和大西洋的沿岸部族。

下_人像烟斗石工艺品

代表。而在许多密西西比文明时期的墓葬里，研究者也确实发现了不同颜色的泥土或砂石按顺序层叠在一起。红色在卡霍基亚的宗教仪式中扮演了重要的角色。在许多密西西比文明的文物中，鸟的形象也非常常见，因为神鸟在大多数北美印第安人的传说中是精神世界的象征。

现在，卡霍基亚周边新的考古学、环境学以及人种学上的研究正激励研究者们进一步颠覆对古代居住在东部和中西部北美原住民族群的旧有观念。这些北美原住民是伟大的建筑师和工匠，同时也是在广阔区域间游历的朝圣者和贸易商，更是在恶劣的气候变化下尝试对环境做出改变的实验者，他们甚至可能是梅索亚美利加文

明的发源者。今天，考古学家们更自信地认为，他们将会解开关于卡霍基亚的许多谜团。正如斯奇林所说："我们正一步步揭开真相的面纱。"

四 密西西比文明与欧洲人的第一次交锋

虽然卡霍基亚城邦消亡了，但是密西西比的文化却被传承下来，并见证了第一批欧洲探险家登上北美大陆。15 世纪末到 16 世纪初这段时间，欧洲航海家已探航了部分北美大陆的大西洋沿岸海岸线，但在大陆上的殖民活动却没有成功。这些失败的殖民活动给赫尔南多·德·索托（Hernando de Soto）提供了许多关于密西西比地区的宝贵资料。他带领的小部队于公元 1539 年在现佛罗里达州的坦巴（Tamba）湾登陆。在那里，他幸运地找到了西班牙人胡安·奥蒂兹（Juan

Ortiz）。此人曾在十年前跟随另一征服者潘菲洛·德·纳瓦埃兹（Pánfilo de Narváez）在佛罗里达从事探险活动，但却被当地的北美原住民俘获，此后一直生活在密西西比人的城镇中。奥蒂兹成了德·索托远征队重要的向导和翻译。

这里有必要介绍一下赫尔南多·德·索托。他于 1496 年出身于西班牙埃斯特雷马杜拉省的一个贵族家庭。他的幼年和少年时期正是无数葡萄牙、西班牙青年为了财富而投身海外扩张事业的激昂年代。德·索托也在这种征服者思想的鼓舞下，

不到 20 岁便跟随后来的第一任巴拿马总督佩德罗·阿里亚斯·达维拉（Pedro Arias Dávila）远渡重洋来到中美洲，开始了他波澜壮阔的征服者生涯。

在跟随达维拉征服中美洲的日子中，德·索托充分表现了他的领导力、忠诚以及杰出的策谋能力，开始崭露头角。达维拉逝世后，他又转而为著名的征服者佛兰西斯科·皮萨罗效力，向安第斯山区挺进。在征服印加帝国的战役期间，皮萨罗给了他充分的重用和信任，让他承担了多项重要任务，包括监视作为俘虏的印加皇帝阿塔瓦尔帕，带领骑兵侦察印加军队的动向，以及作为前锋进攻印加帝国的首都库斯科城等。德·索托出色地完成了这些任务，并在征服印加帝国的过程中收获了大量名誉和财富。带着名利双收的赫赫战果，他回到西班牙居住了一段时日。但另一位征服者阿尔瓦·努涅兹（Álvar Núñez Cabeza de Vaca）在北美西南部的九年经历的发表，使他不由自主地又把建功立业的目光投向了北美大陆。于是，他重新召集了六百多名来自西班牙和葡萄牙的军人，携带着大量武器装备、马匹及牲畜，第二次向新世界的土地进发。

此时的密西西比地区由许许多多大大小小的酋长国统治，这些酋长国犬牙交错，且规模不一。跟征服中南美原住民的同行一样，德·索托对原住民采取了分化策略。他与一位叫库萨（Coosa）的酋长结盟。库萨成功将现今田纳西州以东、乔治亚州以北以及东亚拉巴马州的部落统合成一个议会制的联盟。

从德·索托在北美大陆的进军路线我们可以看到，他的队伍曾一度到过密西西比文明圈范围的边界，但很快又折返回来。其个中原因并不难揣测。此时，北美大陆只有密西西比地区可提供多余的给养和财富给这支来自异国的远征队。在密西西比更北方的五大湖地区，原住民虽然也有较发达的农业，但收获期极短。而在西方，

上_赫尔南多·德·索托画像

左下_德·索托发现的当地部落

不论是大草原地区的游猎部落，还是维持着较低农业水平的西南部落，都无法提供稳定的补给来源。因此，在获得了盟友的有利支援后，德·索托的远征军穿越了库萨酋长统治的大片领地，向南沿着阿拉巴马河挺进，以寻找更加富裕和文明的原住民。

德·索托的军队一路向南，进入另一位名叫塔斯卡鲁萨（Tascalusa）的酋长的领地。这位酋长在西班牙人的笔下也是猛将一般的人物。按史料记载，塔斯卡鲁萨在人民中威望极高，他身材健硕且高大，个头甚至超过普通西班牙人 1.5 英尺左右。他同意为德·索托军队提供帮助，并告知德·索托随他一同前往其领内的重镇马比拉（Mabila）获取已准备好的给养。到达马比拉以后，德·索托才发现事情并不如表面那般顺利。这个城镇被严密的工事包围着，且几乎没有任何女性居民，只有两三千名武装好的男子，这显然是一座军事要塞。巨人酋长塔斯卡鲁萨也一改友好的态度，勒令德·索托一行立即离开他的领地，德·索托理所当然地予以拒绝。

冲突很快爆发，德·索托的士兵遭到来自四面八方的塔斯卡鲁萨武士的急袭，损失惨重。但德·索托很快带领部下撤出包围圈，并且重整旗鼓准备攻城。一番血战之后，在军事上具有绝对优势的西班牙征服者最终赢得了战斗。包括塔斯卡鲁萨在内的 2500 名原住民武士被屠戮殆尽，西班牙也付出了 200 人阵亡，大部分人受伤的代价。根据德·索托部下艾尔瓦斯的

右上_普韦布洛人　　　**左下**_德·索托探险队的路线

右下_与密西西比文化区相邻，位于今美国西南部的普韦布洛人，亦有较发达的文明，以各式陶器和建筑闻名，但农业基础较弱，考虑到补给方面的问题，德·索托探险队并未深入这个区域，而是向东部的密西西比地区折回。

探险中常用的手段，如此既可以防备原住民的偷袭，也可以强迫原住民乖乖就范。当年，弗兰西斯科·皮萨罗就是这么对付印加王阿塔瓦尔帕的，跟随皮萨罗的德·索托当然学会了这一招。

这位被俘虏的阿帕法拉雅酋长的下场没有比阿塔瓦尔帕好到哪里去。当征服者军队到达奇卡扎的边境河流时，他被德·索托当作谈判使节派去了河对岸的奇卡扎兵营。结果，兵营里的武士在对岸西班牙人的注视下砍了酋长的首级作为对德·索托入境请求的回答。首次谈判受挫，德·索托并未因此放弃进入奇卡扎的努力，反而命令部下赶造独木舟，准备强行渡河。但

一手记载，战斗进行得异常惨烈，原住民军队的士气极其高涨，依托防御工事一次次击退了征服者们的攻击，使西班牙军不得不采取特殊的战术。西班牙人依靠骑兵和枪炮的优势将敌军逼入城镇的工事和屋舍，然后施以火攻。木制的工事结构使得火势很快蔓延至整个马比拉要塞。被包围在要塞的原住民无处可逃，只能一个接一个在烈焰中惨叫着死去。另一个记载则说："西班牙军士忍受着疲劳和饥渴作战，甚至不得不饮用战死之人的血来解渴。"这应该是大航海时代，欧洲人在北美大陆遭遇到的最为惨烈的战斗。

攻占了马比拉后，德·索托的队伍在此地停留了一月有余来休养和补给，可见元气损伤之大。之后，德·索托向西北方挺进，以寻找传说中富饶的、统治塔斯卡鲁萨西北的奇卡扎（Chicaza）酋长领地。途中，经过阿帕法拉雅（Apafalaya，今亚拉巴马州以西）的时候，征服者俘虏了当地的一位酋长作为他们的向导和使节。俘虏重要人物作为人质是德·索托在北美

就在第二天，当征服者们到达河流对岸后发现，那些奇卡扎的武士已经悉数撤离，只留下一处空空如也的营房。

成功踏入奇卡扎地界的德·索托仍尝试与奇卡扎酋长进行联络。与德·索托遇到的其他酋长国不同，奇卡扎从一开始就对外来访问者表现出强烈的敌意，数度拒绝了德·索托的会面请求。直到德·索托故伎重施，俘虏了一位奇卡扎所敬重的要

人作为要挟时，奇卡扎才遣使到西班牙军的营地，表示同意安排会面。

由于缺乏具体的史料记载，没有人知道奇卡扎为何会对外来者抱有如此不同的态度。但考古学家却给了一个可能的答案。根据对奇卡扎附近墓葬遗址的考古发掘，考古学家发现，不论是酋长还是普通人的墓葬中都有大量装饰类的工艺品，这在密西西比其他墓葬中是十分罕见的，因为在其他地区，只有酋长的墓葬中才可能有如此多象征权力与地位的工艺品。这暗示奇卡扎的社会并不是以掌握的祭祀工艺品数量来衡量酋长的权势。与之相反，只有拥有强大武力，能保护部族的民众财产不受侵害的人，才有资格成为酋长。这也解释了奇卡扎为何会对外来者采取如此强硬的外交态度。

会面如期进行，奇卡扎酋长在仆人以及几位近臣的陪同下终于出现在德·索托

上_西班牙人焚毁马比拉。

下_佛罗里达的萨图里阿瓦（Saturiawa）酋长之子接待来自法国的简·利博特（Jean Ribault）一行人。

一行人的面前。据艾尔瓦斯的记载，奇卡扎在会谈中表示愿意用自己的土地和人民给德·索托提供必要的帮助，并且赠送了几只小犬（某种哺乳动物）作为礼物，还指派专人负责征服者们的饮食起居及向导工作。德·索托喜出望外，因为在他看来，这无疑是奇卡扎表示恭顺的表现，但事实上这不过是密西西比酋长们在寻求军事盟友时的一般礼节而已。奇卡扎之所以答应与德·索托会面，除了因宠臣被扣为人质外，更为重要的一点是，想借助西班牙人的力量镇压一些近期正蠢蠢欲动密谋反对自己的土酋。

就这样，西班牙征服者与奇卡扎度过了一段短暂的蜜月期，奇卡扎甚至让出自己在奇卡扎的宫殿给征服者们留宿。德·索托则回赠了奇卡扎一匹骏马，让奇卡扎"可以在任何想念他的时候乘马来访"。西班牙人和原住民之间维持着互访。西班牙人驻扎于奇卡扎期间，亦有其他地方的土酋，比如阿里马木（Alimamu）和米库拉萨（Miculasa）携带毛皮和野味前来送给德·索托示好。他们都是奇卡扎酋长的臣属，此时却急于带着礼物前来结交主君的盟友，这种现象似乎暗示着这个地区的政治关系。奇卡扎并没有具备绝对的权力掌控这一地区的所有事物，这些名义上向奇卡扎称臣的土酋除了需履行纳贡义务外，

本页_为了对付敌对城邦，密西西比城邦首长经常借助欧洲盟友的军事力量。图为在法国军队帮助下的佛罗里达奥提纳（Outina）首长，与敌对部落波塔诺（Potano）交战的场景。

依然可以享受自己的军政大权。所有人都和奇卡扎酋长一样，需要运用各种权谋扩大自己的政治地位。邻近的土酋时叛时降，譬如上述的米库拉萨就曾经因拒绝向奇卡扎纳贡而遭受奇卡扎酋长的攻击。为了惩罚这个桀骜不驯的臣属，奇卡扎酋长动员了数百名印第安武士，连同 100 多名西班牙援军开赴米库拉萨的边境城镇萨楚马（Sacchuma），并且焚毁了那里。很快，米库拉萨就宣告投降。

然而，好景不长，随着冬季的来临，西班牙人与原住民的关系开始恶化。入冬后的北密西西比河流域，风雪肆虐的程度更甚于大洋彼岸的卡斯提利亚，征服者们显然无法适应这样的气候。在这种情况下，开始有西班牙人进攻邻近的奇卡扎人，盗取他们御寒用的毛皮毯子和过冬的食物，引起了原住民的强烈不满。虽然德·索托严惩了肇事者，希望修补与原住民的关系，但仍有越来越多的原住民因为不堪西班牙人的掠夺而逃离奇卡扎附近，这也使西班牙人越来越难得到食物，如此恶性循环。

征服者们还发现，越来越多的可疑人士在奇卡扎附近出没，似乎在监视他们的一举一动，更有甚者暗暗潜入他们的营地盗取牲畜。西班牙人相信这些都是奇卡扎酋长派来的密探。于是，德·索托下令逮捕未经许可就擅自闯入营地的原住民，砍掉他们的双手然后送回给奇卡扎酋长，警告其不要再对西班牙人的队伍有任何非分之想。

在奇卡扎度过了一个极其严酷的寒冬，征服者与奇卡扎酋长的关系彻底破裂，德·索托决定尽早带领部队离开此地。1541 年 3 月，征服者终于离开这个生活了 5 个月的地方，开始向西北方向行军。值得一提的是，离开奇卡扎城镇后没多久，德·索托一行就陆陆续续遭遇了奇卡扎军队有组织的几次突袭，证明奇卡扎酋长为此事谋划已久。

离开奇卡扎约一年后，德·索托病逝于密西西比河西岸的瓜绰亚（Guachoya）——今阿肯色州与路易斯安那州的交界处。在德·索托的队伍中，最后只有 300 人成功返回新西班牙，结束了这场波澜壮阔的北美大陆探险。虽然这一次西班牙征服者们仍未能在北美大陆建立起一个有效的殖民据点，但德·索托的探险无疑开启了欧洲人开拓北美大陆的时代。同时，对这里的密西西比文化而言，也是一场风云变化的开端。

本页_奇袭是北美原住民军队擅长的攻击方式。

五 密西西比城邦的军政制度

虽然密西西比文明缺乏文字史料，但今天我们仍然可以根据考古发现以及西班牙征服者的一手记载，还原16世纪时密西西比土著的军事形态。发掘出的大量战争陪葬品以及西班牙人记载的密西西比人熟练的防御工事营造技艺，无不暗示军事在密西西比诸城邦中占据着长期且重要的位置。密西西比神像中众多的军事器物也使现代学者相信，这些神明不仅是为了保护人民的日常生活，亦是保佑酋邦的军人在战争中旗开得胜。

不同的密西西比城邦间存在着激烈的竞争和摩擦，使得酋长们需要采取各种外交策略和阴谋诡计，这一点从德·索托与塔斯卡鲁萨和奇卡扎酋长的交往中就可以看出。酋长处在城邦的顶点，他下面有一个专门的顾问团队为他分担各种职责，其中跟军事相关的顾问官员包括"战争祭司"（War Priest）和"大元帅"（Great War Chief）。前者主要负责战前、战时以及战后的占卜和宗教仪式，监督军队的各种行为；后者则负责为酋长统筹兵马，制定各种战争策略。他们在城邦中拥有很高的地位，这一点可以从他们墓葬的陪葬品看出来。近期，考古学家在卡霍基亚遗址的72号土丘堆中就发现一个包含250具遗骸的坟墓，其中有2具遗骸被放置在由将近2万个贝壳珠串编织成的鸟形席帘上，周边有许多战争图样的陪葬品。考古学家相信，墓葬主人生前就是很有威望的军事统帅，而一同埋葬在内的其他200多具遗骸，极有可能就是为这两位将领殉葬的仆从和奴隶！

至于这些军事官员采用何种晋升机制，是靠战功、血统，还是兼而有之，学界迄今为止没有一个定论。但可以肯定的是，密西西比社会有着一套严格的社会等级制度，不论是城邦与城邦之间、村镇与村镇之间、社区与社区间，还是同一社区的不同家族都有上下之分。酋长理所当然出身于整个城邦中等级顺位最高的家族，但这并不意味着他有绝对的独裁权力。为了处理城邦中的大小事务，城邦酋长需要召开城邦议会，召集的对象包括下属各个村镇的头人（Bolatas 或 Oratas）。根据1566—1568年西班牙人胡安·帕多（Juan Pardo）的探险记录，头人在城邦议会中占据了仅次于酋长的席位。除此以外，参加议会的每个头人还有自己的顾问团和秘书（Henihas），他们在议会中占据较低的席位。不同的城邦，酋长

本页_密西西比文化标志性文物，刻有鸟人形状的铜板工艺品，很有军事意味。

和头人的关系也大不相同。譬如在奇卡扎城邦，头人有很大的自治权力，他们与酋长的关系仅是定期缴纳贡物，这也是奇卡扎酋长需要拉拢强大的军事盟友震慑这些独立性高头人的原因。而密西西比州中南部的纳切斯城邦酋长，则对各个村镇有很高的支配权，甚至可以指派自己家族中的男性成员担任村镇的头人。在一个结构较为简单的城邦内，酋长通常统治着四五个村镇。

拥有巨型土丘的村镇是一个城邦的行政中心。在这个村镇内，不同的土丘象征着不同等级的家族。酋长家族的居所无疑建立在位于村镇广场正北方，规模最大的土丘上，环绕在广场四周的其他小规模土丘则供其他家族的人居住。通常，一个城邦只存在一两个这样的村镇，但库萨等拥有附属城邦的大城邦则可能存在好几座这样具有土丘群结构的附属行政中心，用以监视各个附属城邦的动态。

政治制度同样会对军队造成影响。出身较高等级家族的军人往往在军队中拥有较高的职位，他们当中一些拥有军事专长的人还会被选拔为参谋或者指挥官，就跟他们的对手欧洲人一样，指挥军中的不同支队。低等级出身的军人则是另外的晋升体系，通过在战斗中的英勇表现，他们可以获得更高的头衔，直至成为"荣誉勇士"。获得"荣誉勇士"头衔的军人将有资格列席城邦的军事会议，并发表自己的意见。

在军事会议上，酋长及其高级顾问将与将领们商讨作战计划。由于没有欧洲人的参与，我们很难得知密西西比人军事会议内容的书面资料。但毫无疑问的是，由于密西西比人的宗教观念，他们会在会议中强调各种严格的纪律和战场仪式，会议也可能会对那些被提拔为更高头衔的战士在战场上的各种表现进行审查。

密西西比城邦中不存在职业军队，士兵都是临时从城邦的男丁中募集来的。小规模的征集进行得十分迅速，譬如奇卡扎在讨伐米库拉萨时就在短短一天时间里募集了数百名兵丁并立刻启程。数千人规模的动员则需要花费数天时间，如塔斯卡鲁萨对抗德·索托时便一边采用友好态度拖延对手，一边调派人手在马比拉修筑工事和屯集军队。如果是长期行军和围攻，城邦甚至还会征调部分妇女和儿童为军队携带后勤给养。这些后勤食品种类丰富，包括蜂蜜、豆类和干玉米粉，有些条件好的还有烟熏鱼干。

通常来说，密西西比城邦军队采取的主要战术有两种，即奇袭战和正规战。奇袭战主要用来骚扰对手，派遣小股部队在

本页_ "战争祭司"的墓葬复原图，遗体的下面铺有贝壳珠串组成的席帘。

敌军防备薄弱的时候进行快速袭击，然后再迅速撤退。北美印第安人是奇袭好手，根据西班牙人的说法，他们在攻击和撤退时都表现得非常坚决，一旦发现情况有变，便会立即有序撤离。但有时为了震慑和征服对手，以对方的村镇和土丘中心为目标的正规战却是必要的战争手法。

在正规战中，酋长及其高级将领身着

盛装坐镇指挥，将全军分为多个连队包围对手的村镇。即使是在正规战中，密西西比勇士也喜欢近似突袭的手法，通常以发射箭矢，尤其是火矢作为战事的开端，当成功制造防守方的混乱后，再在传令官的统一号令下从四面八方一齐发动攻击。鉴于密西西比人落后的城防技术，这种攻击十分有效。一旦成功推进到对方的城镇，印第安勇士就会立刻换上大棒等近战武器，与退入城镇的敌军勇士进行残酷的肉搏战。

如果战争的最终目的是为了彻底摧毁对方，则对手的土丘以及上面的酋长官邸就是优先目标。因为密西西比人相信，摧毁一个城邦的仪式中心意味着对手的祖灵和陪葬品都为攻击方所拥有。胜利的攻击方会在烧毁敌人的村镇前大肆掠夺和屠杀。密西西比人也把敌人的身体部位当作战利品，因此，为了尽可能炫耀自己的功绩，胜利方很少留下活口，往往只有年轻女性才有机会幸存下来成为胜利者的战俘。这些女性俘虏的下场无外乎三种：嫁入胜利者的家族、沦为奴隶以及作为人牲

上_这幅图清楚展示了一个城邦的行政中心存在形制规模各不相同的土丘，暗示着不同家族的社会地位。

左下_密西西比城邦的军官和高级武士

被强迫为逝去的酋长殉葬。

密西西比武士的传统武器包括弓、刀、棍棒和投枪。他们使用的弓大约有 50 磅左右，由洋槐木制成，很结实。箭镞则通常由硬木、石头、鹿角、鲨鱼齿和兽骨等材料打磨而成。北美土著都是优秀的弓箭手，在与装备有板甲的欧洲征服者对阵时，"印第安弓手总能射中敌人没有被铠甲覆盖到的细小部位而造成杀伤"。西班牙人加西拉索·德·拉维加（Garcilaso de la Vega）记载了一个故事。德·索托的部队经过阿里马木省一条河川时，河对岸的一位部族武士曾向西班牙军队提出以弓术一对一决生死。西班牙军中有一名十字弓手出来应战，结果，阿里马木勇士隔着大河，一箭就射中了那名十字弓手的颈部。

近战时，密西西比武士使用芦苇或其他植物纤维制成的匕首以及镶有鲨鱼齿的狼牙棒。在与欧洲人接触后，他们也开始学会使用金属作为武器材料。既德·索托探险二十多年后，法国人来到美国东南部探险时，发现当地的原住民武士已经装备了铁制刀具。

甲胄在北美东南部的土著中并不流行，16 世纪欧洲人的记录也鲜有与身着甲胄的印第安人交战的记载，只有军队高级指挥官才会佩戴铜制的局部护具，但显然这种装备不是为了防御，绝大部分密西西比武士作战时近乎裸体。不过，加西拉索亦在一个密西西比人城邦的兵工厂中见过大量兽皮制的甲胄和木制的盾，现今的考古发现也证实了这个说法。

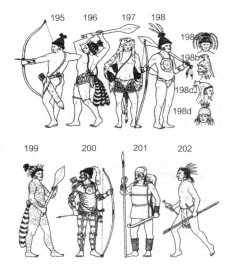

美索不达米亚上的星火

人类最古老的苏美尔文明

作者：陈修竹

一 序章

牛羊成群为何毁为萧疏之地？
玉宇琼楼为何毁为萧疏之地？
宏伟神殿为何毁为萧疏之地？
……

正宗的洗礼被毁坏，
庄穆的礼仪被亵渎，
庙宇在燃烧中呻吟，
人民像牛马一样生活，
少女和孩子像麦穗一样瘦弱，
血与泪像雨水一样渗入大地。
无人能抹去眼泪，
无人能抚平伤口，
……

真神恩利尔抛弃了我们，
他拔走了尼普尔的根基，
风吹走了尼普尔的财富。
……

车辙碾压着人们的故事，
废墟替代了我们的城市，
风化腐蚀了女神的寝宫，
敌人夷平了我们的国土，
……

这是尼普尔毁坏的挽歌。
——苏美尔史诗《尼普尔毁坏之挽歌》

让我们走到时光的另一头，在一片两河之间的地方，寻找一个叫"苏美尔"的远古文明。在这里，人们创造了最早的农业、建立了最早的城市，锻铸了最早的金属，发明了最早的车轮。历史的洪流滔滔向前，人们铸成了刀剑，架起了战车。这里成了人类最早的沙场，每一寸土地都浇灌着战死者的鲜血；这是人类第一个文明，每一处断壁残垣都在默默地诉说古老的往事，讲述着他们的史诗、野心、丰碑、诅咒与挽歌。

这是一个人类最古老文明的故事。

二 两河之间的沃土

很久很久以前，久到 2 亿年前的恐龙时代，冈瓦纳大陆和劳亚古大陆开始分裂，分裂之后的陆地相向漂流，古地中海就处在这两个大陆之间，具有厚厚的海洋沉淀层。当两个大陆板块撞在一起时，它们崩裂成许多碎片，而当这些碎片漂流到一起后，就形成了现在的地中海地貌：在东面，阿拉伯大陆块向伊朗大陆块俯冲，其中一部分被伊朗大陆块压在下面；东北隆起了高耸的扎格罗斯山脉；西南沉降，变成波斯湾和美索不达米亚低洼平原；在西北方向，非洲大陆撞上了小亚细亚陆地，形成了平均海拔 2000 米以上的托罗斯山脉。雨水在山涧汇集，它们切割山谷，一路奔腾，向着东南方向开阔的平原流去，最后形成了两条大河。一条在东，叫作"底格里斯河"，长 2032 公里；一条在西，叫作"幼发拉底河"，长 2720 公里。两条大河就像两道长蛇，蜿蜒曲折，时而靠近，时而分开，最终注入波斯湾，勾勒出了一片不太大的河间平原。我们把这片土地叫作"美索不达米亚地区"。美索不达米亚，音译自希腊语"Μεσοποταμία"，意思就是"两条河流之间"。

在《圣经》中，底格里斯河被称为"希德克尔"（Hiddekel），这是希伯来语中这条河流真正名称的发音。而幼发拉底河的名称则显得相对简单，被称为普拉特

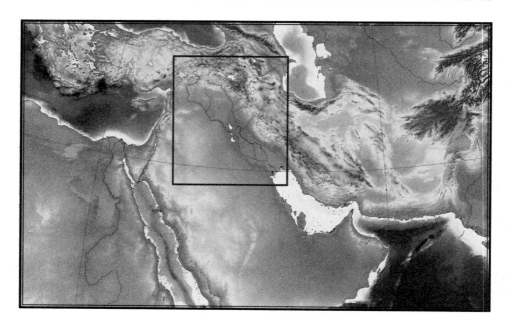

本页_美索不达米亚与近东

（Prat）。根据《旧约·创世纪》的记载，有四条河流经过伊甸园，并灌溉了那里举世闻名的果园，其中两条就是幼发拉底河和底格里斯河。因此，传说中人类失去的乐园，就在两河之间的美索不达米亚。

这里是三大洲相接的地方，亚欧板块、非洲板块和印度洋板块在这里碰撞，隆起了高耸的山脉，撕扯出广阔的平原。这是人类迁徙的十字路口。当智人离开非洲故乡，进入崭新而辽阔的世界时，第一站的落脚点就是这里。同时，这里又是世界岛的正中，古老商路的交汇之地，是人类文明的发源地，传说中的乐园与故乡。

距今 6000 多年前，当苏美尔人穿越叙利亚草原，第一次来到美索不达米亚低洼平原的时候，他们看到的还是一片宁静安详的土地。那时候的美索不达米亚比现在要温和、湿润，波斯湾的浩瀚海岸线一直深入内陆 100 多公里。在如洗的天空下，芦苇在沼泽地里茂盛地生长；兔子、狐狸、野猫在灌木丛中栖息，时而惊起一片飞鸟；森林里狗熊和野猪在出没；黑色的沥青在河床中涌出，咕嘟咕嘟地冒着气泡。"这是神赐予的美好的土地"，风尘仆仆的流浪者这么对自己说。于是他们定居了下来，将这里作为自己的家园。他们如此陶醉于这片新的家园，以至于将此刻喜悦的记忆口口相传。很多年以后，记忆变成了传说，传说变成了神话，神话故事在不同民族间传颂，但不管辗转了多少个版本，加进或者减少了多少内容，人们始终还记得，这片美好的家园在幼发拉底河和底格里斯河之间的某个地方。

那里曾经确实是个好地方。

在人类生活的旧大陆上，有一个干旱带，这片干旱带西起非洲北部的大西洋海岸，东到我国的西部戈壁。这是一片大陆性气候统治的，常年干旱少雨的地区。在这里，水就是生命，只有河流才会带来稳定持久的水源。而另一方面，早期的人类赤手空拳，只拥有最简陋的工具，他们对茂盛的丛林往往无能为力，只能开发植被相对稀疏的地区——只有在这里，人类早期粗糙的工具才能发挥出最大的作用，才能铲平灌木、烧荒开垦，开始刀耕火种的生活，建立起文明——人类最早的文明出现在北非尼罗河谷、印度河谷、中国黄土高原的谷地和美索不达米亚半干旱的沼泽地中，便是这个原因。

生活在美索不达米亚的苏美尔人是一群黑头发的先民。

苏美尔人是邻居阿卡德人对他们的称呼，他们称自己为"sag-gi-ga"，意思是"黑头发的人"。这是一个孤立的民族，与任何已知的语言都没有亲缘关系。关于他们的来源，各种说法莫衷一是。英国人根据《圣经·创世纪》的"四河环绕之地"，考证出苏美尔人对故乡的记忆就是伊甸园传说的最初版本，而这个地方就在凡湖以东。也有人根据苏美尔人喜欢在平地起土丘、盖神庙的习俗，认为他们来源于山林地区；有人根据苏美尔文物与印度河谷文物的相似之处，认为他们来自东方，也许是阿富汗一带；也有一些大胆的青年作家，发挥天马行空的想象力，将他们描绘成中国人的祖先甚至外星人。

当苏美尔人迁徙到美索不达米亚时，这里已经存在繁盛的石器文化了。根据遗址发现地的地名，我们将这段石器文化称为"欧倍德文化"。这是一种繁荣的史前文化，人们修筑起了颇为壮观的神庙。欧倍德人的存在已经完全湮没在了时光中，但欧倍德文化却被苏美尔人很好地继承和发展了下来，他们在这里生根、发芽、结果，青出于蓝胜于蓝，将欧倍德人的文化发扬光大，最后成长为人类第一个文明。

这是一段不断前进的故事，文明的星星之火在这片土地上点起，最后燎过了整片平原，整个大陆，整个星球。野生动物被驯化了，在美索不达米亚和扎格罗斯山脉生活了千万年的绵羊和山羊，被驯化为最早的家畜，先民由此有了稳定的食物来源。作物被培育了，美索不达米亚低洼平原生长的野小麦经过一代代农人之手的筛选育种，变成了二粒小麦——人工驯化的最早品种。随着种植农业的成熟，对于大规模灌溉系统的需要出现了。人们修筑了越来越繁杂的灌溉水渠，引导幼发拉底河和底格里斯河宝贵的河水灌溉田地。随着农业的发展，人口的聚集，大约在公元前3750年，第一座大城市乌鲁克出现了，接下来是捷达姆·那色（这是现在的地名，这座城市最终没能延续下来在历史中留下名字）。在后面的时间里，越来越多的城市被建立起来。

工匠们架起越来越大的炉子，烧起越

本页_苏美尔文字

来越旺的炉火，他们将青铜冶金技术发展成熟，并使它渐渐进入日常生产与生活，当然也将其用于军事和冲突。大约在同一时期，轮子被发明了，最早的车辆开始驰骋在苏美尔的土地上，人类第一次有了双脚以外的交通工具。一种新的武器——战车，也由此诞生。

犁的出现给农业带来了进步，而在最南部的沼泽水网里，另一种工具的出现，却让贸易前进了一大步，那就是"用沥青涂抹的芦苇船"。苏美尔人乘着芦苇船或驶往上游，连接起两河之间一座座村落城市，或驶向茫茫的波斯湾。许多人一去不返，但更多的人带回了远方的信息与商品。出产自阿富汗地区的矿产也在这一时期的苏美尔遗址中被发现，最古老的国际贸易网络开始出现。随着渔业、贸易和远洋的需要，风帆船出现了，波斯湾的海面上开始出现了帆船的影子——这进一步促成了人口的聚居与劳动的分工。越来越多的城市在幼发拉底河和底格里斯河畔出现，城市的发展又带来了更多的信息与交流。

公元前 3300 年，人类最古老文字在苏美尔出现，这是一种象形文字。在接下来的数百年里，它迅速发展成熟。这种文字是用苏美尔地区最常见的芦苇秆或木棒书写在随手可得的泥板上的，因为采用压印的书写方法，文字笔画大都为三角形的线条，看上去类似用楔子凿出来的，因此也被称为"楔形文字"。苏美尔楔形文字是一种高度成熟的表意文字，与埃及的圣书体、中国的汉字并列为世界上三种仅有的成熟表意文字体系。

有了文字，也就有了文字记载。有了文字记载，也就有了历史。20 世纪考古学大发展和苏美尔文字的破译，帮助我们重新勾勒了当时的历史场景：大约在公元前 30 世纪，苏美尔进入了一个诸国争霸的时代。以城市为中心、附属于城市的乡村为外围的城邦，是当时苏美尔社会的典型组织结构。根据目前的考古发现，我们了解到有名字存世的城邦数以十计，而根据出土文献推测，当时的城邦甚至可能在三位数以上。这是个城邦林立，列国纷争的时代，它被亚述学家称为"苏美尔的早王朝时期"。

根据考古发现，我们已知当时最为重要的城邦主要有这几个：古老的都市乌鲁克；南部幼发拉底河口的港口城市乌尔；供奉苏美尔最高神——大地和空气之神恩利尔的圣城尼普尔；苏美尔世界最南端的城市埃利都——一座发展自欧倍德文化的城市，据说世界尽头的无底洞就在这里；底格里斯河畔的城市拉格什与温马；位于幼发拉底河上游，控制着通往叙利亚与安纳托利亚地区交通咽喉的马里；以及一座叫作"基什"的城邦。

幼发拉底河和底格里斯河在美索不达米亚平原上曲折蜿蜒，在今天的巴格达城附近，两河之间最近的距离仅为 30 公里。两河并行一段时间后渐渐分开，形成了一个近百公里的腰部，这里的地形西高东低，幼发拉底河的河床比底格里斯河高出很多，十分有利于灌溉。因此在古代，这里是灌

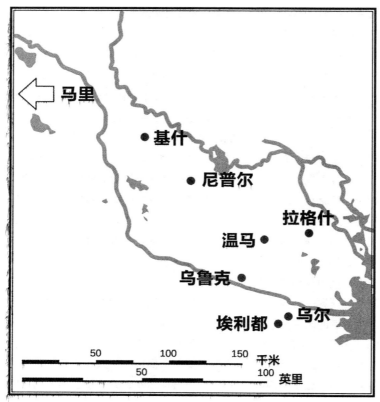

但由于水资源匮乏，农民只能依赖两河的河水。然而两河河水盐分较高，盐分在土壤里沉淀下来的同时抬高了地下水，使得水中的盐分也逐渐上浮到了地面。

根据目前出土的泥板文书，我们得知早在公元前25世纪，拉格什的土地就出现了盐碱化问题，并且一直得不到有效解决，困扰了整个美索不达米亚近千年。面对这个问题，苏美尔人采取了各种办法，包括改进灌溉手段和采取休耕等措施。根据出土的公元前21世纪苏美尔人的《农人历书》，苏美尔人已知道平整、灌溉土地以保持高产的方法。但不管怎么努力，美索不达米亚南部平原的苏美尔诸城邦在这方面总也不及北部，因为北部地区地势高且水资源充沛，天生就有优势——这也是亚述人绵延两千年不绝，最终兴起并征服巴比伦尼亚地区的一个重要原因。

溉系统最发达、土地最肥沃的地区之一。

但根据考古发现，盐碱化始终是困扰当地农业生产的突出问题。直到现在，伊拉克的农田仍旧存在变成废地的危险。大批昔日的良田，可能会在地表结出一层白色硬壳，无法种植，唯有放弃。造成盐碱化的直接原因是灌溉，但归根到底则是由美索不达米亚的自然环境决定的。美索不达米亚属于旧大陆"干旱带"的一部分，降水非常少，从一开始就不可能"靠天吃饭"，必须依靠灌溉，所以苏美尔人很早就发展出了复杂的灌溉文明。灌溉使得农业生产能够养活较多的人口，

以如今幼发拉底河的希特和底格里斯河的萨马拉附近为界，两河可以分为截然

不同的南北两部分。北部的河谷从石灰岩和页岩上切割而出，河道较浅较窄，河床坚固水流湍急，尤其是底格里斯河。因此自可考以来，两河北部从未改道。昔日的沿河古城，比如卡赫美什城、尼尼微城、亚述城、尼姆鲁德城等都长盛不衰。而这条线以南则是冲积平原，地势极其平坦，南北坡度仅仅 30 米，因此流速也变得十分缓慢，上游携带下来的沉积物在此大量淤积，不断抬高河床，最终高出了周围的平原，使河水溢出，然后改道。以河流为生的城市和以河流为灌溉系统中心的农民不得不弃家迁徙，重建家园，旧的城市、农村由此荒废——这个过程在美索不达米亚南部历史上不断发生，一再重复。许多古老的辉煌大城市就此荒废，被遗忘，然后彻底湮没在漫漫黄沙中。如今伊拉克南部的沙漠里，还有很多这样的"土丘"。谁能想象，这些黄沙漫漫、渺无人烟的地方在几千年以前居然是这个星球上最繁荣的城市之一呢？

桑田沧海。古人很早就注意到了美索不达米亚南北地区的不同。古希腊地理学家斯特拉波（Strabo）在他的《地理学》里就大致以如今的巴格达为界，将北部称为"美索不达米亚"，南部称为"巴比伦尼亚"。古罗马作家普林尼之后，美索不达米亚被推广为整个两河流域的统称。

正因如此，巴格达所处的这片区域，自古以来就是美索不达米亚地区的心脏。它是扼守南北、控制东西交通要道的膏腴之地，控制了这片地区，就等于控制了整个美索不达米亚。巴比伦、泰西封以及今天的巴格达都位于这里，这些城市成了美索不达米亚，乃至整个西亚的政治、经济、文化中心。

当然，随着周边形势的变化，这片心脏区域的中心也在不断迁移。在亚摩利人、亚述人、迦勒底人和波斯帝国的时代，这个中心是在幼发拉底河畔的巴比伦城，在希腊化、安息王朝和萨珊王朝时代，这个中心是底格里斯河畔的塞琉西亚和泰西封，阿拔斯王朝到现在，这个中心则是巴格达。

拨开时间的迷雾，拂去岁月的尘埃，回到苏美尔文明的拂晓，文明的起点，位于这里的是一座叫"基什"的城市。

基什不是一般的城市，而是一座在苏美尔文明兴起时，就具有特殊权力的城市。根据在美索不达米亚各地出土的 16 块泥板文书拼成并破译的《苏美尔王表》可知，苏美尔人的历史是这样的：

上古大洪水之后，苏美尔开始了王权社会，进入"基什第一王朝"。

基什第一王朝是苏美尔人记忆中的第一个王朝，正统王权的来源。因此在苏美尔人的世界里，"基什之王"不仅代表基什的统治者，更是一个特殊的、代表正统的头衔。在苏美尔列王中，"基什之王"是个特殊的称号。自称为"基什之王"的人，通常是在政治、军事上取得相当成就的君主，他们甚至不需要实际占领基什。基什之王"就像基督教世界里"罗马人的皇帝"这一头衔一样，具有特殊的含义。

这可能跟早期基什的强大有关。称

"基什之王"的人通常是美索不达米亚的霸主，不过现在也有研究者认为，"基什之王"这一特殊称号可能还含有宗教或其他成分。有趣的是，在现有的资料中，有据可查的最早称"基什之王"的却不是基什人。他叫"麦西里姆"，而且很可能不曾占领基什。现有的资料显示，他调停过拉格什与温马王的领土纠纷。所以，可以肯定的是，他是位有相当政治地位的君主。而在拉格什遗址出土的泥板档案中，拉格什第一王朝的有些强大君主也自称"基什之王"，但这些国王的名字均未出现在《苏美尔王表》中，多半是关起门来自称。

成书于伊辛王朝时期的《苏美尔王表》记载，基什第一王朝共有 23 位国王，传位数千年，这显然是与神话交织在了一起。基什第一王朝中很多人物可能仅是神话人物。《苏美尔王表》中第二十二位国王恩美巴拉格西则是苏美尔列王中最早有据可查的历史人物。约公元前 2700 年在位，因为同时代的遗址中出土了关于他的记载。他的儿子阿伽是《苏美尔王表》中基什第一王朝的末代国王，同时也是史诗《吉尔伽美什史诗》中的人物。根据《吉尔伽美什史诗》的记载，阿伽曾被乌鲁克国王吉尔伽美什打败，但两人最终冰释前嫌，成了好朋友。而在《苏美尔王表》中，王权在阿伽以后就从基什转到了乌鲁克。根据考证，这可能是发生在公元前 2650 年的事情。

本页_《苏美尔王表》

三 《吉尔伽美什史诗》

《吉尔伽美什史诗》是现存可考的最古老的史诗。它所述及的历史时期据信在公元前2700年至公元前2500年之间，比已知最早的成文作品早200～400年。《吉尔伽美什史诗》共3000多行，现存的最早版本是用楔形文字刻在泥版上的。《吉尔伽美什史诗》在整个西亚流传了2000多年，伴随着古老楔形文字文明的盛衰，也被继承楔形文字的各个文明所传承。在亚摩利人建立巴比伦第一王朝的时候，《吉尔伽美什史诗》出现了阿卡德文的翻译版；在胡里安人的米坦尼王国，则出现了胡里安语的版本；不仅如此，它还传入安纳托利亚，被赫梯人翻译成了赫梯文。

作为最古老的史诗，它深深影响着之后的文明。《荷马史诗》的叙事手法明显可以看到《吉尔伽美什史诗》的影子。而《吉尔伽美什史诗》第四部分，水神伊亚阻止众神之王恩利尔用洪水毁灭人类，并建立方舟运载动物和人的故事，显然就是《旧约·创世纪》中大洪水、诺亚

及其方舟的最早版本。2000多年来，列国兴衰，星移斗转，一个民族倒下，又一个民族崛起。苏美尔人的踪影早已烟消云散，吉尔伽美什的传奇却被一代代继承者传颂，直到公元前330年波斯帝国被希腊人的方阵所征服。希腊殖民者摧毁了古老的楔形文字，吉尔伽美什也随着楔形文字的失传，消失在了历史的尘埃里。

《吉尔伽美什史诗》这一古老传奇里，乌鲁克国王吉尔伽美什是主角。

根据《苏美尔王表》的记载，吉尔伽美什是卢加尔班达的儿子、乌鲁克第一王朝第五任国王。

在《吉尔伽美什史诗》的夸张描述中，他是女神宁松之子，三分之二是神，三分之一是人，拥有非凡的力量。卢加尔班达是史诗《卢伽尔班达史诗》的主角，乌鲁克第一王朝的第三任国王。他的前任，乌鲁克第一王朝的第二任国王同时也是王朝的实际建立者恩美卡尔，则是史诗《恩美卡

尔和阿拉塔之帝》的主角。吉尔伽美什、卢加尔班达、恩美卡尔合称"苏美尔三大英雄"。《吉尔伽美什史诗》、《卢加尔班达史诗》和《恩美卡尔和阿拉塔之帝》则并列为"苏美尔九大史诗"。

据考证，《恩美卡尔和阿拉塔之帝》和《卢加尔班达史诗》成书于阿卡德帝国时期，晚于《吉尔伽美什史诗》。所以是先有《吉尔伽美什史诗》的流传，然后才有《卢加尔班达史诗》和《恩美卡尔和阿拉塔之帝》的创作与补充。从恩美卡尔到吉尔伽美什，我们见到了人类君王的崛起。透过似真非真的神话，隐蔽在传说中的，是一个统治方式和矛盾冲突逐渐变化，权力趋于巩固，阶级渐渐形成的历史时期。通过史诗，我们可以窥探到这一时期苏美尔人政治与生活的某些方面。

据《恩美卡尔和阿拉塔之帝》的记载，恩美卡尔最早统治乌鲁克时，以智慧和贤名称著四方。阿拉塔是苏美尔东面埃兰的一个城邦，与乌鲁克隔着九座大山，盛产金属和石料，它繁荣而且强大。而乌鲁克所处的美索不达米亚平原极度缺乏这些物资，因此恩美卡尔决定为乌鲁克人民"统治它（阿拉塔）的国民"。但恩美卡尔并没有选择动用武力征服，而是巧妙地采用外交攻势和文化攻势，摧毁了阿拉塔人的士气，使阿拉塔人对乌鲁克人心悦诚服，自发选择结盟，归顺乌鲁克，成为乌鲁克的属国。史诗的情节曲折离奇，充满了古老文化的美韵，是西亚文学的杰出代表。但另一方面，它又反映了这一时代苏美尔

人的价值取向和处理矛盾的方法：在这一时期，苏美尔人显然更加崇尚用和平的方法达到目的，他们更加欣赏智者的领导。强大的武士和辉煌武功并没有成为史诗歌颂的偶像，长者的威望与贤者的智慧才是崇拜的对象。

到了吉尔伽美什时代，史诗所描述的情况就变得有所不同了。根据《吉尔伽美什史诗》记载，基什第一王朝的统治者阿伽一上来就对乌鲁克城发出武力威胁，要求乌鲁克必须臣服于自己，否则将遭到武力征服。吉尔伽美什作为乌鲁克的国王，面对这种情况采取的步骤是向城市的长老会求教，希望得到他们的建议。但长老们最终的意见却是答应基什的要求。吉尔伽美什对此非常生气和失望，他采取的行动是去征求城市里由青年男子所组成的公民大会。公民大会反对投降，鼓动进行武装抵抗——这正是吉尔伽美什一直期望听到的声音。于是，吉尔伽美什带领他的人民进行战斗，并一举打败了基什。在这个故事里，我们可以发现，在吉尔伽美什时代，武力征服和武力对抗已经变成解决列国矛盾的主要手段，恩美卡尔式的雍容与智慧，开始让位于吉尔伽美什与阿伽那样的刀和剑的搏杀。其次，在这个时代，苏美尔的统治者要使用武力还必须征求长老们的意见，但长老的意见并不具备绝对约束力——统治者还可以通过公民大会绕开长老们的影响力。

传说吉尔伽美什的血统三分之二是神，三分之一是人，这意味着他拥有另一

个阶层的力量——祭司。祭司与武士是古老文明永恒的矛盾。但苏美尔人的世界观与后世的民族不同，他们并不怎么用理论主义的观点看待事物。他们不但相信诸神是客观存在的，而且还相信神在世间建立了政府，就生活在自己身边。他们认为，人间是神的一个庄园，人与神生活在一起，人类的作用就是充当庄园的看护人，代表诸神管理土地。在苏美尔人的世界里，人类存在的意义就是服侍诸神。"因此，没有机构在设立之初，是出于对自身成员福利的考虑，它必须主要寻求诸神的利益"。

正因如此，在吉尔伽美什时代以前，武士与祭司并不是截然分离的，吉尔伽美什既是武士，也是祭司——神圣与世俗的主权最终都归于一种人手里。因此，苏美尔人并不认为君王与神两者之间有什么区别。在苏美尔历史早期，城邦最早的统治者叫作"恩"（En），这个词又代表"高级祭司"和"守护神"，管理着神庙的土地和在土地上工作的人。国王、祭司、神三者是一个词，并不分离。随着社会发展，人口增加，社会矛盾变得更加复杂，之后出现了另一种官职，叫作"恩西"（ensi），意思是"统治者"，其职责是管理城市事务，包括法律、贸易、军事等。而"恩"则继续管理神庙，负责监管神庙土地和主持宗教仪式。恩西的出现标志着武士与祭司初步的分离。

随着时间推移，城邦与城邦之间，城邦与环境之间以及苏美尔与周边民族之间的矛盾渐渐变得尖锐。慢慢地，当危机爆发的时候，城邦就会召集长老顾问团或者召开公民大会。大会会任命一位"卢迦尔"（Lugal，书面意思是"伟大的人"），来行使最高权力。于是，就像我们在《吉尔伽美什史诗》中看到的那样，通过公民大会的动员与认可，吉尔伽美什取得了统领乌鲁克战斗的最大权力。

通过考古，我们发现，到苏美尔中后期，战争变得越来越频繁，最显著的标志是城墙的普遍出现。早期的苏美尔城邦往往仅是一片居民聚集的居住地，进入了中后期以后，市民开始修筑城墙保卫自己。《吉尔伽美什史诗》里就记述了吉尔伽美什建造著名的乌鲁克城墙来保护人民免受外来攻击的事迹。这道城墙是如此著名，以至于在美索不达米亚诸国的文献中多次被提起。在《吉尔伽美什史

乌鲁克祭司雕像

诗》里，诗人用华丽的笔调描述了这段城墙："今天再看看乌鲁克吧，它那外墙的飞檐闪耀着铜的光芒；它的内墙则可用'无与伦比'来形容。噢，摸摸那古老的城门，登上乌鲁克的城头，沿着城墙走去，打量露台的底座，仔细端详建筑物，难道没发现它是用烧过的好砖砌的，固若金汤？"诗人热情地赞扬了乌鲁克城墙，将其视为永不毁灭的奇迹，但是不到 300 年，固若金汤、永不毁灭的乌鲁克城墙就被摧毁了。它的毁灭标志着一个时代的结束，另一个崭新时代的开始。

根据现有资料，我们可以发现，卢迦尔在各城邦的纷纷出现，与各城邦修筑城墙几乎在同一个时期。因此，我们可以想象，随着文明的发展和扩散，苏美尔各城邦小国寡民、鸡犬相闻的时代一去不返了。

经济往来的增多，人口的增长，视野的扩大，带来的是对土地、水资源无休止的争夺。苏美尔人开始进入一个战争频发、动荡不安的战国时代。集大权于一身的卢迦尔的出现成了必然。

一开始，卢迦尔仅仅是危机或者战争时期公民大会临时授权的职务。有证据表明，随着冲突的增多，卢迦尔具有了越来越大的权力，设置的频率也越来越高，最后成了常设职务。实际上，在这一时期，还出现了这种情况：一些城邦因为应对外敌或者其他需要开始结成同盟，同盟中实力较大的城邦的恩或卢迦尔渐渐具有了更大的权力，他们开始在实质上主宰同盟，进而将结盟的城邦纳入统治。这些城市的恩或者卢迦尔不断整合洗牌，慢慢具有了越来越大的权力，最终，我们看到了国家

本页_乌鲁克复原图

和国王的诞生。

随着国家的出现，国王开始寻找解决之道将这种广泛的权力合法化和制度化，尤其是当他不再只服务于本城邦守护神的时候，他必须找到一个新办法，能够服务于王国里所有城邦的神灵。而随着疆土的扩大，王国还需要能接纳更多神灵的空间。在这种情况下，吉尔伽美什们实践出了好几种办法。一种是从自己下手，宣称自己是神派遣的、地位特殊的主宰，这种宣称具有广泛的信服力，还需要祭司们的分工与竞争。后来，诸如尼普尔的恩利尔神庙最终胜出，尼普尔成为公认的圣城，恩利尔的祭司们则负责为获胜的国王提供神选的注脚与证明。在这个过程中，国王们的事迹被祭司们神化，进而融合进了诗歌中。这种神化随着时间的推移还会进一步发酵，因为后来的野心家们也需要接过前人权力的遗产。根据现有的考古文献，吉尔伽美什生前可能并没有被过多神化，但在他去世后却不断被添加修饰，最后成了我们如今所见到的，三分之二是神、三分之一是人的传奇。

而另一种办法则是从本城邦入手，提升本城邦神的地位，使其高于其他城邦的守护神。在这里，我们可以看到，古巴比伦宗教的主神马尔都克和亚述的主神阿淑尔，原本都只是某个城邦的守护神，随着时间的推移却渐渐成为整个美索不达米亚南部和北部两片区域的庇护神。巴比伦和亚述是苏美尔文明的直接继承者，从他们身上，我们也能看出这种变化。

以上两种情况，不管是具有突出地位的神庙祭司声称的天赐神权，还是将城邦守护神上升为庇护整片区域的主神，都要求形成一个大区域的概念。在这片区域里，冲突在加剧，宗教和自我认同逐渐融合。世俗与神的权力突破了城邦的限制，在动荡中，一个新时代逐渐来临。

四 卢加尔扎克西的祈祷

在苏美尔的圣城尼普尔，19 世纪末 20 世纪初时，考古学家挖掘出了一些花瓶碎片。拼合之后，考古学家们仿佛听到一个名叫"卢加尔扎克西"的武士的祈祷："愿大地宁静地长满牧草，愿全人类像植物和芳草一样茁壮成长，愿神的羊圈不断增加，愿境内的人民见到一个公正的世界，愿给我好运的众神永远不改变其意愿，愿我能成为带给人民安全和幸福的保护者。"在那个动荡、混乱、战乱不休的苏美尔城邦时代末期，在圣城尼普尔，温马的国王——乌鲁克第三王朝的创立者卢加尔扎克西，曾经在神面前这样祈祷。卢加尔扎克西的祷告无疑是诚挚的，经历了 4300 多年，翻译成不同的文字，我们仍能感受到这份祈祷包含的诚挚情感——结束混乱和动荡的局面，开创一个和平、安宁、公正的世界。也许这是驱动卢加尔扎克西走到这一步的真正原因。

参照《苏美尔王表》，吉尔伽美什的乌鲁克第一王朝衰落之后，兴起的是苏美尔最南部的乌尔建立的乌尔第一王朝。接下来，出现了来自埃兰的阿万王朝。

埃兰人不是苏美尔人，他们是苏美尔人最早和最难缠的邻居。埃兰以如今伊朗的胡齐斯坦省为中心，包括伊拉姆省。在《圣经》里，埃兰人被表述为以拦的后代，而以拦则是闪的长子，闪即为挪亚的长子，所以埃兰人是大洪水中幸存人类的长房长孙。不过，根据后来的考古资料，通过语言学进行分析，埃兰人并非闪米特人，反而与印度的达罗毗荼人存在一定联系。

埃兰人与苏美尔人的恩怨情仇由来已久。他们是苏美尔人最近的邻居，并且根据苏美尔文字，发明了世界上第一种衍生文字——埃兰楔形文字。据《苏美尔王表》记载，早在基什第一王朝时期，上文所说的第一个可以考证的真实存在的国王恩美巴拉格西，大约在公元前2700 年入侵埃兰，并将埃兰的武器作为战利品带回基什。这件事情在当时值得大书特书，可见在这

个时期，苏美尔人已经与埃兰人发生了激烈的冲突。在之后的岁月里，两者的冲突贯穿着整个苏美尔历史。

恩美巴拉格西的胜利后，基什人代表苏美尔人再一次打败了埃兰人的阿万王朝，因此"王权又一次转到了基什"，其政权史称"基什第二王朝"。但是关于这个王朝，除了《苏美尔王表》里关于列王名字的记载以外，其余一无所知。基什第二王朝在经历 8 世之后被神秘的哈马滋国王哈达尼什击败，而哈马滋城邦的确切位置和实际情况我们也无从得知，只能初步估计可能在今伊朗南部到伊拉克北部之间的山区。国王哈达尼什最终又被乌鲁克人击败，乌鲁克人建立了乌鲁克第二王朝。此后，苏美尔人经历了乌尔第二王朝、阿达卜的短暂王朝和马里人的王朝。几经波折之后，基什打败了马里，再一次建立了自己的霸权，史称"基什第三王朝"。值

乌尔南赛浮雕

得一提的是，建立基什第三王朝的是个女人，叫作"库格巴巴"。根据泥板文书记载，她曾做过类似酒店女招待的工作。据载，在这之前基什已经衰落并被乌鲁克控制，沦为其附庸，是这位传奇女性带领基什摆脱了乌鲁克的强权统治，重建了独立强大的基什。在这一时期，《苏美尔王表》因为逸散和不同版本的组合而变得混乱，在《苏美尔王表》中，以这位女王继承人开始的基什列王因为某种原因被安排在了基什第四王朝。正是这个基什第四王朝，奠定了另一个时代的基业。

而在基什的东南方，基什曾经的属国拉格什与温马之间的争霸战已经进入关键阶段。

拉格什和温马是苏美尔最古老的城邦，而《苏美尔王表》却没有拉格什第一王朝的记载，很可能是因为拉格什的霸权没有得到尼普尔恩利尔神殿祭司们的承认，因为目前的资料表明，拉格什一向不买尼普尔恩利尔神殿的账，很少去尼普尔献祭。

拉格什位于尼普尔东南不远处，由两个主要城市组成：宗教中心吉尔苏和世俗中心拉格什城。吉尔苏的守护神最终成为拉格什的守护神，而拉格什则成了国家的首都。这两个城市各得一项权力，可见是妥协和利益交换的结果。拉格什与附近的温马、阿达卜、凯什、扎巴兰等构成了苏美尔东部靠近底格里斯河一侧的主要城邦。根据出土铭文记载，温马和拉格什早期都臣服于基什，基什为他们封疆裂土、划分边界、仲裁争端。然而，随着基什的

中衰，大约在公元前 2500 年，拉格什开始取得独立并迅速崛起，成为当时苏美尔政治和军事力量最强大的城邦之一。考古学家们在拉格什的宗教中心吉尔苏发现了国王们的还愿和建筑铭文碑石，还有以泥砖和圆锥为载体的铭文。通过这些出自宫廷档案员或者祭祀之手的文书，这一时期的政治历史在 4500 多年后，逐渐呈现在我们眼前。

拉格什王朝的创立者叫作"乌尔南赛"。根据考古研究发现，乌尔南赛在吉尔苏为主神宁吉尔苏大兴土木，组织船队顺流而下再逆流而归，从波斯湾中苏美尔人称之为"迪勒蒙"的巴林岛上运回木材。他还开挖水渠、巩固灌溉系统、修筑城墙、加固防御工事，使国力蒸蒸日上。有了国力为后盾，乌尔南赛又开疆拓土，在军事上先后击败霸主乌尔、大胜邻国温马、俘虏了温马国王，建立了初步的霸权。但乌尔南赛平庸无能的儿子阿库尔伽尔继位以后，拉格什的国势一度有所衰败，并被温马打败，丧失了一部分土地。直到乌尔南赛雄才大略的孙子恩纳图姆继位后，拉格什王朝才又一次回到了顶峰。恩纳图姆击败了温马国王恩阿卡勒，夺回失地，并重新划分边界，将基什王朝当年立下的界碑再次树立在自己划分的边界上。巩固统治后，恩纳图姆开始东征西讨。在东南，他击败了苏美尔的世仇埃兰人，并一度征服了埃兰。在西南方向，他接连击败并重创了乌尔和乌鲁克两个大国。

这个时候，北方出现了新兴强国阿克沙克，一时征服了北方很多城邦。阿克沙

克国王祖祖率领由很多盟国组成的大军南下，企图一统苏美尔。面对这种情况，恩纳图姆亲自领军，带领披甲持盾、手持长矛的战士结成密集方阵迎战阿克沙克人。最终恩纳图姆经过激战，大破北军。经此一战后，恩纳图姆给自己加上了"基什之王"的称号，并以"基什之王"的名义来号令苏美尔众城邦。在国家的治理上，恩纳图姆兴水利，发展生产，在其统治下，拉格什社会安定、政治清明，人民安居乐业。恩纳图姆还是个虔诚的神仆，他尊崇守护神宁吉尔苏，修建了不少庙宇。

面对不断强大、势不可挡的拉格什，基什终于坐不住了。基什发挥强大的外交攻势，先与阿克沙克结成同盟，接着纵横捭阖，将北方远在幼发拉底河中游的马瑞人和苏美尔的老对手埃兰人也拉进同盟，形成了从西北一直绵延到波斯湾的大同盟，最后一同进攻拉格什。

恩纳图姆面对强敌的围攻，再次表现出了惊人的才略。他一一将对手击败，赢得了辉煌的胜利。一代豪杰恩纳图姆去世后，他弟弟伊南那吐姆一世继位。温马国王乌尔鲁玛认为有机可乘，拒绝承认其父与恩纳图姆订立的盟约，挖倒了恩纳图姆所立的界碑，率领大军占领了拉格什的边境地区。面对温马人的进攻，伊南那吐姆一世命令他的儿子恩铁美那带领由战车和步兵部队组成的大军前往迎战。两军交战时，恩铁美那率领战车部队长驱直入，直捣温马大军本部，将温马中军击溃，迫使温马国王带头逃跑，温马军队由此崩溃。

拉格什的战车部队追击崩溃的敌军，深入温马境内。温马遭受重创，首都一度被拉格什人占领，面临亡国危机。在这紧要关头，已经归附了温马的扎巴兰祭司——乌尔鲁玛的侄子伊勒率领扎巴兰军队奋起战斗，利用拉格什人大胜之后的骄傲情绪赶走了拉格什人，光复了温马。温马复国后，伊勒进军边境，挖开界渠，引水至温马田地，并拒绝再向拉格什支付温马租用边界田地的大麦租税。连年的征战使拉格什和温马都付出了很大的代价，即使获胜也得不偿失。面对这种情况，两国最终决定和谈。在协商的基础上，两国再次划分边界，拉格什同意温马不必再向拉格什缴纳水利和土地的租税，双方都可以引用界渠之水。两国终于实现和平。

此后，拉格什获得了一段和平时期，伊南那吐姆一世和继任的恩铁美那便将主要精力用在了文治。伊南那吐姆一世修筑了著名的椭圆形神殿，而恩铁美那则更加关心人民的疾苦。在恩铁美那的统治下，拉格什得到了持续发展。他修建了连接幼发拉底河与底格里斯河之间的大运河，第一次将两河连接在一起，形成了以拉格什为中心贯通四面八方的运输体系。他在位时拉格什的国力是如此繁荣，甚至有实力免除平民的债务。这件事情被刻在一个银瓶上，而这个银瓶经过岁月变迁，在20世纪重现人间。

恩铁美那去世后，继位的是他的儿子伊南那图姆二世。根据一封出土自拉格什，由宁马尔神庙的祭司写给宁吉尔苏神庙大祭祀恩嫩塔尔西的信记载，拉格什军队在这一时期曾经遭遇了一支 600 人的埃兰入侵军队，将其中 540 人俘虏并夺回了被他们掠夺的财物。虽然出土档案表明伊南那图姆二世时期的拉格什曾获得军事上的胜利，但伊南那图姆二世在拉格什的历史上却是以昏庸而著称的。根据泥板文书记载，伊南那图姆二世完全无力控制国家，在其统治期间，拉格什混乱四起，各种社会矛盾开始全面激化，拉格什由此开始走向衰败。伊南那图姆二世继位仅仅 4 年，大权就旁落一边，而夺取王位的就是上文提到的大祭祀恩嫩塔尔西。乌尔南赛家族的统治自此终结。

恩嫩塔尔西虽然篡夺了乌尔南赛家族的统治，但也无力改变国家衰败的局面。在这一时期，拉格什的社会矛盾变得十分尖锐。20 世纪出土的大量拉格什档案，向我们完整地展现了这一点。

大约是汲取了伊南那图姆二世和恩嫩塔尔西无力控制局势的教训，恩嫩塔尔西的儿子卢伽尔兰达继位后，执行了一套十分严厉的政治路线，他力行专制，实行高压统治，试图控制局面。他与祭司阶层完全决裂，将大量神庙财产收归王

室并对神庙征收重税。同时他又不断压榨下层群众，试图增强国家的军政控制能力。这不但不能挽救国家日益衰败的局面，反而致使社会矛盾更加剧烈，因此仅仅 6 年之后王位便被贵族乌鲁卡基那攫取。

乌鲁卡基那并非是国王的后裔，可能仅仅是个小贵族的后代。等到乌鲁卡基夺取权力的时候，拉格什国内的局势已经相当严峻了。在出土的泥板文书里，我们可以见到乌鲁卡基时期人们对前任国王的激烈指责，这很大程度上代表了拉格什人民的呼声。因此，乌鲁卡基那在夺取权力之后进行了一系列改革。泥板文书记述下了这场发生在大约 4370 多年前的改革，乌鲁卡基那改革由此被称为人类历史上第一场政治改革，乌鲁卡基那也被称为人类历史上第一位改革家。

乌鲁卡基那的改革是一场全方位的妥协，其改革内容主要有：

1. 废除全国各地的监督和税吏；

2. 减轻死者家属所付的殡葬费；

3. 保护普通士兵的财富；

4. 恢复神庙财产并废除神庙的纳税义务；

5. 禁止以人身保证作为借贷条件；

6. 禁止贵族用贱价强买平民的房屋、牲畜；

7. 禁止侵犯别人的住宅；

8. 禁止劫掠、残杀、暴利和欺凌孤寡等等。

乌鲁卡基那改革一定程度上打击了贵族的势力，恢复了祭司阶层的权力，满足了平民的某些要求，保障了公民的一些基本权益。通过泥板文书，我们还知道拉格什的公民人数在改革中增加了10倍，达到3.6万人，各阶层地位也有所改变。但改革并没有从根本上解决矛盾，"咸于维新"的结果只能使失去利益的武士、贵族阶层怀恨在心。一场突如其来的战争打破了一切。乌鲁卡基那执政第四年，卢加尔扎克西的温马大军气势汹汹地杀来，乌鲁卡基那的军队很快战败。

卢加尔扎克西，温马的前祭司布布的儿子。他和拉格什的同行恩嫩塔尔西一样，篡夺了温马的权力。两件事情发生的时间如此接近，以至于我们有理由相信，类似的事情可能常发生在同时代的苏美尔地区——这是一个巨变的时期，是大洗牌的前夜，是风起云涌、群雄逐鹿的时代。

比起拉格什无能的同行，卢加尔扎克西显然要成功得多，他不但控制了局面，而且为温马注入了一股新的力量。很快，我们就会看到，这股力量将横扫整个旧的苏美尔世界。

卢加尔扎克西的征服之旅就是从拉格什开始的。拉格什与温马的百年争斗终于迎来了终结。

这次战争并不激烈。矛盾交织且困于改革的拉格什最终被击败，首都拉格什城也被温马军队攻克。当然，拉格什毕竟是大国，并没有就此灭亡，乌鲁卡基那退守宗教首都吉尔苏。大国拉格什暂时结束，拉格什第一王朝就此终结。在这个过程中，温马军队可能凶残地对待了世仇拉格什的人民，4300多年后，我们还能在拉格什的铭文中看到这样的控诉："温马（的卢加尔扎克西），他毁灭了拉格什城，对宁吉尔苏神犯下了罪。他触犯了神的手，他要砍断它！吉尔苏之王乌鲁卡基那没有罪过。至于温马之王卢加尔扎克西，愿女神把他的罪挂在脖子上！"

击溃了拉格什后，卢加尔扎克西的军队开始势不可挡地横扫苏美尔地区。下一个沦为牺牲品的是传统大国乌鲁克。

乌鲁克，在《旧约》中的名字叫"埃雷克"。20世纪初，德国的考古学家开启尘封在地下数千年的乌鲁克城时，被其宏伟深深震撼了。由传奇国王吉尔伽美什修筑的城墙周长超过8公里；献给天空之神的著名"白庙"筑在平地垒起的高达十几米的人造土山上，向着天空伸展，仿佛是连接尘世与天堂的梯子。在4000多年前一望无际的美索不达米亚南部大平原上，"白庙"仿佛从天而降的奇迹。

显然，卢加尔扎克西也被震撼了。攻下乌鲁克后，卢加尔扎克西迁都到了这里，温马之王变成了乌鲁克之王。因此，在《苏美尔王表》中，卢加尔扎克西建立的霸权不叫"温马第一王朝"，而叫"乌鲁克第三王朝"。

在接下来的时间里，卢加尔扎克西继续东征西讨，另一个苏美尔传统强国乌尔也被击败。乌尔、埃利都、尼普尔……一座又一座城市相继被攻克，一个又一个城邦或投降，或归顺于卢加尔扎克西的同盟。乌鲁克第三王朝已经不再像《苏美尔王表》记述的那些古代王朝仅是个松散的霸权联盟，它越来越向着一个统一的国家发展。

在这个过程中，卢加尔扎克西的心情怎么样呢？是什么力量驱使他不断前进与征服？权力的野心，还是财富的欲望？也许都有，但绝不是全部。因为我们在本小节开头看到：公元前 24 世纪的某一天，在尼普尔的卢加尔扎克西曾虔诚地祈祷和平与公正。

根据在尼普尔发掘的泥板文书，我们得知卢加尔扎克西此时已被称为统治了自"下海"至"上海"所有国家的"苏美尔之王"。苏美尔人以南为下，"下海"是指波斯湾，至于"上海"，目前还有争议，可能是指地中海，也可能是指黑海。虽然也许仅仅是某一次冒险般的远征，但卢加尔扎克西的军队显然已经到达了叙利亚或者安纳托利亚，看到了西亚大陆的海岸线——在苏美尔人眼里，这无疑是世界的尽头。

走到这一步，卢加尔扎克用了 25 年的时间。公元前 2335 年，温马和乌鲁克之王卢加尔扎克走到了事业的巅峰，距离他"统一苏美尔，建立一个公正安宁的世界"的愿望，仅仅只有一部之遥。

而恰恰是这一步，让乌鲁克第三王朝创立者的这则用楔形文字记载的祈祷变得沉甸甸。几千年后，美国的考古工作者在书里这样说道："命运的沉重。"

回到北方，基什。

根据出土文献，我们得知当时的基什城正笼罩在一片恐慌中。传言，国王乌尔扎巴巴得罪了众神，已被众神抛弃，灾难即将降临到基什。这个传言可能是野心家制造的谣言，也可能是基什人民处于激烈的社会矛盾而散播的，更可能是因为卢加尔扎克西击败并重创了乌尔扎巴巴。众神不再青睐乌尔扎巴巴，在一片混乱中，一个叫"萨尔贡"（Sargon）的传奇武士取代了乌尔扎巴巴，就像卢加尔扎克西夺取温马一样，他攫取了基什。

最终，基什遇上不断扩张的乌鲁克第三王朝，战斗爆发。

五 萨尔贡的丰碑

萨尔贡，阿卡德语作"Šarru-kīnu"，音译是"沙鲁金"，"萨尔贡"乃是其希伯来语的转写，意思是"正统的王"或者"真正的王"。在美索不达米亚历史上，有过三位萨尔贡，一位是《旧约·以赛亚书》中提到的亚述王萨尔贡二世，因为《旧约》而被世人熟知；一位是曾被认为并不存在的亚述国王萨尔贡一世，因为考古发现重建天日；还有一位就是本文提到的阿卡德的萨尔贡，他的名字随着苏美尔文明的湮

阿卡德文字是一种半音节半表意的文字，它直接借用一部分苏美尔文字，作为表意符号使用，并保留一部分苏美尔文字的音节，用于表达阿卡德语的发音，更在此基础上拆出一部分苏美尔文字的偏旁部首，用以拼写阿卡德语独有的音节。所以这是一种以音节符拼写语音，借用外族字符指示母语的混用文字。现今出土最早的阿卡德语铭文为公元前2450年左右所写，阿卡德语和阿卡德文最终取代了苏美尔语言和苏美尔文字，成为中东地区的标准语言。此后2000多年，古巴比伦人、亚述人均使用阿卡德语和阿卡德文字，直到被另一波迁入的闪米特人——阿拉米人的阿拉米语所取代。

灭而遗留在历史的长河里，直到20世纪才因考古工作而被世人所知。

萨尔贡是阿卡德人。阿卡德人是闪米特人的一个分支，与如今的阿拉伯人同源，起源于今天的阿拉伯半岛和叙利亚沙漠。大约在公元前3000年，阿卡德人结束了游牧生活，开始迁入苏美尔北部，并在那定居。他们是第一波从阿拉伯沙漠进入美索不达米亚地区的闪米特人。在此后的数千年里，还有好几波这样的种族迁徙冲刷和改写着美索不达米亚地区的语言和民族分布。

阿卡德人很早就拥有了高文明，其农业生产技术和城市生活方式已经与苏美尔人完全相同，他们之间仅存在语言和种族上的差别。同时，阿卡德人还在苏美尔人楔形文字的基础上发明了阿卡德文字。

萨尔贡的事迹分散在苏美尔和阿卡德语的文献中，但就像各个文明中上古时期的传说那样，我们很难将他的真实事迹与崇拜者的虚构区分开来。他的声望如此大，影响如此深远，以至他的故事愈发传奇。根据出土的阿卡德泥板文书，我们知道萨尔贡的父亲叫"拉伊布姆"，是一个园丁，居住在幼发拉底河畔的阿扎皮拉努。而在另一份新亚述时代的文献中，萨尔贡的母亲是一个出身低贱的祭司，因为通奸而怀上了萨尔贡。她将这个见不得光的孩子放在芦苇编织的篮子里，并将篮子推进河中。篮子带着小萨尔贡顺流而下，最终被一个叫作"阿卡"的汲水工发现，并将其收养为自己的孩子。一份据说是萨尔贡口述的文献中，记载下了他对自己身世的自述："我的母亲是一位大祭司，但我不知道父

亲是谁。母亲怀了我以后，偷偷将我生下。她把我放入灯心草编织的篮子里，用沥青封盖，随后把我抛入河中，但河水并未将我淹没。"

站在后人的角度看，这个故事显然是《旧约》里摩西故事的初始版本，萨尔贡就是摩西的原型。根据文献记载，萨尔贡长大后成了国王的端杯人，得以进入宫廷和城邦的上流社会。随着岁月的变迁，部分泥板文书已经残缺散失，因此我们无从知道汲水工的养子、"身份低下"的女祭司私生子怎样成长为内廷近臣，年少的萨尔贡经历了怎样的艰辛和奇遇，甚至连萨尔贡真正的名字也一无所知。

这个任命萨尔贡作为端杯人的国王，正是基什第四王朝最后一个国王乌尔扎巴巴，他是基什第三王朝创建者库格巴巴女王的后裔。

根据出土泥板文书的记载，萨尔贡作为乌尔扎巴巴国王的端杯人深受国王信任。但有一天，乌尔扎巴巴国王做了一个噩梦，梦见萨尔贡受到了女神伊什塔尔的恩典，而自己却将被溺死，感到十分恐惧。于是，他把萨尔贡召唤到内室，打算让锻造师拔利斯梯卡将其杀死。就在萨尔贡推门的时候，女神及时现身，告诉他将有血光之灾，萨尔贡才得以及时脱身。见此方法不成，乌尔扎巴巴更加害怕，于是想了另一个办法。他命令萨尔贡作为基什的信使，送信给乌鲁克的卢加尔扎克西国王，信中的内容是请求卢加尔扎克西杀死萨尔贡。出土的泥板文书到这就散失了。我们不知道后

来发生了什么，也不清楚乌尔扎巴巴国王为什么只能借别人之手处死萨尔贡。对于这点，有学者认为，端杯人其实是个官职名称，可能不是国王餐桌旁的仆人，而是距王权很近的高级行政官员。透过泥板文书里笼罩在神话与传说中的文字，真实的历史也许是：在这之前，作为权臣的萨尔贡已经通过某些途径和方法掌握了基什的军政大权，架空了乌尔扎巴巴。乌尔扎巴巴的所作所为，分明就是典型的傀儡君王对付权臣的手段。当然，因为没有记载，后面的曲折我们自然无从知晓。我们只知道萨尔贡最后夺取了乌尔扎巴巴的王位。

作为基什新统治者的萨尔贡抬头眺望，将目光投向了南方，与"统治下海至上海所有国家的苏美尔之王卢加尔扎克西"目光相对，决定美索不达米亚历史的碰撞发生了。

对于这场决战，后世的学者有多种说法。一种观点认为，萨尔贡采取了一种大胆的策略：他以闪电战的战术，趁着庞大的乌鲁克第三王朝还没来得及动员，便以高机动性的战车部队为核心组成突击部队，消灭了乌鲁克城的军队，摧毁了乌鲁克的城防，一举完成了斩首行动。另一种主流观点认为，卢加尔扎克西组织起了强大的军队，这支军队由50个苏美尔城邦的大军组成，但萨尔贡以闪电战的战术打垮了庞大但人员混杂的卢加尔扎克西军队，彻底将其击溃。之后，萨尔贡通过攻城战攻破了乌鲁克的城墙。无论哪一种说法，对战役结果的叙述都是一样的。

一份出土自尼普尔的铭文记述了这场战役的结局："阿卡德国家的君王萨尔贡……他与乌鲁克的国王卢加尔扎克西作战，他战胜并俘虏了卢加尔扎克西，为其套上了颈枷，然后将其带往尼普尔。"

卢加尔扎克西的野心、卢加尔扎克西的祈祷、卢加尔扎克西的梦想和卢加尔扎克西的愿望，在像狗一样带往圣城尼普尔后破灭了。温马与卢加尔扎克西的故事到此落下帷幕。关于卢加尔扎克西接下来的命运，有多种说法，一种认为卢加尔扎克西成为祭品，被献祭给了神灵。另一种说法则相对温和一些，认为卢加尔扎克西成为囚禁在圣城的特殊囚犯，在牢狱中度过了余生。

打败了卢加尔扎克西后，萨尔贡为了彻底征服乌鲁克，下令摧毁乌鲁克的城防。那道传说中由半神吉尔伽美什修筑的，被苏美尔史诗传唱与颂扬、视为牢不可破的乌鲁克城墙被推倒了。征服乌鲁克后，萨尔贡又对卢加尔扎克西统辖的其余地区发动了猛烈进攻，敢于抵抗的城市都遭到了

无情的打击。尼普尔的铭文这样记述了萨尔贡的征服历程："（萨尔贡）将乌尔城变成废墟，摧毁了它的城墙。他与乌尔人作战，粉碎了他们的军队，征服了他们。"

这场征服如同洪水一样势不可挡，温马和拉格什等大城市也先后被打败。萨尔贡"拆毁了他们的城墙"。据铭文记载，征服了最后一个抵抗的城市拉格什后，萨尔贡带领帮助他赢得辉煌胜利的军队从拉格什出发，行军500里抵达波斯湾，让士兵用海水洗刷他们的武器。萨尔贡的大军从苏美尔的北部出征，高奏凯歌，横扫了整个苏美尔地区，最后在苏美尔世界的最南端，站在被世人认为世界尽头的地方，宣布他是苏美尔世界最终的、唯一的主宰。

完成征服后，萨尔贡回到了北方。经过尼普尔的时候，他在恩利尔的神殿里竖起石碑与雕像，用石刻铭文记下了他的功业与成就，并向神灵恳求，希望他的功业和他的帝国被永远铭记。他在石碑上刻下了这样的祈祷与诅咒："无论是谁毁掉了这片铭文，愿天空之神使他的名字永远消失，愿恩利尔断绝他的子孙！"

几千年后，一切都荡然无存，面对漫漫沙丘，我们不知道是谁毁掉了尼普尔的萨尔贡雕像与石碑。我们只知道萨尔贡的诅咒印证在了他自己身上，他的事业和他的名字曾一度被历史的风沙掩埋。侥幸的是，一位不知名的苏美尔抄写员一字不漏地抄下了石碑上的内容，而易碎的泥板却有幸躲

本页_萨尔贡的阿卡德王国与卢加尔扎克西的乌鲁克第三王朝形势图。左上角的小块绿色为萨尔贡，橙色为卢加尔扎克西，黄色为埃兰。可以看出，卢加尔扎克西此时基本统一了苏美尔。

过 4000 多年的桑田沧海，最终在 19 世纪的考古挖掘中重见天日。坚不可摧的大理石石碑消失了，脆弱不堪的泥板却保存下了萨尔贡的愿望，这不能不说是时间与历史对渺小人类的讽刺——不管多么强大的人类，不管多么辉煌的、坚不可摧的功绩，总将被时间之河冲刷得无影无踪。正如英国诗人吉普林诗里所写的那样：

我们的海军越走越远，

终于消失不见，

火焰在沙丘和海角沉没，

看，我们昨日的荣光，

不过是和尼尼微和泰尔一样。

1897 年的不列颠帝国是这般，4000 多年前的萨尔贡帝国也是这般。

不列颠帝国的荣光建立在不列颠荣耀海军上，而萨尔贡帝国的荣光则建立在前无古人的陆军上。萨尔贡成功的秘诀，战胜卢加尔扎克西的根本秘密，就在于他对军队的改革——他建立了人类历史上第一支职业化常备军。

自非洲大草原上类人猿用骨头敲碎其他类人猿的脑袋起，人与人之间的战斗与搏杀就从来没有停止过。从类人猿进化成人类，从氏族发展出部落，从酋邦壮大成城邦，战争始终是男性成员的共同责任。根据出土的泥板文书，我们能从财产权这方面，大致了解到当时苏美尔城邦的动员模式。苏美尔城邦通行的权利与义务的制度规定，城邦所有体魄健全的男子都有参军的义务。城邦的成员平时从事生产，当战争爆发的时候，经过公民大会或者贵族头人动员参战。他们或自备武器，或从城邦的武库领取武器，跟着酋长、贵族披挂上阵。等分出胜负后，他们又各自回家，重新变为农民、泥瓦匠、木匠或者牧人，这是萨尔贡统治前所有城邦共同的战争模式。而萨尔贡的秘诀，则是他专门组建了完全脱产的常备武装力量，时刻武装，无需动员，随时可以投入战争。在一篇铭文中，萨尔贡用自豪的语气这样叙述了这支骄傲的军队："每天太阳升起的时候，都有 5400 名全副武装的战士在我萨尔贡面前吃面包。"根据出土的萨尔贡王朝时期的浮雕，我们可以大致了解到这支军队的组成：这支部队包括多个兵种，有使用弓箭的轻装快速战车部队——萨尔贡的创造，在这之前，弓箭在苏美尔世界主要用于打猎；还有装备重型战车的突击部队和各种初见雏形的攻城武器；当然，还有手持剑盾的步兵部队。

从装备和浮雕反映的战术风格来看，萨尔贡的军队强调灵活的远程攻击能力与高速的机动能力。尤其是弓箭与战车的结合，再加上常备军在动员速度上的优势，使得其军队在持续作战和进攻范围方面明显比对手占优势。萨尔贡由此得以充分发挥自己精锐部队的突击力量，击破打垮了比自己强大很多倍的卢加尔扎克西和其他苏美尔城邦。从此，苏美尔城邦时代一去不返，常备军与帝国的时代来临了。

统一整个苏美尔世界后，萨尔贡营建了他的新首都——阿加德城（又称"阿卡德城"）。这是一座新建的城市，萨尔贡在那里统治着他的帝国。他以新建不属于任何旧城邦的新首都为突破口，打破了苏美尔世界根深蒂固的城邦体系，将苏美尔人和阿卡德人融为一个整体。萨尔贡的政治手段和他的军事手段一样出色。作为一个优秀的政治家，他采取两步走的办法分离了各城邦的军事权和民政权。一方面，他尽量不触动原有秩序，让被征服城邦原有的统治者继续管理民政；另一方面，他在各地派遣直属于他的军队负责卫戍，并在此基础上派遣总督作为最高监护者，监督当地统治者的统治，确保他们忠于帝国，听从中央的号令。

在接下来的岁月里，萨尔贡大帝继续他势不可挡的征服，向周边的文明世界东征西讨。他一路向北，沿着底格里斯河征战，夺取了图图尔城。在那里，20世纪的考古学家发现了萨尔贡的铭文，他这样记述了自己的征途："萨尔贡匍匐在达迦神跟前祈祷，达迦慷慨地将北方赐给了他——从马里、伊阿穆图、埃勃拉一直到雪松林与银山。"马里是如今叙利亚东部闪米特人的一座城市，埃勃拉是叙利亚沙漠里著名的古城，雪松林是如今的黎巴嫩，银山据信是指托罗斯山脉，在古代的美索不达米亚，绝大多数白银都出自这里。这里是苏美尔世界往西和往北所知道的文明世界的尽头。

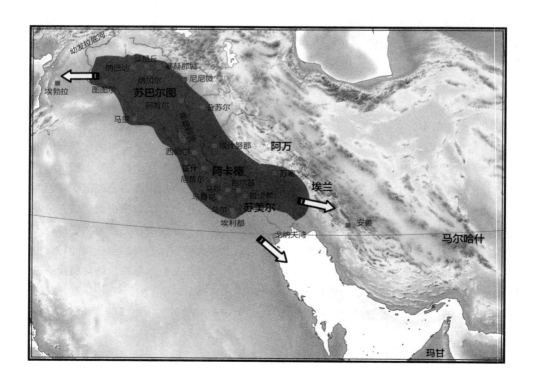

本页_阿卡德帝国的扩张。灰色为帝国的核心部分，蓝色和绿色为不同时期帝国征服的版图。

看到托罗斯山脉白雪皑皑的山头，踏着黎巴嫩浩瀚的雪松林，萨尔贡的兵车转辕向东，开始向苏美尔的世仇埃兰发动进攻。在东征的途中，萨尔贡彻底击溃了埃兰各城邦的联军，第一次真正征服了埃兰，并将埃兰人的首城苏萨变成了帝国的一个基地。

赢得这些胜利后的萨尔贡，成了古代第一个帝国的建立者。虽然800多年前，在西奈沙漠的另一边，美尼斯已经征服埃及各国，建立了埃及第一王朝，但埃及早期王朝与埃及古王国的征服始终没有超出埃及世界，仅仅是完成了埃及的统一。萨尔贡的帝国不但征服了整个苏美尔，还囊括了埃兰、亚述、埃勃拉、马里等当时西亚所知道的各个民族。萨尔贡的脚步甚至跨出了西亚，根据萨尔贡在铭文里的自述："（萨尔贡）使来自梅露哈、马干和迪勒蒙的船只靠泊在阿卡德的码头。"据考证，梅露哈是印度河河谷，如今的巴基斯坦西部地区。马干指如今的阿曼，迪勒蒙是巴林。根据一些传说，萨尔贡的帝国还深入了安纳托利亚和地中海，在安纳托利亚中部、克里特岛以及一个目前还没有考证出具体位置的叫"锡国"的地方都驻有军队——这是一个真正辽阔的多民族帝国。

作为人类历史上第一个帝国事业的开创者，萨尔贡用战车和弓箭粉碎了诸民族的抵抗，然后用高超的政治手腕治理各个民族。阿卡德人是帝国的统治者，苏美尔人则是帝国的中心组成部分。萨尔贡采取各种手段融合两个民族的宗教结构，并将

自己的权力融进这个整体。他将"太阳神安努选定的祭司"、"恩利尔伟大的统治者"作为自己的头衔，这是苏美尔城邦的国王们自古以来就使用的称号。当然，肯定也少不了"基什之王"这个代表正统的头衔。他还用苏美尔人名字——恩希杜安娜给女儿起名，并任命她为苏美尔南部大城市乌尔的月神大祭司。

根据苏美尔时代乌尔的习俗，乌尔国王得将长女立为大祭司。萨尔贡此举，显然是尊重和延续乌尔统治者的传统。阿卡德的恩希杜安娜公主极其熟悉苏美尔文化，她可以使用无可挑剔的苏美尔语创作诗篇。萨尔贡显然希望通过这种手段，拉近自己、阿卡德人与苏美尔人的距离，希望借此赢得苏美尔人对自己家族的亲近与认同。根据现有资料我们可以知道，恩希杜安娜公主至少为38座城市的守护神创造过42首圣歌，由此她也成为历史上第一位知名诗人。除此以外，她还是一位

优秀的政治家，除担任祭司外，她还作为大臣帮助父亲处理国家的经济事务，管理渔业与农业生产。恩希杜安娜出任女祭司和高级官员一直到萨尔贡的孙子、她的侄子——萨尔贡帝国第四任国王纳拉姆辛统治时期。在漫长的政治与宗教事务中，恩希杜安娜功勋卓著，德高望重，最后以崇高的王室礼仪安葬。根据讼诗中的描述，其陪葬品包括"哀悼的竖琴"，乌尔王室墓葬的考古证实了这一点。

六 《阿加德的诅咒》

阿卡德帝国的崩溃是个漫长的过程。作为历史上第一个帝国，萨尔贡一世历史性地开创了统治多元大帝国的方式，在政治、经济、文化、军事等方面试图超越城邦与部落、神灵与民族之间的区别与隔阂。他取得了成功，但和所有初代事业的开创者一样，他的事业从来没有，也不可能取得真正的成功。他开创了一种体制，但自己的帝国却最终被这种尝试所埋葬。

从现存的考古资料来看，困扰阿卡德帝国统治的第一个问题是民族问题。这是个无解的死穴。古老而骄傲的苏美尔人虽然已经趋向没落和衰败，但异族的征服唤醒了他们的骄傲。实际上，帝国的巩固首先在于萨尔贡本人的寿命。与嬴政和杨坚不同，萨尔贡在位时间长达半个多世纪。他本人漫长的统治足以威慑殊俗，但他刚一去世，整个帝国就爆发了此起彼伏的起义。乌尔、拉格什等纷纷打出独立旗号，其情景不得不使人联想到秦始皇去世后六国纷起的局面。萨尔贡大帝的儿子瑞穆什在位9年，几乎把精力都花在了平叛上，但他最终还是死于非命。根据史料记载，他"被其仆用泥板文书杀死"。这一引文显然是虚指，古老的记述采用了文学的笔法，给后人留下无尽争议。一种说法认为是文臣用他们夹印章的长别针刺死了他。另一种说法认为，他的政治生命是被政治或者文化手段谋杀的。最终，他的弟弟玛尼什图苏继承了王位，但玛尼什图苏并未稳定局势，反而身死人手，"被其宫殿杀死"——可能指宫廷政变。到这一刻，萨尔贡帝国已经风雨飘摇，和秦王子婴继位时的秦国恐怕没多少区别。

改变阿卡德帝国命运的是继承者纳拉姆辛，他是萨尔贡的孙子，是阿卡德帝国仅次于萨尔贡的伟大君主和征服者。在他继位之初，帝国内乱不断，看似朝不保夕。但在他统治的36年里，他先用铁血手段镇压叛乱，逐一平定苏美尔各国，重新树立了中央权威。接着，他在中兴帝国的基础上，开始了新一轮扩张，将脱离帝国的周边各民族重新纳入帝国的版图，甚至扩大到更大的范围——在库尔德斯坦和土耳其东南部发现的雕塑，见证了纳拉姆辛的功绩。

除了武功，纳拉姆辛的文治也极其成功。他完善了祖父的中央集权，通过将自己神化为神的办法，进一步加强了中央权威。他自称"神纳拉姆辛，伟大的人，阿卡德之神，四面八方的君王"，因此他的名字后面跟着代表神的符号。根据古老的苏美尔传统，神是城邦的保护者和统治者，代表了城邦的最高主权。纳拉姆辛将自己上升为神，打破了传统，巩固了他高于城邦之上的中央之神的形象。

这是阿卡德帝国的全盛时代。苏美尔史诗《阿加德的诅咒》记述了这个时代的全盛和它最终的崩溃。

史诗开篇描述了一片繁荣昌盛的盛世景象，阿加德城富有，人民过着富足、和平的生活。世界的绝大部分地区都在它的统治之下，人们纷纷将自己的物产运到这里。然而，国王纳拉姆辛得罪了神恩利尔，灾难接踵而至。国王在镇压尼普尔叛乱的时候纵兵劫掠了恩利尔的圣区埃库尔，毁掉了它的圣林，直到"神庙像一位年轻人一样死去，卧倒在地"。纳拉姆辛的罪行罄竹难书，他在"禁伐木之门"砍伐树木，他的军队拆毁"和平之门"，还恬不知耻地将掠夺的财物运往首都。

"阿加德由明智变得愚蠢"，恩利尔由此报复，他在"山上放出一个无法无天的民族"，直到"他们像蝗虫一样遍布大地"。紧接着，饥荒降临了。帝国内盗匪四起，"信使无法赶路，航海者无法行船"。为平息恩利尔的怒火，一群级别较低的神灵对阿加德发出了诅咒："阿加德呀，尔居然敢袭击埃库尔，藐视恩利尔，愿你的树林堆积如尘土，愿你屠宰自己的孩子而不是羔羊；愿你的人民被迫淹死自己心爱的孩子。阿加德，你那欢乐中建成的宫殿，将沉沦为凄凉的废墟。"最终，这些诅咒一一应验，阿加德最终化为废墟。

史诗是艺术加工过的历史，《阿加德的诅咒》实际上将纳拉姆辛和阿卡德帝国最后几个国王的历史糅合到了一起。穿越文学夸张的笔调，传说与神话的迷雾，我们看到的是这么一幅场景：纳拉姆辛尽管雄才大略，战无不胜，但他和他的阿卡德帝国，始终没能得到苏美尔人的真正认可。正如他祖父采用怀柔手法没能实现民族融合一样，他的强力手腕也没能实现，只暂时压制了矛盾。最终，忍无可忍的苏美尔人愤怒了，纳拉姆辛"得罪了"苏美尔人的主神恩利尔。史诗中尼普尔的平叛应当是历史事实，而恩利尔和诸神的怒火与诅咒，恐怕是苏美尔民族情绪的折射与化身。纳拉姆辛在苏美尔人的心目中声名狼藉，由此他也得到了这么一个称号——"被泥板杀死的人"。

纳拉姆辛统治了 36 年，他去世后，其儿子沙尔卡利沙利继续统治了 25 年。这是个内忧外患、矛盾激化的 25 年。正如《阿加德的诅咒》里所希冀的那样，札格罗斯山脉中部的古提人开始大举侵袭美索不达米亚，四处劫掠，大片国土沦陷。这是美索不达米亚有史以来第一次被野蛮人入侵。在这个时期，伊朗西部的卢卢比人、叙利亚北部的胡里安人也入侵了帝国。在这一波又一波的入侵浪潮中，有一支闪米特民族的身影尤其值得注意，他们就是亚摩利人。200多年后，他们中的一支建了一个新帝国，我们把它叫作"巴比伦"。

沙尔卡利沙利统治后期，阿卡德帝国已经一片混乱。他去世后，帝国实际上已经崩溃。美索不达米亚到处都处于无政府状态。这是一个混乱的时期，《苏美尔王表》用这样的笔调哀叹道："谁是国王？谁不是国王？谁不是国王？谁才是国王！"这是一个崩溃的时代，一个动荡的时代。

在苏美尔南部，各城邦已经陷入独立的状态，只能依靠自身的力量保卫自己。其中，最强大的城邦是乌鲁克。在乌尔宁格统治下的乌鲁克很快就成为苏美尔地区中南部最强大的城邦，并迅速建立起霸权，成为实际的统治者。《苏美尔王表》将其称为"乌鲁克第四王朝"。

在苏美尔北部，两河的中游地段，阿卡德帝国的残余势力依旧存在，当然，此时此刻的阿卡德，恐怕已经不能称之为帝国了。短短三年换了四个君王后，一个叫"杜度"的贵族掌握了阿卡德，并在四方的进攻下维持着统治。这个版图缩水了的阿卡德王朝与乌鲁克第四王朝一南一北并列存在。阿卡德王朝经历了两代君王后，被古提人攻破。随着古提人攻克阿卡德城，彻底灭亡了阿卡德王朝，南部的乌鲁克第四王朝就成了抵抗古提人入侵的最后力量。乌鲁克第四王朝共历经五朝，前后约50年，最终还是没能逃脱被古提人灭亡的命运。于是，整个美索不达米亚彻底沦陷在古提人之手。

不同于已经高度文明的阿卡德人，来自伊朗山区的古提人是彻头彻尾的野蛮部落。他们既没有文字，也没有国家，更谈不上什么有效统治。因此《苏美尔王表》中古提人的国王数量相当多，但统治时间短暂，往往只有几年，可见统治十分混乱。恐怕他们根本不是苏美尔人理解的国王，仅仅是部落联盟的酋长而已。而且根据考古我们可以发现，古提人实际上根本没有，也没打算在美索不达米亚建立起真正的统治，而是以劫掠主要目的。

各城邦在这段时间仍然各自为政，但也不得不应付不知何时会降临的古提人的烧杀劫掠。当然，黑暗的日子也不是全无希望。由于古提人根本不知道统治为何物，一些城邦反而能够以独立状态取得新的发展，比如拉格什。拉格什最著名的国王"古地亚"（意思是被神召唤的统治者），重建了当年被卢加尔扎克西摧毁的拉

本页_纳拉姆辛石板，描述了纳拉姆辛一生的赫赫战功。

格什城，修整了荒废破败的吉尔苏城，并在一定程度上遏制了古提人，赢得了真正的独立——只知道劫掠的古提人也不在乎这些。这段时期的拉格什，留下了许多精美的雕像，这些雕像是用闪长岩雕刻的，黝黑、坚硬，在黑暗中能闪闪发光。

七 乌尔的挽歌

1922年，当大英博物馆和宾夕法尼亚大学博物馆联合科考队的负责人吴雷爵士在伊拉克巴士拉省到首都巴格达之间的一个小站下车时，他看到的是一片荒芜的土地。最近的居民点藏在地平线以下，一眼看去，除了身后的车站和延伸的铁轨，了无人类存在的痕迹，只有几座零星的土墩孤零零地坐落在西面的土地上。其中，最好的一座因为表面布满了沥青而被称为"沥青土墩"。后来，吴雷爵士意识到，他此刻所在的犹如洪荒时代的这片土地，便是4000年前这个星球上最繁荣的城市——乌尔。

如果以中国的历史来给纳拉姆辛之后的美索不达米亚打比方，那么北方的阿卡德王国就是金国——一个异族建立的文明国家，南部的乌鲁克第四王朝便是南宋。而古提人无疑就是蒙古人，古提王朝便是蒙元，而蒙元之后，自然是明朝。

苏美尔的"朱元璋"叫作乌图希加尔。他大约在公元前2120年左右在位，生卒不详，是乌鲁克的国王。在乌鲁克第四王

本页_乌尔复原图

朝灭亡于古提人之手后，古老而骄傲的乌鲁克人从来没有放弃希望。在这段日子里，他们一边与掠夺者苦苦周旋，一边不断积攒自己的力量。到乌图希加尔统治时，乌鲁克已经具有了强大的力量，并再次成为苏美尔南部的领导者，这让他能够向乌尔委派总督。他将亲信乌尔纳姆任命为乌尔城的总督。在整合完各方力量后，乌图希加尔发动了北伐。这次北伐的具体过程我们已经无从知晓，只知道这是一次伟大的胜利。乌图希加尔的大军从苏美尔南部出发，彻底赶走了古提人，进而直捣古提人的老巢。一首史诗这样描述道："这位国王的命令无人能反对。""主神恩利尔委派他去摧毁山上的蛇蝎——古提人和他们的家乡。"苏美尔军队俘虏了古提人的君主梯里根，乌图希加尔"一脚踩住梯里根的脖子"，"使王位和荣耀复归苏美尔"。

苏美尔民族经过近2个世纪的异族统治后，最终获得了复兴。《苏美尔王表》中将乌图希加尔的王朝称为"乌鲁克第五王朝"。乌图希加尔在赶走古提人，赢得辉煌胜利后很快就去世了。乌图希加尔的死成了千古之谜——他可能是自然死亡，也可能死于阴谋。乌图希加尔死后，公元前2112年，他亲自委任的乌尔总督乌尔纳姆继承了他的王位，以乌尔城为首都，建立了第一个也是最后一个苏美尔统一王朝——乌尔第三王朝。

在亚述学中，乌尔第三王朝有个专有称呼，即"苏美尔的复兴"。早在苏美尔城邦时代末期，随着阿卡德人不断渗透，苏美尔社会的方方面面都受到了阿卡德人的影响。一些学者还认为，阿卡德语早在城邦时代末期，就已经对苏美尔社会产生了深远影响，甚至开始排挤苏美尔语。随着阿卡德帝国的建立，阿卡德语不但在日常用语中取得了地位，更成了行政用语。乌图希加尔驱逐了古提人，乌尔纳姆建立乌尔第三王朝后，苏美尔人重新赢得了失去百年的统治地位。在乌尔纳姆的统治下，苏美尔人开始有意识地光复自己的文化。这一时期，苏美尔文化呈现了最后的辉煌，被考古学界称为"极度繁荣的时期"。苏美尔文明在它的最后阶段，达到了辉煌灿烂的巅峰。

回到1922年，吴雷爵士根据前人的研究成果了解到，在几千年前，乌尔曾经是一座重要的港口，由于幼发拉底河的改道变为内陆城市。吴雷爵士摊开地图，找到了幼发拉底河的位置，然后据此计算出乌尔城的大致方位。他根据自己的推测，募集民工挖了两道深沟。第一道深沟不断推进，但一无所获，在场的所有人都十分沮丧。吴雷爵士并不放弃，他坚信冥冥中有力量在召唤他。他要求再往深处挖，"立刻就挖出了很多物品"。吴雷爵士的发现轰动了世界。

在西方文化中，乌尔城有着特殊的意义。虽然苏美尔文明随着它的灭亡彻底被人遗忘，但乌尔却因《旧约》而蒙上了一层神秘色彩。根据《旧约·创世纪》的记载，犹太人的祖先亚伯拉罕就出生在乌尔，《圣经》里写作"迦勒底人的乌尔"。这里是亚伯拉罕的家乡，虽然亚伯拉罕出生在千年之后，而那时苏美尔人的乌尔已经数次更换了主人。

乌尔也是苏美尔国家最后的首都,苏美尔人文明最后的宝藏。苏美尔文明像一颗星星,在这里炽热,在这里发光,然后陨落、消失,被遗忘。

吴雷爵士在乌尔的挖掘与发现开创了一个新时代,它代表西亚考古由此进入了黄金时代。吴雷爵士挖掘出的诸多文物中,有两块放置是在殉葬者肩膀上的,由青金石、贝壳和红色石灰石组成的画板特别引人瞩目。它们以沥青为胶,蓝色青金石为背景,用贝壳和珍珠母勾勒出人和动物的外形,然后固定在木质结构的画框里。在4000多年的历史长河中,充当画架的殉葬者化为枯骨,木质画框已腐烂,连充当黏合剂的沥青都风化碎裂,只有马赛克状的主画板,历经岁月磨砺,仍然色彩鲜艳,精美绝伦,仿佛昨日。这是目前已知最早的绘画用马赛克作品。

这幅画被称为"乌尔的战旗"。吴雷爵士认为这是乌尔王朝出征用的军旗和标志。这是一幅4000多年前的风俗画,展现了苏美尔时代的军事结构和军队风貌,成为后人了解这个时代军事活动最直接的材料。

画面的正上方是站在最前列,等着接收战俘的国王。战俘全身赤裸,神情沮丧。中间一列是正以密集队形向敌人进军的步兵,他们手持利刃、身披斗篷,斗篷由皮革制成,上面缀有金属圆片。最下一列是手持长矛的战车部队,他们正在向敌军发起冲锋。战车一往无前,车轮下碾压着敌人的尸体。画的背面则是胜利后丰收的景象——国王和武士们正在举行盛宴,侍从送来了山羊、鱼和其他食物。

在苏美尔时代,一支正规军是怎么组成的呢?我们先了解一下他们的装备。首先,苏美尔人很少使用直刃剑,可能是因为冶金技术不过关,也可能是为了方便车战,苏美尔军队装备的剑通常带有镰刀状的刀刃,砍杀是最主要的作战方式。在远程攻击方面,作为狩猎工具的弓箭,越来越多地用于战争,最后成了最为普遍的攻击武器。除此以外,苏美尔军队还装备有长矛、标枪、带石头的钉头锤、带金属刃的战斧以及用于近战的匕首。

除了携带这些武器装备外,苏美尔军

人还穿有盔甲。他们最基本的防具为头盔和盾牌。最早期的头盔往往由毛毡或者皮革做成，到后期开始由锻制的金属打造。一些苏美尔军人还会装备带有系带的靴子为足部提供防护。在苏美尔时代，军人的护甲比较简陋，通常是斗篷，由亚麻或者皮革制成，上面缝有金属片作为防护。这种护甲按照铁器时代的标准来看不值一提，但在公元前3000年，算得上是能提供有效防护的护具了。

苏美尔时代后期，一项十分重要的军事进步开始出现，那就是复合弓。与用单块木料刻成的简单弓不同，复合弓包含多层材料，它是用木料、骨头、胶还有其他加强物一起粘合而成的。这种弓的合成属性增强了它的拉扯强度，射出去的箭在速度与距离上都会有所增加。根据目前复原的苏美尔时代后期的复合弓测试结果，考古学家普遍相信，这种弓的有效射程能达到90～120米，穿透强度和杀伤力比简单弓大大增加。这种革命性的发明使得弓箭成了一种十分有效的战争武器。有观点认为，复合弓的大规模使用，正是萨尔贡大帝取得成功和阿卡德帝国战无不胜的关键所在。它能够在敌人打击阿卡德军队之前重创敌人。萨尔贡大帝正是凭着这件划时代的装备，战胜了其他方面装备精良的苏美尔军队，建立了庞大的阿卡德帝国。

苏美尔军队早期并没有固定编制，通常由受训的平民组成。当然，此时的城邦普遍较小，也不需要考虑其他方面。不过，随着战争的不断扩大，苏美尔诸城邦也渐渐形成了一种相对固定的战术——普遍采用以"队"为最小单位的编制管理士兵。队的人数在不同的城邦各不相同。根据出土的文献记载，随着战争日趋激烈，全队只剩下个别士兵或者全军覆没的情况经常发生。

萨尔贡大帝时期，阿卡德帝国组建了苏美尔历史上第一支常备军，据信人数至少在5400人以上。他们整齐划一地接受萨尔贡大帝的指挥。这也是人类历史上最早的常备军。

历史上第一支专业军事队伍的建立者则是乌尔纳姆的儿子舒尔吉，乌尔第三王朝除乌尔纳姆外最有作为的这位国王改革了帝国的军事体制，将军队进一步专业化、标准化，使其成为强有力的战争机器。凭着这支军队，苏美尔人在军事上爆发出了极强的力量，不断开疆拓土，使苏美尔人统治的土地达到了极致。

在苏美尔人早期的军队中，兵种划分并不明显，但随着军队的常备化和专业化，在较为发达的国家，当然也包括阿卡德帝国和乌尔第三王朝这样的大一统帝国，渐渐分化出了使用重型攻击武器的攻击部队和用于战术调动的轻装辅助部队。苏美尔军队的专业人士包括弓箭手（那个时代的炮兵，萨尔贡大帝就是使用弓箭的专家）以及坑道工兵。通过坑道作业破坏敌方的防御工事，是苏美尔时代攻城战最常见的战术。

苏美尔国家动员士兵投入战争前，还会雇佣间谍刺探敌方情报，并派遣侦察部队了解前方情况。祭司们则负责宰杀动物并检查其脏器，以此来断定军事行动是否得到了神的支持。"兵者,国之大事,死生之地,存亡之道,不可不察也。"苏美尔人虽然没有读过《孙子兵法》,但他们还是在血淋林的经验教训中掌握了许多兵法常识。

苏美尔人是战车的发明者,也是战车最早的使用者。但此刻马尚未被古印欧人驯化,所以,苏美尔人只能使用其他马科动物来拉战车,通常是西亚当时常见的野驴。车辆最早是作为一种生产工具被发明的,因此苏美尔人的战车与日常的运输用车差别并不是很大。苏美尔的军用车辆分为两种,轻型的两轮战车和重型的四轮战车。有趣的是,与中国春秋时代的战车正好相反,苏美尔人使用轻型的两轮战车作为辅助力量,主要供信使传递军情或者命令,而担任战斗任务的则是四轮的重型战车。由于苏美尔人还没有掌握前轴转向技

术,结实厚重的实心木轮都是安装在固定车轴上的,因此很难转弯。苏美尔人的主力战车十分笨重,牵引的动物行动又相对缓慢且难以驾驭,因此,他们的战车与中国的四马战车或古埃及的单人战车截然不同。它的主要作用是作为配合步兵作战的冲击平台,破坏敌方的步兵阵型。苏美尔重型战车通常由两名成员组成:一名负责驾车,一名手持兵器用于刺杀或者砍杀。

凭借着强大的军队,乌尔第三王朝的建立者乌尔纳姆牢牢地压制住了国内的反对者和境外的野蛮人。乌尔纳姆时期,乌尔城作为首都呈现出一片新的辉煌景象。乌尔纳姆是如此热衷于建设,以至于在这一时期出土的小雕像总是以运送建筑材料的形象出现。吴雷爵士在乌尔挖掘出来的,有 4000 多年历史的地基用砖大部分都盖

本页_苏美尔四轮战车

有他的印章。乌尔纳姆重修了乌尔城的城墙，它气势宏伟，质量非凡，几千年后仍旧让考古学家印象深刻。他还兴修水利，为方便灌溉和交通挖掘了运河；他新建或重新修缮的神庙遍布全国各地，其中就包括尼普尔的埃库尔神庙。这一时期，他在各大城市的神庙里修筑了作为神庙中心的金字塔形神塔。其中最宏伟最庞大，如今仍保存完好的，就是乌尔城内献给月神的大金字神塔。同时，它也是4000多年后，吴雷爵士在荒凉的伊拉克车站上往西眺望时看到的那个荒芜的沥青土墩。

这是乌尔帝国历尽数千年留下的最后痕迹与标识。

乌尔纳姆所做的最后一件大事是整理和重新修订了古老的苏美尔法律，他派人将其整理成册，编成法典。《乌尔纳姆法典》是迄今为止发现的最古老的成文法典，是苏美尔政治、社会发展成果的集大成者。这部法典的全文早已残缺不全，但从尼普尔挖掘出的法典序言中，我们还是能一窥乌尔纳姆编撰法典时的踌躇与雄心："这位伟大的勇士、乌尔的君主、苏美尔和阿卡德的君主乌尔纳姆在这个国度建立起

上_乌尔神庙遗址

下_《乌尔纳姆法典》残卷

了平等的秩序，消除了凌辱、暴力和冲突。孤儿不再交给富人处置，寡妇不再被有钱有势的人欺辱。"

从现存的残卷来看，在苏美尔人的法律中，处罚以赔偿为主，用赔偿白银的方式替代了体罚和简单的复仇。比如甲砍掉了乙一只脚，需要赔偿乙一定数额的白银，被削掉鼻子能得到的赔偿更高。以此类推。

法典的编撰和成文法的确定，反映了乌尔第三王朝的社会发展水平和国家管理水平。大笔货币赔偿的出现，体现了商品经济的繁荣。比起阿卡德帝国，苏美尔人的乌尔第三王朝在国家管理的各个方面都更加成熟。乌尔纳姆实际上创立了一种新

的体制，官僚集团开始变得完善和成熟起来。官僚机器高度集权，分工明确，汇总整理了各种情报——各地的工资水平、物价情况、国家酿酒厂的啤酒浓度。从这点讲，乌尔纳姆不仅仅是苏美尔的"朱元璋"，更是美索不达米亚的"刘邦"。他继承了前辈萨尔贡未成的事业，将其完善，使其真正成熟。乌尔纳姆为未来的美索不达米亚统一国家创造了统治的蓝本和基础。这套制度将被亚摩利人和亚述人继承，被一代代新的民族、新的王朝、新的帝国学习、承袭，直到万王之王居鲁士建起空前庞大的波斯帝国，将其推向最高峰——虽然这已经和苏美尔人毫无关系了。

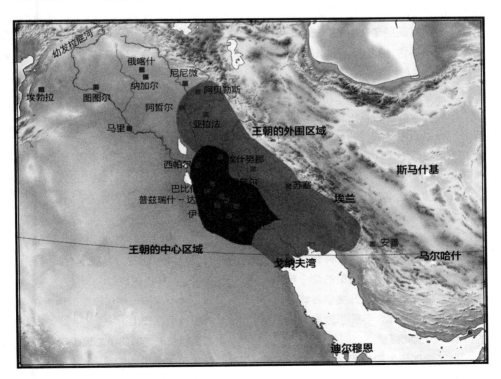

本页_乌尔第三王朝

乌尔纳姆的死亡是壮烈的。他在统治了18年后英勇地战死于一场抗击野蛮人入侵的战斗中。一则已经损坏了的泥板文书记载了乌尔纳姆的退场："他像一艘被捣碎的船只，被遗弃在战场上。"乌尔纳姆在苏美尔无疑是广受爱戴的，他的死令苏美尔人哭泣。根据另一则文书记载，苏美尔人为他创作了一首挽歌，抗议众神的不公，让一个为人民恪尽职守的好国王就这样毁灭。在苏美尔，这样赤裸裸地向众神表达愤怒的情况并不常见。

乌尔纳姆死后，他的儿子舒尔吉开始了长达48年的漫长统治。考古学家发掘出了这一时期极其丰富的档案资料，数量之多，以至于让分析者觉得实在难以招架。这些行政档案涵盖了社会的方方面面，无所不包无所不含，我们看到的是一个高度集权，甚至有极权主义感觉的国家。

也是从舒尔吉开始，国家最终彻底压倒了神庙。国王开始直接控制大量财富，他安排自己的人管理神庙及其财富。他还掌控了各地的手工作坊、纺织厂。政府由此控制了帝国所有部门的产业经济。

在帝国腹地，城市的统治者由原来自治的首领变成了政府委派的总督。他们通常是国王的亲属，与委派的驻军司令一起牢牢地控制着地方的权力，并直接向国王负责。通过这些办法，国王的命令畅通无阻地直达每一个城市，苏美尔各城邦被强力整合为一个整体，苏美尔世界长达千年的自治传统就此终结。

为了管理庞大的帝国，帝国需要吸纳大量专业的行政人员和文案人员。因此，帝国建立了叫"埃杜巴"的教育机构，培养文牍人员与行政官员。甚至舒吉尔国王也在这里受过教育。苏美尔十分重视教育，将阅读视为第二眼睛。一则苏美尔谜语这么写道："未睁开眼睛的人进去，大睁着眼睛的人出来。"其谜底是"埃杜巴"。此时，教育被国家从神庙系统中剥离，独立为世俗掌握的破除愚昧的工具。在埃杜巴，教育的内容包括苏美尔文字、治国方略等，它为帝国的行政、教育、商业系统提供了源源不断的人才。

虽然乌尔第三王朝初步建立起了强有力的统治机器，但站在后世的角度看，这个统治机器还远远谈不上成熟。实际上，要统治这样一个帝国，维持它的高速运转，往往需要统治者有过人的能力和强大的体力。统治者精明强干，帝国则运转顺利，统治者软弱无能，庞大的帝国机器就很可能出现问题。

很幸运的是，舒尔吉就是一个精明能干的人。他不但擅长数学与会计，精通各种文化与技能，还是一个体魄强健、精力过人的武士。根据记载，舒尔吉善于角斗与战斗。他自称曾经单枪匹马同草原上的狮子和巨蛇战斗过，将矛头掷向野兽张开的嘴。他奔跑的速度使他能够追上并捕捉飞奔的瞪羚。一首名为《舒尔吉赞美诗》的苏美尔诗这样描述他：

我是永不疲倦、挟风雄踞的狮王，
衣服被系在腰上，
我像怒蛇掠飞的鸽子急速摆动着双臂，
我像俯视群山的神鹰大步迈开双腿，
然后，一跃而起，

向尼普尔欢欣鼓舞地飞驰。

那天，狂风怒吼，暴雨席卷，

北风和南风互相嘶吼。

闪电带着凄风吞噬了天空，

风暴发出吼声震撼着大地。

风雨雷神在辽阔的苍穹中呼号，

空中乌云慢慢凝聚，

小冰雹和大冰雹噼里啪啦地打在我的背上，

我是王者，没有畏惧，也没有惊恐。

像猎豹一样奔跑，像野驴一样急驰。

我心中充满着喜悦，全速跃进。

在我像一只孤独的公驴一样奔驰时，

当太阳神决定回家时，

我完成了 15 个小时的路程。

（在尼普尔，）我的狮头面具祭司们注视着我，

我向恩利尔和宁利尔举手膜拜。

在尼普尔和乌尔，

在同一天里，

我庆祝他们的节日。

苏美尔文明和乌尔第三王朝在舒尔吉的统治下达到了鼎盛，然后迅速走向衰败——衰败的主要原因不是人祸，而是天灾。在自然的伟力面前，帝王将相、英雄悲歌都显得如此微不足道，美索不达米亚南部地区的现实就是如此残酷。无怪乎苏美尔史诗最终哀叹命运的无常。

幼发拉底河改道了！

幼发拉底河是苏美尔地区最重要的灌溉来源，是苏美尔南部地区城市、农村赖以生存的脉搏。随着幼发拉底河的改道，坐落在幼发拉底河畔的一串苏美尔城市就此变成了干燥酷热的高原城市。饥民四起，流离失所，这无疑重创了帝国的财力和国力。随着气候的变化和国力的衰退，居住在周边沙漠和山地的野蛮人又开始向苏美尔世界挺进。《苏美尔王表》以一贯的简洁风格历数了乌尔第三王朝接下来的故事："阿马尔辛，舒尔吉之子，在位 9 年；舒辛，阿马尔辛之弟，在位 9 年；伊比辛，舒辛之子，在位 24 年。"记录到此戛然而止，乌尔第三王朝与苏美尔人的国家一起，就此灭亡。

根据现存的泥板文书记载，最早的入侵出现在舒辛统治时期，入侵者是马尔图人，这是苏美尔语中对叙利亚和阿拉伯半岛中游牧民族亚摩利人的称呼。他们被苏美尔人视为禽兽，"不知五谷、房屋和城市为何物"的野蛮民族。为了抵御亚摩利人的入侵狂潮，苏美尔人开始在国境线上修筑长城进行抵抗，这项工事开始于舒辛统治的第四年，在文献中也被称为"建造马尔图城墙的那一年"。这一国防工事的具体位置现在还无法确定，这是目前已知的最古老的长城。

到了舒辛统治末期，局势开始全面恶化，东部的埃兰人也开始入侵帝国。这一时期，帝国的中央权威开始衰落，地方势力逐渐坐大，各地的总督慢慢变成了地方的世袭贵族和军阀。帝国的交通也不断恶化，各地之间的往来日趋艰难。短短 9 年时间，舒辛的儿子伊比辛继位时，接手的已是一个不断衰败、收缩的帝国了。

如果说乌尔第三王朝是苏美尔人的"明朝"，那么它的亡国之君伊比辛，与

崇祯皇帝十分相似。根据现存的文献档案，我们看到的是一个苦苦挣扎、励精图治、勉力支撑的亡国之君，和无可奈何花落去的挽救过程。在伊比辛统治的 20 多年里，帝国中央政府的权威不断衰落，在与各地总督的文件往来中，我们明显可以看到各地总督越来越骄横，越来越不将中央的权威放在眼里。帝国就这样一步步走向死亡，走向末日。在伊比辛统治的第七年，帝国首都乌尔发生大灾荒，粮价上涨了 60 倍。绝望的伊比辛国王命令尼普尔附近伊辛城的总督——来自马瑞的阿卡德人将军伊什比伊拉为他采购大量粮食。这个总督拿着国库的钱买了粮食，却自称在运输上遇到了困难。

"马尔图人，所有的马尔图人已经开到我国中部，攻克了一座又一座要塞。他们人多势众，势不可挡，我方势单力薄，无法行动，没有能力保证粮食运输的安全。"他还在信中说，伊辛和尼普尔城也受到了马尔图人的威胁，要求国王给予他保卫两地的军政大权。伊比辛无计可施，只能应予。有了粮食和权力，没过几年伊什比伊拉就在伊辛自立为王，建立了伊辛第一王朝。

当时，另一个总督向伊比辛这样汇报了伊什比伊拉的情形："叛贼伊什比伊拉已经控制了两河河谷的大部分地区，他杀

本页_亚述浮雕，亚述是苏美尔文明的继承者之一。

死或者监禁了忠于国王的官员们，控制了各地的驻军。大片国土已非苏美尔所有。"但这个总督拒绝率领自己的军队讨伐伊什比伊拉，说明他的忠诚也得怀疑。还在饥荒中苦苦支撑的伊比辛留下了这么一段话："（伊什比伊拉）是一个无足轻重的人，他不是苏美尔人的后代……现在恩利尔已经挑动马尔图人离开他们的故土，他们将击败埃兰人并俘获伊什比伊拉。随着国家的中兴，帝国的力量将要震撼整个世界。"

然而，帝国的中兴并没有到来。公元前2004年，是一个值得苏美尔人永远铭记的年份——如果他们还存在的话。埃兰人的大军攻克乌尔，俘虏了伊比辛，将其作为战俘带回埃兰并一直囚禁到死。

作为苏美尔人的世仇，埃兰人无疑用最残酷的手段对付了苏美尔首都。根据后世的考古研究发现，这一时期几乎每一座建筑的遗址上都有人为破坏的痕迹。埃兰人用最激烈的手段庆祝着最终的胜利，而战败的苏美尔人只能咽下灭亡的苦果。

一位不知名的苏美尔诗人这样描述了这次浩劫的场景："城市的主道和小街——曾经挤满舞蹈者的地方，堆砌着高高的尸体。尸体'就像太阳底下的脂肪一样'慢慢分解、腐烂、臭气熏天。古老的乌尔，繁荣的乌尔，辉煌的乌尔，世界之都的乌尔，苏美尔人的乌尔，就此终结。"

乌尔的陷落结束了苏美尔文明辉煌灿烂的历史，它的陷落标志着人类第一个文明的落幕。数千年后，我们仿佛还能听到苏美尔人在茫茫荒野中吟唱《苏美尔与乌尔毁灭之挽歌》：

噢，正直的女人，你的城市已被摧毁，你将如何生存？你的城市已化为废墟，你不再是它的主人。你的人民被敌寇杀戮，你不再是他们的女王。你的眼泪已变得陌生，你的土地已不会流泪——它就像一个被堵住嘴巴的人！你的城市已化为废墟，你将如何生存？你的家已被洗劫一空，不知你当时有何感想？乌尔圣地如今只有悲歌回响！

八 尾声

乌尔第三王朝灭亡了，此后，四分五裂的苏美尔人再也没能建立起自己的国家。他们在亚摩利人掀起的狂潮中被碾碎，最终消失在历史长河。帝国的残躯里，阿卡德人伊什比伊拉建立起的伊辛第一王朝以乌尔帝国的继承者自居，试图延续并复兴苏美尔人的帝国。此后，伊什比伊拉收复并试图重建乌尔城。在伊辛王朝统治时期，伊辛人修订了《苏美尔王表》，整理了苏美尔的历史，为后人留下了最终的记忆。在《苏美尔王表》中，最后一行写着："达米克·伊利舒，辛·玛吉尔之子，在位23年。"自此，王表终结，伊辛第一王朝灭亡。虽然伊辛在近千年之后再次强盛，史称"伊辛第二王朝",但它与苏美尔和《苏美尔王表》已经再无关系,因为伊辛第二王朝的另一个名字是"巴比伦第四王朝"。苏美尔的王权已被遗忘,苏美尔的荣耀和记忆已经不再为新的霸者所需要。

此后,曾经"不知五谷、房屋和城市为何物"的亚摩利人在苏美尔地区定居,在苏美尔人的废墟上建立了一个又一个新的城邦。他们从苏美尔人和阿卡德人那里学来了先进文化,并开始使用阿卡德语作为自己的语言,最终,他们成了苏美尔文明的继承者。

公元前 1894 年,古老的基什附近,一个叫作苏穆·阿布的亚摩利酋长宣布从附近的城邦卡扎鲁独立。他选择在幼发拉底河畔建立自己的城市,并把这座城市命名为"巴比伦"。

乌尔城陷落的两年前,也就是公元前 2006 年,在北方,有一个位于底格里斯河畔的小城在混乱中获得了独立。这个小城邦将在此后的 1000 多年里几度兴衰,最后建立了属于自己的帝国辉煌——这个城邦的人民把自己的城市叫作"亚述",亚述出了两个叫萨尔贡的国王。

随着时间的推移,苏美尔人的身影和他们的故事渐渐淡出了美索不达米亚人们的记忆。苏美尔语在日常生活中消失,完全被阿卡德语取代,变成了一种只有祭司掌握的用于宗教活动的语言,类似于后来的梵文与拉丁文。苏美尔人的记忆退缩进神庙里,成了深藏在神庙中的上古传说。

苏美尔的记忆在神庙中得到继承,即便千年后希腊人贝洛索斯前往波斯帝国治下的巴比伦游历时,那里的祭司们还熟知苏美尔的故事。贝洛索斯听说了这些故事,却没有记述在他那本《巴比伦尼亚志》里。随着马其顿人亚历山大的征服活动,除希腊人猎奇式的笔记和犹太人《旧约》离奇的神话故事外,有关楔形文字的记载已烟消云散,即使是这些笔记和神话故事也没有提到过苏美尔。萨尔贡、吉尔伽美什、卢加尔扎克西、纳拉姆辛、乌图希加尔、乌尔纳姆、舒尔吉……这些英雄和他们的功绩被彻底遗忘,他们曾经用坚固石头刻下的赫赫战功,连同石碑,被遗忘和掩埋在了漫漫黄沙中。

从军饷看两宋货币

作者：卫世良

两宋时期，我国的封建社会商品经济得到了极大发展与繁荣，货币供应量增加，货币制度与种类比前朝更加丰富繁杂。同时，由于宋朝在地缘上处于战略劣势，从诞生到灭亡都始终面对着北方政权的强大军事压力。宋朝必须维持庞大的军队，军费一直是宋朝财政最大的支出项目。"自来天下财货所入，十中八九赡军。"（《续资治通鉴长编》卷一二四）军饷作为军费中的重要组成部分，投入的多少往往直接影响着军队士气与战斗力，进而关乎政权存亡。罗伯昭先生有诗云："历朝几许兴亡恨，都付不言阿堵中。"本文，就以军饷为切入点，和大家聊聊这见证赵氏王朝兴衰的"阿堵物"——宋代钱币。

一 名目繁多的两宋军饷

自晚唐五代以来，武将跋扈，割据反叛成为常态。宋朝建立后充分吸取了前朝经验，长期贯彻"崇文抑武"的治国思想：一方面，为了防止武将拥兵自重，在局势稍稍稳定时就以优厚的待遇收取武将的军权；另一方面，为了消弭兵乱，给予军士较高的俸禄和大量赏赐。宋朝对军队有一套完备且详尽的赏赐制度，除了战争期间的各种军功赏格，在承平年景，军人每逢重大节日也有赏赐。本文谈论的军饷，不仅指军士的月俸钱、禄粮和春冬衣——这些只能算"基本工资"，还包括各种赏赐，相当于今天的"津贴"和"补助"。而诸如宅邸、土地、农畜产品等实物赏赐并不

算货币，本文不做赘述。归纳起来，宋代的军饷主要包括以下几个大类。

定期发放的正俸

宋代军队官兵所领取的薪俸形式是多种多样的，不但有铜钱、铁钱、绢帛，还包括成衣、粟米和绵。以禁军为例，《宋史·兵志》记载，每个禁军士兵的"禄格"除了三百至一千文不等的月俸钱，还包括一石七斗至二石月粮，春冬衣的绢、棉、布数目也不尽相同。如熙宁四年（1071年）河北、河东等六路军每人春衣是绢二匹、布半匹，钱一千文；冬衣为绢二匹、布半匹，钱一千文，棉十二两。据汪圣铎先生的观

本页_中兴四将图

点，一名禁军士兵每年的费用大约为五十贯，厢军为三十多贯。薪俸中以实物支付的部分一般由驻地或就近地区供应。比如对西夏作战时，陕西作为边防重地，驻军众多，军队"四五十万之人，坐而仰食"（《续资治通鉴长编》卷一二九）。仁宗朝程琳上疏说，陕西岁赋收入仅相当于本地屯军费用的十分之五，不足部分则需要从其他地方调运。"自西边用兵，军需绢多出益、利、梓三路，岁增扎输之数，兵罢，其费乃减。"（《宋史·食货志》）

在宋代，实物与货币各占薪俸多少比重并无定值。北宋时期，薪俸实物所占比例较大，但随着商品经济的发展，到了南宋，货币所占的比重逐渐增大，甚至出现了"止有雇钱，无米"的薪俸形式。

郊赉

宋朝最重要也最广泛的赏赐莫过于郊赉。郊赉是祭天大礼或祭祖南郊大礼后的赏赐。"国家旧制，每遇郊礼，大赉四海，下逮行伍，无不沾洽。"（司马光《上神宗乞听宰臣辞免郊赐》）"天圣以后，兵师、水旱费无常数，三岁一赉军士，出钱百万缗，绸绢百万匹，银三十万两，锦绮、鹿胎、透背、绫罗纱縠合五十万匹，以佐三司。"（《宋史》卷一七九）在军队中，郊赉的赏赐金额依入伍时间、兵种、驻地而各有不同。据清代徐松辑《宋会要辑稿》的记载，皇祐四年（1052年），规定禁军、厢军中新兵郊赉为老兵半数。在京排岸司管辖水军，奉化、广牧及开封府界递铺，自指挥使至长行，郊赉级别分为四等，最

高七贯，最低二贯。郊赉的发放范围和额度随着郊祀的规模有所增减，但北宋和南宋都始终存在。

皇室大事的赏赐

宋朝皇室每逢丧喜事，都有赏赐官兵的惯例。遇皇帝登基、皇子出生、皇帝驾崩等重大事件时，官兵都可获得数量不等的钱物。

皇帝登基时按照惯例要大赦天下，大加恩赏。建隆元年（960年），宋太祖发布登基赦，赐宰相、枢密使、诸军校袭衣、犀玉带、鞍马等。"其内外马步兵士，各与第等优给。"（《宋朝事实》卷二）元符三年（1100年）宋徽宗即位，"赐在京班直诸军并诸路驻泊禁军军员衣带有差……赐内直长上诸班缗钱有差"（《续资治通鉴长编》卷五百二十）。

宋朝将皇帝诞日设为诞圣节，并在这一天赐宴百官，赏赐天下。如淳熙十三年（1186年）宋孝宗率群臣在德寿宫行庆寿礼，"免贫民丁身钱之半为一百一十余万缗，内外诸军犒赐共一百六十万缗"（《宋史》卷三五《孝宗纪三》）。

皇子皇女的降生是宋廷的重大喜事。蔡绦在《铁围山丛谈》卷四里说："祖宗故事，诞育皇子、公主，每侈其庆。"除了赏赐接生龙子龙女的相关人员和皇戚重臣，诸军也在受赏之列。如宝元二年（1039年）"甲戌，美人苗氏生皇子。丙子，德音降三京囚罪一等，徒以下释之，赐诸军缗钱"（《续资治通鉴长编》卷一二四）。

确定政权接班人是国家头等大事，太子确立后往往要举国欢庆，大赦天下，犒赏诸军。如宋真宗天禧二年（1018 年）册立太子"庚午，诏旧制赐诸军物，外戍者减半，今听全给"，天禧四年（1020 年）太子亲政时"又赐殿前副都指挥使蔚昭敏钱四百万，步军副都指挥使冯守信三百五十万，殿前都虞侯夏守恩、马军都虞侯刘美各三百万，四厢都指挥使、诸班、诸军都虞侯而下，视月俸给之，以皇太子亲政行庆也"（《续资治通鉴长编》卷九二、卷九四）。

册立皇后时赏赐范围较小，只有在京诸军可受赐。"册皇后故事，在京诸军各有小特支，依端午例。"元祐七年（1092 年）册立皇后时，太皇太后提出内外诸军均受特支钱，遭到群臣反对，最后只赏赐在京诸军，其中禁军特支钱为五百文，厢军特支钱为三百文。（《续资治通鉴长编》卷四七二）

宋朝皇帝在巡阅军营、观看竞渡后，也会赏赐被检阅的军士钱物。如宋太祖曾在乾德六年（968 年）"秋七月丙申，幸铁骑营，赐军钱羊酒有差"。咸平三年（1000 年），宋真宗幸金明池观竞渡，"善游军士及诸献技者赐物有差"（《宋会要辑稿》52）。

宋朝有皇帝驾崩后赐臣下遗留物的惯例，但赏赐范围有限，军职赏赐限于都虞侯以上。如宋真宗驾崩之后，"内出遗留物赐近臣学士以上，军职都虞侯以上，袭衣、金带、鞍马、器币有差。遣使分往十六路告谕"（《宋会要辑稿》29）。

上述皇室重大事件、活动中所用钱物数量庞大，内外诸军在庆典中也多有赏赐。每逢朝廷重大事件，士兵们私下议论不已，希望能得到更多赏赉。比如宋仁宗驾崩，英宗即位以后，曾按照乾兴年间旧例赏赐诸军。当时的禁卫们传言乾兴年间赐赏的食物中有金，不久后宫果然赐食，但并没有金币赏赐，于是众人议论纷纷，后来由殿前副都指挥使李璋出面发话弹压才得以平息。"癸酉，大赦。优赏诸军，如乾兴故事。时禁卫或相告，乾兴内给食物中有金。既而宫中果赐食，众视食中无有，纷纷以为言。殿前副都指挥使李璋呼什长谓曰：'尔曹平居衣食县官，主上未临政，已优赏，尔何功，复云云？敢喧者斩！'众乃定。"（《续资治通鉴长编》卷一九八）

军功赏赐

是我国古代军费开支的重要组成部分，也是各个朝代激励将士奋勇杀敌的重要手段。宋朝战事不断，十分重视军功赏赐在保卫领土中的作用，其赏赐的规模和次数远超前朝，赏格标准和军功评价系统也更加详细和完善。宋朝的军功赏赐具有以下特点：

1. 赏格标准较为合理。宋朝重视对军功赏格的制度和修改，据《武经总要·赏格罚条》的首段文字记载："景德初，真宗垂意边务，始增著赏格罚条。庆历之后，陕西用师，上复诏近臣参定，比旧文益为详密，颁于边鄙，可为永式。"《武经总要》对斩获首级、生擒、缴获物资、刺探

军情乃至募兵、招降等不同军功都制定了相应的赏格，还根据不同兵种把军功分为五等或四等，并详细规定了每一等赏赐钱物的数量。以缴获物资为例，马匹作为重要战略物资，宋朝对缴获物资赏赐最高者莫过于此。雍熙三年（986年），北宋分三路攻辽，宋太宗曾下诏："募民有能纠合应援王师者……获生口者人赏钱五千，得首级三千；马上等十千，中七千，下五千。"（《续资治通鉴长编》卷二七）

2. 军功评定的体系较为完备。战事结束，官兵们最关心的是功赏，朝廷关注的则是如何获得准确战果，赏罚得当。宋朝在军功评定方面逐步形成了一套包括上报、确认、审核、复议等各个环节的军功评定机制：每次战役结束后，由地方上报中央或中央派遣朝臣搜集战况，得出功状；功状由相关人员进行担保，"结罪保明以闻"，再上报朝廷；如果遇到举报冒赏，朝廷将派人裁验核查，并允许被告人申诉。宋朝从地方到中央设置了多重监察军功的环节，这对保障军功真实可靠、赏罚分明起到了一定作用。

宋朝的军功赏赐在保障军队士气，维系军队战斗力方面起到了很好的效果。据《武经总要》记载，宋军出战时多设有"随

本页_岳飞郾城大捷

军赏给库"，为保障战争胜利而施以物质诱惑。将士们为了获得军功和相应的物质收益可以不顾生死，"夫犯强敌，冒白刃，士卒不顾死者，利厚赏也"（《续资治通鉴长编》卷四四三）。

同时，也应该注意到，军功赏赐给宋朝带来巨大的财政压力。两宋战事不断，军功赏赉花费极大，宋孝宗时仅教阅部队就"凡支犒金银钱帛以巨万计"（《武林旧事》卷二《御教》）。宋孝宗是位心怀大志，锐意进取的皇帝，曾经力图收复中原。当时的祭酒芮国器上奏，应该先盘算一下目前朝廷的积蓄能够支付多少次犒赏，便可知道财力是否能够支撑北伐作战。结果，盘点后得知，府库的财产只够支付十三次犒赏，宋孝宗只得打消用兵的念头。"孝宗初年，规恢之志甚锐，而卒不得逞者，非特当时谋臣猛将凋丧略尽，财屈兵弱未可展布，亦以德寿圣志主于安静，不思违也。厥后蓄积稍羡，又尝有意用兵，祭酒芮国器奏曰：'陛下只是被数文腥钱使作，

何不试打算了得几番犒赏。'上曰：'朕未知计也，待打算报卿。'后打算只了得十三番犒赏，于是用兵之意又寝。"（《鹤林玉露》丙编卷四《中兴讲和》）

赗赠

赗赠之礼源于周代，指官兵死亡后政府支付给丧家助葬的抚恤金。宋朝的赗赠制度详尽完善，针对军队将士出台了专门的赗赠法。如庆历二年（1042年）规定"自今阵亡军校无子孙者，赐其家钱，指挥使七万，副指挥使六万，军使、都头、副兵马使、副都头五万"（《续资治通鉴长编》卷一百三十七）。除了正规军人外，民兵也可以获得赗赠。"应诸军阵亡赗绢：阵胜，将校三十匹，兵二十匹；不胜，各减半。民兵准此。"（《续资治通鉴长编》卷二百八十八）另外，对修河溺死、因瘴疠病死等不是战死的军士，赗赠也有相关规定。宋朝对抚恤工作的重视，一定程度上保障了军队的战斗力。

二 支付军饷的两宋货币

宋代军饷的支付方式众多，货币种类繁杂，得益于宋朝高度发达的商业。宋朝结束五代十国的分裂局面后，重新建立了统一的中央集权政府，经济由此得到发展，人口和垦田都有明显增长。在农业、手工业不断发展的基础上，商业和城镇经济也进一步发展，之前唐朝大城市那种以坊、

市地段划分市场交易的限制已被打破，对外贸易也比以前发达。货币需求量增大，因此催生了货币种类的多样性。总体上，宋朝货币同其他朝代相比，有几个突出的特点：

其一，统一政权下有不同的货币区。与中国历史上其他朝代不同的是，宋朝把

全国划分为若干个货币区，在每个货币区推行不同的货币制度。造成不同货币区的直接原因是铁钱的大范围铸行。宋朝铸行铁钱，一是为了解决财政困难，二是为了防止铜钱外流。流通的钱币有铜钱、铁钱，相应也有交子、会子、淮交等不同纸币，增加了不同货币区间的差异。

其二，纸币的发明和广泛使用。宋代楮币的出现与经济发展密不可分，相比于汉代的皮币与唐代的飞钱，楮币具备货币的各种职能，并且有国家信誉背书，是真正意义上的纸币。两宋时期纸币的使用与普及，颇类似如今的"地区试点，全国推广"——北宋纸币最初只在四川流通，后来在陕西、河东地区也流通。南宋时期，纸币发行量逐渐增加，宋朝全境内会子、淮交、湖会等数种纸币分区并行，在大宗商品交换中使用非常广泛。

其三，货币的多样性与大量发行。在鸦片战争打开国门之前，宋朝是我国历史上货币种类最丰富的时期。在宋朝境内流通的有铜钱、铁钱、纸币、金银、绢帛，还有承担部分货币职能的度牒、告身等。铜钱和铁钱又包括大钱、小钱和钱牌。纸币中有以铜钱为面额的会子、钱引，也有以铁钱为面额的交子、淮交。金银有做成铜钱形状的金银钱，有金锭、银锭，还有金叶子、瓜子金，种类很多。

宋朝是我国历史上铜钱和铁钱发行量最大的时期。据汪圣铎先生推算，在宋朝之前，西汉每年铸币量在20万至30万贯之间，唐代铸币量最多的天宝年间是每年32万贯。而宋朝铸币量最多的元丰年间，每年铸钱额度都在500万贯左右（此时每年铸造的铁钱也在100万贯以上）。之后的元代以纸币为主币，明清以白银为主币，铜钱作为辅币的发行量有限。两宋时期也是我国历史上使用铁钱最久的时期，铁钱的种类和数量都是空前绝后的。

一般而言，铜钱和铁钱作为两宋时期使用最广的货币，能够满足日常小商品交换的需求。但在拨付军饷、征收税款或进行大宗商品交易、远距离贸易时，铜钱与铁钱值轻量重，很不方便。为了解决这一问题，除了使用金银、绢帛这样具有一定价值职能的准货币外，宋代还创新使用并推广纸币，另外，度牒等官方证书也以"有价证券"的形式在市场流通，甚至充作军饷直接发放。由此可见，宋代货币制度灵活多样。

铜钱

方孔圆钱形制的铜铸币，从战国末期诞生到民国初年结束流通，一直是我国历史上最主要的钱币，并且影响周边国家，形成了独特的东亚钱币文化。一般铜钱每一千文称作一贯，也叫一缗。铜钱流通的两千多年时间里，不论是钱文书法、合金成分、冶铸水平，还是流通范围、铸造数量，两宋时期都达到了最高水平。

两宋时的农业和手工业仍是小生产经营的模式，这决定了市场交易的零细性，所以宋代货币最主要的币种还是单位价值较小的铜钱——适合小商品交换的需要。铜钱作为宋代最重要的货币，有以下几个特点：

其一，年号。宋朝绝大多数年号都有铸币。我国的年号钱始于成汉政权汉兴年间（338—343年）铸造的汉兴钱，到了宋代，年号钱几乎成为定制。两宋历十八帝改元五十七次，其中有四十八个年号铸有新钱，这四十八种新钱里只有五种是非年号钱。

其二，对钱。对钱是宋钱的一大特色，是指同一年号钱同时采用两种或三种书法。它们在形制方面，穿孔大小、轮廓宽窄、钱身厚薄、钱文的深浅都一样，有一种对称的美感。

其三，书法多样。中国钱币的艺术主要体现在钱文书法上。由于青铜硬度高、熔点低，适合铸造，不用像西方钱币那样打制。铸币要考虑成本，铸造精细图案难度大且成功率低，故中国流通的铜币上只有线条构成的文字，并无复杂立体的图案。尽管中国钱币上只有文字，但这并不妨碍它成为一种美术品。宋代的钱币书法艺术水平达到了登峰造极的地步，钱币书体有真、草、行、篆、隶，还有新创的九叠篆、瘦金体和宋体。

宋代更换年号较为频繁，这给了技痒难忍的皇帝和书法家发挥的余地。从宋太宗赵光义御书"淳化元宝"开始，多位皇帝都亲手书写过钱文，宋徽宗赵佶的瘦金体更是将宋代钱文艺术推向了高潮。许多书法家也在方圆之间留下墨宝——苏轼"元丰"、司马光"元祐"、蔡京"崇宁"。钱文的变化多样，也从另一个侧面反映了两宋时期的文化活跃程度。

其四，合金比例合理。按《宋史·食货志》载："凡铸钱用铜三斤十两，铅一斤八两，锡八两。"按照现代金相化验所证明，北宋铸币的成分情况是：铜62%~68%、铅20%~29%、锡6%~10%，这与史料记载吻合。这一合金比例，正好控制在铜铅锡三元合金的最低熔点区。这样的铸币不仅硬度大，耐磨，而且易于熔铸，成本低。

有观点认为，宋代的铜钱含铜量是历史最低，破坏了已经形成的价值尺度，引起货币流通的混乱。这种说法其实忽视了冶金水平的进步。通过降低铜钱中的含铜量来降低铸造成本，提高货币供应量，是宋代货币的亮点。

其五，铸造工艺先进。翻砂法铸

钱在唐代前已经出现，到了宋代工艺已经非常成熟，几乎完全取代了唐代之前使用的范铸法，并一直沿用到近代机制币出现。宋代的铸钱过程是：先由朝廷及其主管部门审定钱样并部颁样钱，再由各地钱监根据样钱刻制出少量雕母，用雕母翻铸出精美的铸母，最后用铸母为模大量翻铸子钱。宋应星在《天工开物·冶铸·第八》中对以翻砂法铸钱有比较详细的记载："凡铸钱模，以木四条为空框（木长一尺一寸，阔一寸二分）。土炭末筛令极细，填实框中，微洒杉木炭灰或柳木炭灰于其面上，或熏模，则用松香与清油，然后以母钱百文，或字或背，布置其上，又用一框，如前法填实合盖之。既合之后，已成面背两框，随手覆转，母钱尽落后框之上，又用一框填实，合上后框，如是覆转，只合十余框，然后以绳捆定，其木框上弦原留入铜眼孔，铸工用鹰嘴钳烘炉，提出容罐，一人到钳扶抬罐底相助，逐一倾入孔中冷定，解绳开框，则磊落百文，如花果附枝，模中原印空梗，走铜如树枝样，挟出逐一摘断，以待磨锉成钱。"

其六，铸造量极大。宋代铜钱的铸造量是中国历史上最多的。如今出土的历代钱币窖藏里，宋代钱币最多，动辄成百上千斤，全国各地均有发现。依据彭信威先生的观点，北宋元丰年间，每年铜钱铸额都在五百多万贯，到元丰末年为止，北宋已经铸造的铜钱（合计私铸）当在两亿贯左右。钱币数量之多，正是宋代生产和商业飞速发展的体现。

最后，钱监众多，管理严格。钱监即铸钱监院，是宋代对造币厂的称呼。宋代能列出名字的铸钱监就有90多个，其中较著名的大钱监有饶州永平监、池州永丰监、江州广宁监、建州丰国监、惠州阜民监。这几个大钱监的规模都在千人左右。钱监

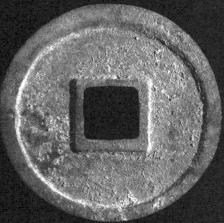

崇宁重宝铁母

往往坐落在交通条件较好的地方，对宋代经济、漕运的发展有重要作用。宋朝为了管理钱币铸造和各种坑冶开采，于景祐二年（1035年）八月，设立了提点坑冶铸钱司。"初命朝臣为浙江荆胡福建广南等路提点银铜坑冶铸钱公事，其俸赐恩例并与提点刑狱同。"（《续资治通鉴长编》卷一一七）提点坑冶铸钱司的主要官员称提点官，与管辖境内的行政官员并无隶属关系。提点官的职权主要体现在两个方面：一是向朝廷反馈辖区内钱监与矿坑运营情况，提出有关坑冶铸钱事物的各种建议；二是每年视察辖区内各坑冶钱监，弹劾不称职的钱监官。南宋《庆元条法事类》卷三二《财用·鼓铸》中详细规定了对钱监官的奖惩办法，有效监督了地方钱币铸造。

宋代铜钱即使量多质优，仍不能满足需要，并多次出现"钱荒"。宋代的"钱荒"是指市场上流通的铜钱不足，这一问题在年铸钱量达三百余万贯的熙宁年间就已经凸显，并一直延续到宋朝灭亡。除熙宁年间因王安石新法导致钱币需求量大增外，宋朝出现钱荒还有其他原因：

其一是由于商品经济的繁荣与外贸扩大。数以亿计的铜钱流向境外各国，加剧了铜钱短缺。铜钱"一国所铸、四朝共用"，俨然在东亚地区充当了世界货币的角色。据《禁铜钱申省状》中描述"每是一贯之数，可以易番货百贯之物，百贯之数，可以易番货千贯之物，以是为常也。"熙宁年间，王安石变法曾解除钱禁，宋代的铜钱"边关重车而出，海舶饱载而回"。随着外贸的发展，市舶税利成了宋朝财政收入的重要来源，东南地区的铜钱大量流向海外。同时，宋与辽、西夏、金等邻国的贸易也很发达，比起市场上流通的大量宋代铜钱，这几国只象征性地铸造一点钱币。

其二是由于铜贵钱贱，铜钱的购买力

低于自身的实际价值，导致百姓将铜钱大量贮藏或毁钱铸器。北宋神宗时大臣张方平说："废罢铜禁，民间销毁无复可辨。销熔十钱，得精铜一两，造作器物，获利五倍。"到南宋绍兴二十一年（1151年），司封员外郎王葆说："民多销铜钱为器，利率五倍。"在这种情况下，铜钱不再是一种简单的支付手段，而是可以保值的财富。宋朝的豪富人家纷纷像贮藏金银一样窖藏铜钱，铜钱在民间大量沉积。

其三是由于战乱。宋室南渡以后，大批人民逃难到南方，许多铜钱却还遗留在中原地区带不出来。许多钱监也因战祸而荒废。当时，市面上铜钱短缺，购买力很高。据《贵耳集》记载，市场上出现钱荒后，秦桧曾借理发付钱的机会放出风声，说现行的折二铜钱数日内将不再使用，劝理发师赶紧花掉。此话借理发师之口传开之后，临安富家纷纷将贮藏的铜钱投入市场，钱荒暂时得到缓解。"京下忽阙见钱，市间颇皇皇。忽一日，秦桧之呼一镊工栉发，以五千当二钱犒之。谕云：'此钱数日间有旨不使，早用之。'镊工亲得钩旨，遂与外人言之。不三日间，京下见钱顿出。"为了解决持续的钱荒，民间的惯例是采用短陌，即不足百文钱算作百文。《东京梦华录》卷三《都市钱陌》言："都市钱陌，官用七十七，街市通用七十五。鱼肉菜七十二陌，金银七十四，珠珍、雇婢妮、买虫蚁六十八，文字五十六陌。行市各有短长使用。"宋朝廷则加强钱禁、鼓铸铁钱。同时发行纸币，增强金银的货币职能，

使用度牒等准通货，缓解铜钱的流通不足。

为了缓解钱荒，南宋后期曾使用一种材质为铜或铅锡，顶部穿孔的长方形钱牌作为代用币。《宋会要辑稿》中记载："（嘉定十六年，1223年）十一月三日，校书郎陶崇与在外合入差遣，新城知县叶嵇服阕日展一年放令参注。以臣僚言：'……嵇容纵汪时亨，违法行用锡牌白会事，今丁忧去官。'"这里提到的锡牌，是指民间私自铸行的钱牌。吴自牧《梦粱录》卷一三《都市钱会》中也提到："铜钱乃历代所用之宝，汉唐以来，天下通行……近世钱文皆著年号，景定年铸文曰景定元宝。朝省因钱法不通，杭城增造镴牌，以便行

用。"钱牌同纸币一样，也经历了私人使用到官方发行的变化。《宋史》卷四六中记载，宋度宗咸淳元年七月曾下令："督州县严钱法，禁民间牌贴。"这是在为官方发行钱牌做准备工作。钱牌目前在江西、安徽等省均有出土，可见当时钱牌不只在临安府行用，其他地区为了缓解钱荒，也曾效仿行铸造。

铜钱是宋代计算官兵军饷额度的主要形式，但在发放薪俸、赏赐的时候存在按地区折支实物或铁钱、纸币的情况。由于官方规定的物价与市场价之间往往存在差价，以钱折支实物时，官价高于市价，支取的实物少于应得，经常使得领取薪俸赏赐的军兵吃亏。《续资治通鉴长编》卷一六一记载："庆历七年（1047年），时三司给郊赏，州库物良而估贱，三司所给物下而估高，（知渭州张）亢命均其直以便军人。转运使奏亢擅减三司所估，枢密使夏竦挟故怨，因黜亢。御史宋禧继言亢尝以库银市易，复降为右领军卫大将军、知寿州。亢再降乃十月乙卯，今并书。"这说明郊赉赏赐的州库物和三司物折价是有差异的。知渭州张亢为方便军人而减低三司

所估算的物价，遭参奏而被贬。宋朝元丰改制前的三司是权力庞大的财经管理机构，其不合理的物价折支往往引起军士不满。书中还提到另一个因特支"物恶而估高"引发军中士兵私下议论，后遭长官弹压的例子。"三司送特支下庆州，物恶而估高，军中语藉藉，优人因戏及之。知州孙沔曰：'此朝廷特赐，何敢妄言动觽。'命驱出，将斩之以徇。将佐争言，此特戏尔，不足深罪也。沔徐呼还，杖脊配岭南，谓之曰：'汝赖戏我前，即私议动觽，汝必死，而告者超迁矣。'明日给特支，士帖然无敢哗者。"

铁钱

宋作为中央集权的封建帝国，币制却并不统一。全国以行政区按"路"划分为专用铜钱区、专用铁钱区和铜铁钱兼行区，而且根据政治、经济、军事形势的需要进行变化。造成这种钱币流通区域割据的局面，前期是因为政府经济上无力统一全国，后期则是政府有意的——防止铜钱外流。

北宋最初的数十年，既想谋求政治上的统一，也想整合五代十国时期遗留下来的混乱币制，如禁止小铁锡钱、

罢用南唐铁钱、禁江南各州小钱、禁河南各州私铸铅锡恶钱等，但这些措施未及推广就遇上同契丹开战，所以部分地区仍沿袭五代旧制，兼行铜铁钱。北宋时，成都府路、梓州路、利州路、夔州路四路专用铁钱，陕府西路与河东路铜铁钱兼用，剩余十三路则专行铜钱。

北宋末期还曾大量铸造一种夹锡钱。《九朝编年备要》中提到："夹锡钱创始于崇宁二年（1103 年），河东运判洪中孚奏，'二虏以中国铁钱为兵器，若杂以铅锡，则脆不可用。请改铸夹锡当二铁钱。'诏从之……又命陕西转运许天启，铸夹锡当二及当十大钱。"夹锡钱系北宋末期蔡京擅权后为防止铜钱外流，阻止陕西等地铁钱价值下滑推行的，但不久就成了蔡京利用大额虚币来聚敛社会财富、应付财政危机的手段。由于夹锡钱与铁钱不易分辨，伪造仿冒的很多，"小民以药染擦夹锡钱如铜色，与当十钱混淆"。夹锡钱引起河东、陕西货币严重贬值，物价飞涨。"夹锡钱未有一分之利，而物已三倍之贵。是以比岁以来，物价愈重而国用愈屈。"

南宋时期主要在四川、两淮等地通行铁钱。四川曾短暂流通铜钱，绍兴二年（1132 年）张俊在兴州鼓铸铜钱，但不久便禁止铜钱入川。淳熙七年（1180 年）曾有京西路的均州、房州商旅和军兵携带铜钱进入利州路金州、利州的情形。随后，朝廷立即诏令四川总所"委利州路漕臣置场于金州，给以交子，兑换官私铜钱，发赴湖广总所桩管"（《续资治通鉴》卷一四七）。

除四川外，长江以北两淮地区是南宋铁钱流通的另一主要区域。鉴于宋室南渡后铜钱短缺，且宋金贸易中铜钱北流难以禁绝的状况，宋廷先是把原先行用铜钱的淮南东、西路和京西南路，湖北北部地区变为专用铁钱区，调拨蜀地铁钱"十五万缗，行之庐、和二州"。随即于乾道二年（1166 年）诏令"两淮行铁钱，铜钱勿过江北"。但这一命令下得急，直到乾道八年（1172 年）两淮才逐渐成为铁钱流通区。随后一直到淳熙十年（1183 年）都在持续下诏，以铁钱和会子收兑两淮铜钱。东北地区出土的金代窖藏钱币中极少有淳熙元宝背十之后的铜钱，可以作为这一史料的印证。

本页_南宋铁钱

同铜钱一样，两宋的铁钱铸造也有严格的制度与工艺流程，一般是按照朝廷颁布的钱文、币形及规定的重量铸造。铁钱的铸造不像铜钱那样有严格的合金比例要求，技术相对简单一些，检测的标准也主要是每贯的重量。张世南在《游宦记文》卷二是这样叙述蕲春监铸造铁钱的情况："五月至七月号为铁冻，例阁炉鞴。本钱四可铸十，铁炭稍贵，六可铸十，工雇费皆在焉。其用工之序有三，曰沙模作，次曰磨钱作，末曰排整作。以一监约之，日役三百人，十日可铸一万缗，一岁用工九月，可得二十七万缗。"可见，铁钱铸造的炉期始于第一年的八月，结束于第二年的四月末，五至七月为铁钱监的"铁冻"——工匠休息。每一个炉期要跨越两个纪年，所以一个炉期要铸两个纪年的钱。

交子、关子、会子、钱引

在正式使用纸币前，我国历史上已有过几次使用纸币的尝试。西汉的白鹿皮币与唐代的飞钱，都具有货币的部分职能。白鹿皮币与纸币的性质相近，唐代飞钱的性质更接近汇票，是一种异地兑现的凭证，不具有转让流通的职能。

纸币产生于宋代，是由几个经济原因造成的。宋代商业发达，市场上不仅需要更多的货币，而且需要更轻便的货币。其次，由于五代币制混乱形成了许多货币区，不但用的钱不同，还不准运钱出境，使用纸币则不存在铜钱外流的问题。此外，宋朝不断受到外族的军事威胁和侵略，军费开支庞大，财政收不抵支的情况越来越严重，纸币成为弥补开支的手段。

纸币最早出现在四川也有其原因：四川地区经济发达、贸易频繁，货币的供应（铁钱）不能适应。早在唐朝四川地区的经济就已领先全国，时人有"扬一益二"的说法，到了宋代，益州依然是全国经济最发达的地区之一，锦、纸、糖、农产品在全国处于领先地位。四川还是内地与大理、吐蕃、西夏等地区的贸易枢纽。由于蜀道难行，铁钱沉重，交子就在异地贸易中应运而生。

按照戴志强先生的说法，交子从私下为市到政府干预，加强管理，使之真正货币化，大概经历了四个阶段：

第一阶段是交子诞生初期。主要用途是为了解决长途贸易中现钱搬运的困难，所以它只是一种异地兑现的票据。这个阶段是交子的非货币化时期。

第二阶段是"私以交子为市"时期。《续资治通鉴长编》卷五九景德二年（1005年）条下记述："自李顺作乱，遂罢铸，民间钱益少"，于是"私以交子为市"。这个阶段的交子不仅具备汇票、支票的职能，而且已经替代铁钱行使了某些货币职能。但交子的这一属性是民间自发赋予的，政府并不承认交子的货币职能。

第三阶段是十六富商连保发行时期。由于"私以为市"存在纠纷和弊端，"奸弊百出，狱讼滋多。乃诏知益州张咏与转运使黄观同议"，引起了政府的关注。政府开始出面组织整顿，于是便有了政府认可的十六户富商联保发行交子。此时的交子已经有了统一的印刷规格和发行制度，

除四川外，许於诸路州县公私从便主管，并见钱七百七十陌流转行使

00601

十六户富商要对政府承担一定责任，益州官府已经承认交子在益州地区的货币职能。《湘山野录》中记载，张咏离任时，曾经给其好友彭乘"留铁缗钞二百道为缣缃之助"。可见当时交子作为货币已经是政府认可的事情。交子的持有者可以随时兑现交子，但兑现时每贯收取手续费三十文。

第四阶段则是官交子时期。宋仁宗天圣元年（1023年），交子完全收归官方办理，由地方政府设置专门机构——交子务来印刷、发行和管理，最终实现货币化。

交子从诞生到成为货币的过程在《续资治通鉴长编》卷一〇一中有详细记载："初，蜀民以铁钱重，私为券，谓之交子，以便贸易，富民十六户主之。其后，富者赀稍衰，不能偿所负，争讼数起。大中祥符末，薛田为转运使，请官置交子务以榷其出入，久不报。寇瑊守蜀，遂乞废交子不复用。会瑊去而田代之，诏田与转运使张若谷度其利害。田、若谷议废交子不复用，则贸易非便，但请官为置务，禁民私造。又诏梓州路提点刑狱官与田、若谷共议，田等议如前。戊午，诏从其请，始置益州交子务。"

官交子继承了私交子分界发行的制度，界满之后用新交子收回旧交子。交子分界发行和回收应该是为防止别人仿制造成纸币贬值的一种措施，因为当时纸张的印刷质量差，别人容易伪造。官交子以铁钱为本位币，三年为一界，其发行最高限额为每界一百二十五万六千三百四十缗。不过交子每界发行的总额，随着时间推移并未被严格控制。尤其是北宋末期，临时增发的现象时有发生，最终导致了交子的信誉危机。

交子的流通区域并不广泛，最初仅限于四川地区。熙宁二年（1069年），河东路苦于铁钱运输不便，曾在潞州设交子务，三年一度罢废；四年又行于陕西，九年又罢废；崇宁元年（1102年）又行于陕西，所以，交子的流通范围仅限于专用铁钱区。

崇宁大观年间实行了一次币制改革，把交子改为钱引。四川以外各路在崇宁四年（1105年）印制新的钱引，四川于大观三年（1109年）开始使用钱引。钱引是领钱的证书，茶引是领茶或卖茶的证书，钱引与茶引相比，更突出兑换券的性质。

南宋时期的纸币种类更多，流通范围也更广。最初发行的是关子，并在部分地区流通交子，但通行最广的是会子。

关子在宋代的概念非常宽泛，最初是官司间的往来文书，后来成为商人向政府榷货务领取现钱或茶盐香货钞引的凭证，并逐渐具有了汇票的性质，用来解决现钱周转不灵的问题。南宋末年贾似道曾经发行"金银见钱关子"和"铜钱关子"，不兑茶盐钞引，专兑现钱。

绍兴七年（1137年），吴玠在河池发行银会子，面额分为一钱与半钱两种，每年换发一次。这是最早的银本位制。另外，绍兴年间东南地区民间曾发行过"便钱会子"，后来由临安府收为官办，即所谓"行在会子"。行在会子流通范围最广，两淮、两浙、湖北、京西等区域都可以使用。

从目前会子钞版的实物来看，会子是

长方形。上半部分为赏格"敕伪造会子犯人处斩,赏钱壹阡贯。如不愿支赏,与补进义校尉。若徒中及窝藏之家能自告首,特与免罪,亦支上件赏钱,或愿补前项名目者听"。赏格右侧为金额,如"大壹贯文省",左边为号码,称为第若干料。赏格下为自右至左"行在会子库"五个大字,再下面是花纹。淳熙初年的会子图案有土朱、靛青、棕黑三种颜色。会子面额分为一贯、五百文、三百文及两百文四种,乾道四年(1168年)规定以三年为一界。除会子外,南宋还有四川钱引、两淮交子等地方纸币。金、元也效仿南宋会子制造纸币。这些纸币统称为楮币,或许是因为

制造纸币的纸是由楮树皮制造的。

从交子诞生到贾似道发行关子,整个宋朝发行的纸币处在不断贬值的状态。这与宋朝持续不断的战争有关。四川地区的纸币,在北宋时因为对西夏作战,由一百二十余万贯增发到两千多万贯。宋室南渡以后为了应对军事危机,更是持续增发。"盖祖宗时,蜀交书放两界,每界止一百二十余万。令三界通行,为三千七百八十余万,以至于绍兴末年,积至四千一百四十七万余贯,所有铁钱仅及七十万贯,又以盐酒等阴为称提。"(《宋史·食货志》)发行量猛增三十余倍,而准备金只有铁钱七十万贯和盐酒等实物,物价崩溃一触即发。当时陕西在金人手中,但所需的帛、茶、药等都需要四川提供。总领四川财赋军马钱粮的王之望便根据陕西对四川货物的需求,准许商人将钱引带往陕西,许诺将来收复陕西的话,钱引可以照样同行。王之望通过将四川地区超发的钱引向陕西放水,扩大了流通范围,有效缓解了钱引的贬值。

为了缓解纸币超发带来的社会动荡,宋廷一方面准许百姓以纸币缴纳赋税,另一方面通过"称提"来减缓纸币贬值。所谓称提,是指宋廷通过增铸铜铁钱,以金银度牒兑收和增加税收中纸币所占比例等方法,来平衡纸币与铸币的比价。例如宋孝宗在乾道年间曾以金银、铜钱回收会子,对减缓会子贬值起到了良好效果。淳熙二年(1175年),辛弃疾在奏疏中也提及此事:"往时(指乾道九年)应民间

输纳，则令见钱多而会子少，官司支散，则见钱少而会子多，以故民间会子一贯换六百一二十文足，军民嗷嗷，道路嗟怨……近年以来，民间输纳用会子、见钱中半，比之向来，则会子自贵，盖换钱七百有奇矣（原注：江阴军换钱七百四十足，建康府换钱七百一十足）。"（《历代名臣奏议》卷二七二辛弃疾《论行用会子疏》）南宋朝廷对会子的称提使得会价回升，对促进社会经济的发展具有积极意义。

东南地区的会子也因战事频繁而不断增发，导致通货膨胀。这种现象从南宋初年一直延续到宋朝灭亡。乾道九年（1173年），会子每贯值铜钱六百文，到了嘉定三年（1210年）会子每贯只值三四百文了。按照彭信威先生计算，从乾道三年（1167年）到绍定五年（1232）这六十五年间，南宋会子的流通额从九百八十万贯猛增到三亿二千九百多万贯，增加了三十三倍。南宋后期战事不断，社会生产遭到严重破坏，政府财源日益枯竭。宋廷无钱可用，只得加大纸币发行量，导致会子进一步贬值，其中受影响最大的是靠固定军饷生活的下级官兵。端平二年（1235年），"兵部郎官丘岳言军士贫悴。上曰：'军人所请不多，适值物贵，不足赡给，军心不安，实原于此'"（《宋史全文》卷三三）。朝廷注意到了士兵贫困影响战斗力的问题，为了提高军队待遇，又增加了会子的发行量，但军饷增长的速度总是赶不上会子贬值的速度。景定五年（1264年），贾似道发行金银现钱关子废除十七界会子不用，设法平抑物价，但事实上却是"银

关行，物价益踊，楮益贱"。《桐江集》卷六《乙亥前上书本末》中记载："楮币贱，物价穷，军中数口之家，寒无衾炭日炊不给，腹枵衣弊，累累可怜。目见市井鱼肉盐酱而不识味，困苦极矣。此为熟券既不足恃，而生券废十七届遂缩一贯为十八贯二佰，癸酉之夏，增为三佰。以此买人死命，决是百战百溃。"超发纸币如同饮鸩止渴，南宋百姓不知为此受了多少苦难。

金、银、绢

金银在宋代主要的作用是贮藏和大额支付，其中白银的使用范围要比黄金广。金银的使用形式各种各样，最普遍的是金铤和银铤，宫廷赏赐和民间馈赠有时会用到和铜钱一样形制的金银钱。除此之外，据文献记载，黄金还有砂金、麸皮金、瓜子金、叶子金等形制。金银在日常使用中，仍需要兑换为钱，不能够直接流通。绢帛则从唐代钱帛并用的货币地位逐渐退回日用品地位，但在一些特定场合仍发挥着部分货币职能。金、银、绢在宋代并不具备所有的货币职能，因此它们在当时不能算是真正的货币。

两宋时期，黄金发挥的货币职能以支付手段和贮藏手段为主，包括缴纳税赋、政府开支、宫廷赏赐，作为社会财富的一般代表被保存起来。黄金在宋代也有被当作价值尺度的时候，但没有流通手段的职能。

白银在宋代有着重要地位。它具备黄金的各种货币职能，并且每一种货币职能都比黄金运用得更为广泛，所谓"以银代钱，无往不可"（《宋会要辑稿·食货》）。

在税赋输纳、向北方政权支付岁贡、同丝路诸国进行贸易时，使用白银的次数都比使用黄金的次数多。

宋代没有像唐代那样颁行允许以绢代钱的正式法令，绢帛的货币功能较唐代大为削弱。绢帛的货币功能在宋代降低，是因为随着生产力的提高和社会进步，人们对绢帛价值的不均衡有了新的认识。绢帛的稀密、重量并不一致，不同地区的价格有差异，新陈、生熟绢帛的价格也不同，这使得绢帛在发挥货币职能时存在许多的不便，但金银作为货币的支付手段已经在宋朝社会生活中得到广泛使用。

根据货币职能的分类，支付手段是金、银、绢最重要的货币职能，也是文献中最常提及的。这一职能大致体现在以下几个方面：

首先是被充当宫廷的赏赐。赏赐官员往往以白银为主，辅以黄金或绢帛。如《续资治通鉴长编》卷二九九这样写道："戊戌，赐故祠部郎中、同提点在京仓草场刘昭远家银绢各百。以提点沈希颜言其家贫故也。"《宋史》卷三二四《石普传》："迁冀州团练使，赐黄金三百两、白金三千两。"赏赐军人时级别高者银、绢都有，级别低的就只有绢帛了。如《续资治通鉴长编》卷二百八十："诏以内藏库绢十五万匹、银五万两赐熙河路经略司，以备军赏。"

本页_宋代"石元郎"一两金叶子

其次是用来支付官员军兵的俸禄。在宋代，官兵俸禄并没有以银两为定额的项目，但支付俸禄时存在使用白银的情况。白银和绢帛被用来支付边费，购买粮食以支应军饷，或者直接供给官兵俸禄。银绢支付的数量非常庞大，有时多达上百万。《续资治通鉴长编》卷一百二十，景祐四年（1037 年）："诏三司出银十五万两下河北路，绢十万下河东路，助籴军粮。"卷一三七这样描写庆历二年（1042年）时的情况："六月甲戌，出内藏库银一百万两、紬（同"绸"）绢各一百万匹下三司，以给边费。"官员俸禄支银的情况记载不多，《宋史》卷四六《度宗记》记载，四川制置使朱禩孙"言月奉银计万两，愿以犒师，向后月免请"。

《续资治通鉴长编》卷二九八："合门祗候、知雄州归信容城县李泽迁一官，仍赐绢五十疋。时北界巡马犯边，泽与格斗重伤故也。"金银钱也用于逢年过节时的赏赐，既赏赐给亲王重臣，也赏赐给民间。《武林旧事》卷三《岁除》："后妃诸阁，又各进岁轴儿及珠翠百事、吉利市袋儿、小样金银器皿，并随年金钱一百二十文。旋亦分赐亲王、贵邸、宰臣、巨珰。"《大宋宣和遗事》亨集："这四个得了圣旨，交撒下金钱银钱，与万姓抢金钱。那教坊大使袁陶曾作一词，名《撒金钱》……是夜撒金钱后，万姓个个遍游市井，可谓是：灯火荧煌天不夜，笙歌嘈杂地长春。"金银钱在民间并不流通，而是当作纪念品流转馈赠。

宋代金钱

宋代银碗，重约80克，正好是宋代二两的重量。靖康元年（1126年）时，每两银子是一千五百文，也就是说，这只银碗大概是一名军士三个月的俸钱。

其中，白银用来支付军饷的额度和次数都远多于黄金。用白银支付军兵俸禄，最早有记载的是北宋时期的"月头银"。《宋史》卷四百七十《佞幸传·弭德超》中记载："（太平兴国）初，太宗念边戍劳苦，月赐士卒银，谓之月头银。"此后月头银不见记载，应是折算成铜钱与鞋钱一起支给，演化为银鞋钱。"广西、江南、湖南益以北兵，岁一替，月给添支钱三百，给银鞋钱千。"（《续资治通鉴长编》卷一七三）到了南宋时期，军兵俸禄折银支付的比例逐渐增加。"乾道八年（1172年），枢密院言：二月为始，诸军七人例以上，二分钱、三分银、五分会子；五人例，三分钱、四分银、三分会子。"（《宋史》卷一九四《兵志·廪给之制》）

军队赏赐的金银往往会铸成各种器皿，通常是碗和碟。因为金银锭体积相对小，铸成器皿后就显得比较大，视觉效果好。范仲淹为滕子京做辩解的《奏雪滕宗谅张亢》就提到了教阅军人后赏赐银碟子的事情："梁坚奏宗谅在邠州声乐数日，乐人弟子得银摞子二三十片者。臣与韩琦到邠州筵会一日，其时众官射弓，各将射中摞子，散与过弓箭军人及妓乐，即非宗谅。"《续资治通鉴长编》卷三一四记载，宋神宗元丰四年（1081年）七月诏书中言及："在京每年秋差官阅赏军银器，宜以去年所用数为额。自今更不差使臣，止付管军臣僚，令於年内亲依画一阅赐……"

除了平常的俸钱、粮食和赏赐用银，为了激励战士效命取得战斗胜利，作战时

犒赏白银的例子也不少见。以名将种师中身亡的那一战为例，《三朝北盟会编》卷四七引《传信录》："粘罕围太原，诏种师中率兵由井陉道与姚古犄角应援太原。师中进至平定军，乘胜复寿阳、榆次诸县，不设备，有轻金人之意；又辎重犒赏之物悉留真定，不以从行。金人乘间冲突，诸军以神臂弓射却之，欲赏射者，而行司银碗只数千枚，库吏告不足而罢。于是士皆怨愤，相与散去。师中为流矢所中死之，其余将士退保平定军。"

《传信录》中认为种师中战败是因赏赐物资不足致使士兵哗散，实则不然。在军粮不足、侧翼已溃败的情况下，激战许久的宋军崩溃只是时间问题，这与赏格多少并无关系。小种经略相公此役为国捐躯，令人唏嘘。

然后是被用作除俸禄外的其他政府开

本页_南宋"静江府"五十两银铤

支。金、银、绢帛被政府用来荒年赈灾、支付岁币、收换纸币的事情也多有记载。铜钱短缺时，政府往往以金银替用，解燃眉之需。《续资治通鉴长编》卷七十八："大中祥符五年（1012年）六月己亥，三司借内藏库金二千两，从之。"《宋史》卷三十二，绍兴三十一年（1161年）："出天申节银十万两加充户部籴本。"《宋史》卷十提到，宝元二年（1039年）时，益、梓、利、夔州遇荒年，饥民成群。"出内库银四万两易粟"赈济贫民。南宋使用金银为兑换基金，收兑会子。《宋史·食货志》下三《会子》："淳熙三年（1176年）……当时户部岁入一千二百万，其半为会子，而南库以金银换收者四百万，流行於外者才二百万耳。"

此外，金、银、绢帛被用来缴纳税赋的例子也多有记载。宋代对部分商品税改征银两，或以绢帛折纳。《宋会要辑稿》："比者三司奏请东、西两川掌关征榷酤醴之利者，半输银帛，其半以二分准市价入金。近闻州郡非产金处颇为不便，其入二分金宜即停罢，如愿入听。"

最后是用于日常生活。民间社会馈赠、行贿等私人交往时经常出现以金、银、绢帛代钱支付使用的状况。《庶斋老学丛谈》中提到"侯彭老言本州卖盐宽剩钱一万贯，买到金一百六十余两，银一千八百两投进。诏云：纵有宽剩，自合归之有司，非守臣所得进纳，或恐乱有刻剥，取媚朝廷。侯彭老降一官，放罢，以惩妄作，所进物退还。"王诜寄给苏轼一封信，信里说："吾

日夕购子书不厌，近又以三缣博得两纸字。有近画当稍以遗我，勿多费我绢也。"

第二是它们价值尺度的职能，金、银、绢都只有在特定事物中充当价值尺度，并不像铜钱那样具有完全的价值尺度职能。比如当时欧阳修在《归田录》卷二里提到的茶叶价格以黄金计算："庆历中，蔡君谟为福建路转运使，始造小片龙茶以进，其品绝精，谓之小团，凡二十饼重一斤，其价值金二两。"而银、绢在宋与西北贸易中扮演着重要角色，如《宋会要》中记载元丰四年（1081年）北宋政府规定："每马一匹，支茶一砣，如马价高，茶价少，即将以银、绸、绢及现钱贴支。"

第三在于它们的贮藏手段，这是宋代金银仅次于支付手段的货币职能。绢帛因为不易长期保存，不具备这一货币职能。金银不易锈蚀，价值较为稳定，相比于铜钱、铁钱和纸币，在贮藏方面优点明显。由于对外贸易、支付战争和议索赔，后期的社会不稳定，不论是战区还是非战区的人民，对金银的需要都有所增加。所谓"京城资产百万者至多……然则器皿之用，蓄藏之用，何可胜算"。南宋周密所著《癸辛杂识》别集卷上《倪氏窖藏》一文提到了同乡名流倪文节死后，子孙分窖藏金银不公而诉讼的故事。"……一日骤雨，屋舍漏水，甕不泄，遂呼圬者整之。得大篋于檐溜中矗下，视之皆黄白也。或窖于墙壁间，凡数处。以此兴讼，数年不已，尽为刻木辈所有，正不救子孙之贫也，悲夫！"

不过，金银在宋代日常生活中并不具

跨页_《清明上河图摹本》中繁荣的街景

备货币职能中的流通手段，这也是它们不能被称作货币的重要原因。人们使用手中的金银时，要先到"金银盐钞引交易铺"兑换为钱。金银盐钞引交易铺在南北宋都普遍存在，有的金银铺资金雄厚，交易规模动辄千万。《东京梦华录》卷二中记载："自宣德东去东角楼，乃皇城东南角也。十字街南去姜行。高头街北去，从纱行至东华门街、晨晖门、宝箓宫，直至旧酸枣门，最是铺席耍闹。宣和间展夹城牙道矣……南通一巷，谓之界身，并是金银彩帛交易之所，屋宇雄壮，门面广阔，望之森然，每一交易，动即千万，骇人闻见。"另据《梦粱录》载，南宋都城临安"自五间楼北，至官巷南街，两行多是金银盐钞交易铺，前列金银器皿及现钱，谓之看垜钱，此钱备准榷货务算请盐钞引……纷纭无数"。《宋会要辑稿·食货》卷二八记载："……询访得有客人赍到银两，谓见入纳官司许令在外变转会子，是致将银变卖与金银铺户，将客算请银两及会子就用公据客名入纳销籍。"

盐钞、茶引、告身、度牒等"有价证券"

谈及宋朝货币，度牒、告身等官方证书虽然不是流通货币，但在各项政府开支中都能见到它们的身影，是官方承认的"有价证券"。

盐钞、茶引是宋代贩卖盐和茶的贩卖许可证。当时的商人向京师榷货务缴费领取茶引或盐钞后，才准许贩卖茶或盐。由于贩卖茶和盐利润丰厚，所有茶引和盐钞就成了一种商品，在金银铺中进行买卖。茶引、盐钞本身也可以兑换纸币。宋朝廷通过发行茶引和盐钞，把茶叶、食盐从直接专卖变为间接专卖，这种转变既为商人获利提供了机会，也为政府增加财政收入提供了便利。盐钞、茶引在全国推广，缓解了宋政府的财政压力。《向侍郎行状》中记载："会新法行，人皆幸赏，奔走榷货客钞。"

告身是宋代政府封赐头衔或委任官员的委任状。在纸币因超发而贬值的时候，贩卖告身成为宋政府收兑纸币的资金来源之一。《宋季三朝政要》卷三提到，端平二年（1235年）："四月都省言：第十六十七界会子散在民间，为数浩汗，会价日损，物价日昂。若非措置收减，无由增长。诏令封桩库支拨度牒五万道、四色官资付身三千道、紫衣师号二千道、封赠勅告一千道、副尉减年公据一千道，发

本页_苏轼任杭州知州时，曾以度牒卖钱等措经费疏浚西湖。

下诸路监司州郡广收两界会子。"南宋末年贾似道"回买公田"的资金来源里，也包括了告身。《钱塘遗事》卷五《推排公田》中记载："立价以租一石者偿十八界会四十楮，不及减买数，稍多则银绢相半，又多则以度牒、告身准直。"

度牒是准许僧尼出家的许可证。在《水浒传》第四回《赵员外重修文殊院 鲁智深大闹五台山》中，记载了鲁智深使用度牒出家为僧一赵员外道："……我曾许下剃度一僧在寺内，已买下一道五花度牒在此，只不曾有个心腹之人了这条愿心。""长老赐名已罢，把度牒转将下来。书记僧填写了度牒，付与鲁智深收受。长老又赐法衣、袈裟，教智深穿了。"度牒在北宋前期一度取消收费，免费给度："凡僧尼籍有名者，悉牒度之。"北宋中期后，随着政府财政收入逐渐吃紧，出卖度牒成为政府的财源之一。度牒在很多场合都被宋政府当钱使用，赈济灾民，用度牒；兴修水利，用度牒；军费不够，用度牒……度牒之所以这么受欢迎，与宋代僧尼免除徭役的特权和对僧尼的严格控制有关。这也使得度牒的价格一直很坚挺，信用比纸币要好，逐渐被政府大量使用。

从宋神宗朝起，度牒开始官方售卖，并一直持续到南宋灭亡。据《佛祖统纪》卷四五："神宗熙宁元年（1068 年）七月，司谏钱公甫言，祠部遇岁饥河决，乞鬻度牒以佑一时之急，自今圣节恩赐，并于载损，鬻牒自此始。"从此以后一发不可收拾。苏轼疏浚西湖修苏堤所用钱财也来自售卖度牒。他在《杭州乞度牒开西湖状》中写道："……于前来所赐诸州度牒二百道内，契勘赈济支用不尽者，更拨五十道价钱与臣，通成一百道。使臣得尽力毕志，半年之间，目见西湖复唐之旧，环三十里，际山为岸，则农民父老，与羽毛鳞介，同泳圣泽，无有穷已。"南宋初年曾有段时间禁发度牒，后来放开禁令，每道度牒价值省陌铜钱五百贯，可以折计为金银支付。"（绍兴三十一年）二月丙午，中书言：'昨以僧徒冗滥，令礼部权行住给度牒，已经二十余年。望量行制造度牒，立定价数，分降诸路州军。诏户、礼部措置。户部乞每料给降二千道，每道价钱五百千、绫纸钱十千，皆省陌……愿以金银计直者听。'从之。"（《建炎以来系年要录》卷一百八十八）岳飞北伐的军费也用过度牒。"（绍兴二年）诏赐飞度牒二百，为赡军修城之费。"（《建炎以来系年要录》卷八三）。此外，文献还提到过度牒被直接用来犒赏军队。绍兴三十一年（1161年），"癸巳，赐江淮制置使刘锜度僧牒五百，为犒军之用"（《建炎以来系年要录》卷一九一）。度牒作为宋代商品经济发展的产物，已经超出它本身的使用价值，逐渐成为一种大额支付手段，被政府用作财政支付。

纵观两宋，长期的边患使宋朝不得不保持数目惊人的常备兵力，采用的募兵制对财政造成很大负担。为了应对战事造成的财政困难，政府绞尽脑汁，尽可能增加财政收入。铁钱、纸币、度牒的发行都与这有关系。宋朝能够在先天战略劣势的情况下凭借自身国力延续国祚三百二十年，真是令人感叹。

客死他乡的雅典海军之父

作者：董狐

> 谁是大海的主人，谁迟早就能成为帝国的主宰。
>
> ——特米斯托克利

公元前 800 年至前 100 年，中国春秋战国时期，在地中海海风的吹拂下，环爱琴海地区诞生了一个伟大的文明——古希腊文明。古代希腊包括伯罗奔尼撒半岛、巴尔干半岛南部、小亚细亚半岛西部以及爱琴海中许多小岛，由许多讲希腊语的大小城邦组成。希腊从"黑暗时代"走出来后，多利亚人在迈锡尼文明的基础上发展出了崭新的希腊文明，许多城邦纷纷建立。其中最强的有两个：一是以农业立国的斯巴达，崇尚武力、陆军最强；一是以海贸立国的雅典，重视商业，海军最强。

公元前 776 年第一次奥林匹克运动会的召开，标志着古希腊文明进入了兴盛时期。前 750 年左右，随着人口成长，雅典的希腊人开始向外殖民，远至意大利南部、西西里岛、高卢（今法国）、西班牙等地。因当时地中海有两大海上强权：腓尼基和迦太基（腓尼基人在北非的殖民地），希腊人所占的土地面积少，且呈零散分布状态。此外，希腊东部还有个庞然大物——波斯帝国。正处于上升期的希腊诸城与扩张势头正猛的波斯的斗争，是这一阶段地中海世界的历史主线。希腊诸城邦的兴盛，雅典成为地中海海上强权，都是在击败波斯及其仆从国的基础上实现的。

这一时期，双方都涌现出了很多杰出人物，如伯里克利、大流士一世、列奥尼达、薛西斯一世，其中，雅典海军统帅特米斯托克利（Themistocles）较少有人关注，但他却是这些杰出人物中的佼佼者。

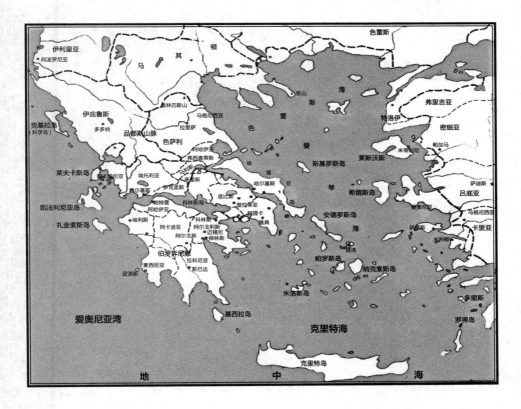

一 从平民到执政官

与同时期中国的世卿世禄制类似，古希腊的政治也垄断在贵族手里，甚至民主派的领袖也多系贵族出身，如梭伦、伯里克利等著名改革家。而特米斯托克利与他们截然不同，罗马史学家普鲁塔克说："（他）家世卑微，远不能提高他的声望，他父亲涅奥克勒斯不是雅典的什么知名人士，而是弗瑞阿里亚的一个镇民，属于勒昂提斯族；就其母系而言，他是个异族

人。"① 【普鲁塔克. 希腊罗马名人传 [M]. 北京：商务印书馆，1990】特米斯托克利的父亲涅奥克勒斯经商，积攒了一笔可观的财富，然而社会地位始终不如那些名门望族。

特米斯托克利从小就聪明过人，课余时间，他不是思索问题，便是演习起诉和答辩。但他对自己认为用处不大的功课，则敷衍了事，不在乎成绩的好坏。此外，他还像每个希腊男子一样锻炼身体，练习

特米斯托克利雕像

战斗技能。老师对他表现出来的异乎寻常的毅力和才能感到惊奇，一直观察他。后来，老师这样评价他："这个小孩将来一定会成为大人物，或者造福，或者作乱。"然而，因为出身的差异，特米斯托克利在求学过程中，受尽了那些出身显赫的同学的歧视。他非常反感和鄙视贵族的种种做派，认为正是他们导致了雅典的堕落。少年时代的特米斯托克利就萌生了远大的理想，养成了务实的作风，并下决心要"振兴这个湮没无闻的小城，使它变得光辉伟大"[1]。

【普鲁塔克.希腊罗马名人传 [M].北京：商务印书馆，1990】

成年后，特米斯托克利没有继承父亲的职业，梭伦曾立法规定，要是父亲不能传授其子一项技能，儿子便对父亲无奉养义务，因为只有这样，手艺才具有荣誉与尊严。然而，梭伦改革也为特米斯托克利这种非贵族出身的平民子弟从政打开了一扇门。

雅典社会长期以来分为三个阶层：最上层为贵族，有奴隶及雇佣工人为其耕作农田，有管家放贷为其谋利，拥有马匹，战时可组成骑兵；次为商人、手艺人及其他靠技术谋生的自由职业者，战时可组成重甲步兵；最下层为自耕农，终年辛勤耕作仅能生存，还得设法应付债主与大土地的贪婪压榨，唯一安慰是拥有一小块维持生计的土地，战时可组成轻甲步兵。奴隶的地位虽然更低，但数量很少。前两阶层享有公民资格，但仅有贵族可作为执政官、法官及祭司。随着人口的增加，人均土地减少，生活日趋艰难，城镇贫富悬殊也日趋严重，社会矛盾一触即发。关键时刻，梭伦推行了一系列改革，为雅典今后的辉煌创立了一种新颖而稳定的秩序。

经过梭伦改革，雅典的自由民按财富的多少被分为四个等级：第一等级为年收入 500 蒲式耳（欧洲容积单位，约等于 52 升）谷物以上的人群，第二等级为年收入 300~500 蒲式耳的人群，第三等级为年收入 200~300 蒲式耳的人群，第四等级为收入低于 200 蒲式耳的所有自由人。社会公职也是按收入确定的，第一级可以被选为执政官或军事指挥官，第二级可任较低级的政府官员及骑兵，第三级可加入重甲步兵，第四级只能任国家的一般士兵。据记载，特米斯托克利因赞助公元前 494 年上演的一出悲剧《占领米利都》而名声

本页_希腊服饰

大噪，当选为公元前 493 年的首席执政官（Archon），这足以证明，特米斯托克利家庭很富有，应当属于第一等级。

特米斯托克利任期很短，只有两年，但他的改革举措却留名后世：打破了过去执政官由第一等级出任的惯例，使数量众多的第二等级民众也可以成为执政官。

而这一时期，雅典的局势并不乐观，希腊内部一直受到斯巴达的挑战。雅典的贵族甚至借助其他希腊城邦（斯巴达）的力量占领雅典城，成为"僭主"。公元前

510 年，雅典著名人物克里斯提尼买通女祭司伪造神谕，让斯巴达国王放弃对雅典的控制，放逐了僭主希庇亚斯。他还在梭伦改革的基础上进一步改革政治，将所有人口划为十个部落，给予很大的自主权，而且发明了"陶片放逐法"——授予雅典公民的一项特殊权利：可以在陶片上写上那些不受欢迎的、可能成为僭主的人的名字，并通过投票放逐这些企图威胁民主制度的政治人物。但贵族仍没有放弃成为僭主的野心，与梭伦的斗争一直没停过，还

本页_古希腊版图

波斯帝国已控制了小亚细亚地区所有希腊城邦，且征服了希腊周边地区的一些部落，如色雷斯人和马其顿人。为了维护统治，波斯帝国建立了一支庞大的军队。著名希腊史学家希罗多德对希波战争时期波斯帝国的军队有过一个描述："波斯帝国海军有1207艘战舰，官兵57万人；陆军步兵170万人、骑兵8万人，骆驼及战车兵2万人，共计237万人。这还只是亚洲地区的部队，波斯帝国在小亚细亚、色雷斯和马其顿的欧洲附属国，必要时还能提供30万陆海军。"当然，这里的数据很夸张。根据现代史学家的推算，波斯帝国大约能动员30万人。

曾求助斯巴达。斯巴达国王克列欧美涅斯组织了拉凯戴孟同盟，一度武装占领过雅典，然而最终被雅典公民赶走。

刚刚独立的雅典还有个更强大的敌人——波斯帝国。古波斯帝国是人类历史上第一个名副其实的大帝国。公元前550年，波斯王居鲁士统一波斯全境，开始大规模扩张。短短的五十年里，除中国外，其他文明古国如埃及、巴比伦、腓尼基、巴勒斯坦、亚美尼亚和北印度都被波斯征服，沦为其行省或附庸。到希波战争前夕，

而这时雅典的青壮年男子不超过3万人，整个希腊半岛的可用之兵从来没有超过10万人，双方实力对比可谓悬殊。特米斯托克利执政这段时间，正是波斯入侵的前夕，雅典的局势用危如累卵来形容毫不夸张。

二 在战火中的成长

公元前491年，波斯征服了小亚细亚西岸所有希腊城邦。波斯皇帝大流士继续派遣使者到剩下的希腊城邦索取"土地和水"，即要求他们对波斯表示臣服。其他城邦不得不屈从，唯独雅典和斯巴达拒绝了。公元前490年，大流士亲率波斯军队再次入侵希腊，在雅典城东北六十公里的

马拉松平原登陆，妄图一举消灭雅典。

在希腊的历史记载中，这支军队达20~30万人。不过，这个数字明显夸大了。考虑到当时的动员能力和技术水平，这支短期内组建的远征军可能不会超2.5万名步兵和1000名骑兵。即便如此，这也是那个时代罕见的大军了。

本页_波斯军队

当时，600 艘波斯战舰把月牙形的海湾挤得水泄不通，岸上是波斯大军筑起的一座庞大营垒。波斯大军已在这里停留了许多天，波斯人的运输船往返穿梭，源源不断从小亚细亚的基地运来人马、军械和给养。爱琴海对岸的小亚细亚，还有更多波斯大军即将被运来。

雅典组织军队抵抗，将一万军队驻扎在马拉松平原附近的一座山上，这是他们所能组织起来的全部兵力，特米斯托克利也参与了这次作战。除斯巴达外的其他希腊城邦因为畏惧波斯，拒绝援助雅典，而斯巴达的两千步兵还需数日后才能抵达。如果等下去，波斯大军将全部到达战场，那时，双方力量对比会更加悬殊，立刻对波斯发起进攻无疑是最好的选择。经过仔细考虑，由包括特米斯托克利在内的十位将军组成的雅典军事委员会进行投票，最后，雅典名将米提亚德说服了统帅卡利马

什，决定抓住战机下山列阵迎战波斯大军，同时米提亚德也被选为新军队的统帅。

雅典军队虽然规模小但却是一支精兵，而且他们还掌握了著名的希腊长矛密集方阵战术（Phalanx），这种犀利无比的战术正是后来亚历山大击败波斯建立庞大帝国的马其顿方阵的雏形。雅典军队的主力是重装步兵（Hoplite），他们的装备包括青铜打造的头盔、胸甲、肩甲和躯干其他部位的鳞片甲，一面浅碟形圆盾直径约 1 米，表面是一层青铜蒙皮；主要兵器是一支长约 3 米的矛，辅助兵器是一柄60 厘米长的短剑。雅典步兵战斗时组成密集的方阵，通常有八行纵深，前四排士兵持矛水平向前，后排的长矛叠在前排长矛之上，而后四排则将矛竖立。这种密集阵战术对士兵的身体素质和战术素养要求非常高，一个全副武装的步兵需要负重 40公斤，进行长距离的奔跑和高强度的冲刺。

本页_电影中的斯巴达防御阵型

希腊方阵必须在任何情况下保持队形紧密、步调一致，这需要长时间的队列训练才能达到。希腊密集方阵的正面攻击锐不可当，但也有两个致命弱点：一是长矛方阵的展开、进攻和作战必须在平坦的地形上，二是因为方阵矛尖全部向前而又转身困难，侧翼和背后容易受到敌人骑兵等机动力量的威胁，因此，长矛方阵在作战时，往往需要非列阵散兵或骑兵保护两翼。

正当雅典军队准备下山列阵时，一支来自希腊小国普拉提亚的援军出人意料到达战场。以前雅典曾经帮助普拉提亚击退邻国的侵略，普拉提亚心存感激，得知雅典遭受波斯侵略，立刻发举国之兵来援。虽然援军只有 1000 人，但极大鼓舞了雅典军队的士气，至少他们不用担心长矛方阵侧翼被波斯骑兵威胁了。决战即将开始，米提亚德展现出了杰出的军事天才和过人的胆识，他重新部署军队，削弱中央方阵的厚度，由八行变成四行，将阵线向两边延伸，以两侧沼泽地作为天然屏障，杜绝了侧翼受威胁的可能。

列阵完毕的雅典军向敌人发起了冲锋，双方距离大概 1.5 公里，长矛步兵方阵开始是慢跑，进入大约 100 米的弓箭射程后，方阵开始加速，但队形丝毫不见散乱。双方阵列很快撞在一起。为了给轻装步兵留出足够的空间拉弓射箭，波斯步兵阵型排得散，不如雅典人那么密集，装备和防护也不如希腊人。这种战术与装备的不对称造成波斯人伤亡巨大，然而，波斯中部阵线的士兵都是百战精锐，他们发起悍不畏死的冲锋，突破了雅典相对薄弱的中部阵线，迫使其中部方阵集体后撤以保持队形，战局陷入胶着状态。

波斯骑兵试图从两翼侧击希腊方阵，然而为沼泽所阻，最后只得迎着密集长矛正面冲击雅典人阵线，许多士兵纷纷倒在阵地前。波斯军两翼以新兵为主，对伤亡的承受远低于老兵，此时已出现大面积溃逃的势头。雅典军两翼顾不上追击当面敌人，开始慢慢向阵线中间合拢，中央方阵也重新发起冲击，三股力量将剩下的波斯军主力挤压在中间，战役进行到这里基本上已分胜负。

波斯军统帅达提斯（Datis）见大势已去，遂下令总撤退。波斯士兵放弃阵线，拼命向停在海边的波斯战舰逃去，雅典士兵在后面紧紧追赶，用长矛刺穿每个能追得上的波斯人。追到海边后，雅典人开始分散攻击，并放火焚烧战舰。波斯人出于求生的欲望拼死抵抗，而雅典人本次战役

本页_希腊士兵图

的伤亡大多发生在这里，包括雅典军政长官卡利马什和两位将军都在此阵亡。最终，波斯人在损失 7 艘战舰以后，主力得以撤退。传说，希腊统帅派一名叫费里皮德斯（Pheilippides）的使者从马拉松平原跑回雅典报捷，全程约 42 公里，途中从未停顿。当费里皮德斯回到雅典，只说了一句"我们胜利了！"就倒地死了。为了纪念这位传说中的英雄，希腊人在 1896 年举行了第一次马拉松赛跑大会——国际马拉松比赛的起源。

此役，波斯军队共阵亡 6400 人，而雅典方面仅阵亡了 192 人。如此巨大的战损比，不但体现了战术在战争中的巨大作用，而且也把新战术——希腊长矛方阵带入了历史舞台。

长矛步兵方阵并不是古希腊人在马拉松战役的发明，但这次战斗充分证明了密集重装步兵战术的可怕威力，尤其是在对抗波斯轻骑兵、弓箭手和轻步兵部队时。面对希腊重装步兵坚固的青铜铠甲，波斯引以为傲的弓箭部队几乎没起什么作用，以往战役中起很大作用的波斯骑兵也不敢正面冲击密集的长矛阵，缺少盾牌和盔甲的轻装步兵与希腊步兵对抗时也处于下风。正如希罗多德所说："轻装和缺乏盾牌是他们的致命伤，因为他们是完全缺乏防护的。"

斯巴达的两千援军直到战役结束后才到达战场，他们列队在战场绕行一周，观看雅典士兵的战果，战场上波斯人尸横遍野的景象让斯巴达战士们惊叹不已。普拉提亚人在危急关头前来援助，赢得了雅典人的敬重，战役结束后，雅典授予所有普拉提亚人雅典公民资格。

马拉松战役为雅典在地中海赢得了威名，成为希腊联盟的盟主。看似强大无比的波斯帝国居然被小小的雅典击败，而且是以如此巨大的战损比击败的，整个希腊都感到前所未有的自信。这场战役也鼓舞了希腊战胜波斯的信心，对以后的希波战争有重要影响。希腊各城邦结盟，由斯巴达领导，加强了反对波斯帝国的力量。这场胜利是希腊文明随后辉煌的起点，虽然这并不意味着对波斯的战争已取得决定性胜利——对庞大的波斯而言，这点损失还不至于伤筋动骨，若干年后，他们会带着更多的兵再度进犯。可是，大多数希腊人并没有认识到这一点。

三 独到的战略眼光

特米斯托克利参与了马拉松战役，并从前辈米提亚德身上学了很多指挥战争艺术，为他今后担当大任创造了条件。

马拉松之战后，波斯在小亚细亚的据点陷入孤立无助的境地，雅典人觉得正是铲除这些据点的好机会。米提亚德说服雅典议会派出一支部队由他率领，横渡爱琴海进行远征。然而，米提亚德违背了对议会的承诺，擅自将攻击目标从波斯要塞改成了一个叫帕罗（Paros）的希腊小岛国。因为米提亚德在波斯宫廷效力时，曾被一个帕罗贵族当众羞辱过，他怀恨在心，一直想找机会报仇。然而，他在帕罗城屡战屡败，还受了重伤。几个月后，米提亚德不治身亡。因此，当波斯人卷土重来的时候，雅典能依靠的只有特米斯托克利了。

马拉松战役结束后，获胜的雅典人回到家乡，却发现他们世代生活的城市再度变成了一片焦土。特米斯托克利号召公民重建雅典，并提议增修一条从雅典到比雷埃夫斯港的滨海长城。他的用意不仅是为了对付波斯人，也是为了防备斯巴达人。凭借独到的战略眼光，特米斯托克利预料，随着波斯势力逐渐退出爱琴海周边地区，为争夺希腊的霸主地位，斯巴达和雅典势必会发生冲突甚至爆发战争。听到雅典要筑城的消息，斯巴达人立即对此做出了反应。他们派来一个代表团，建议雅典不要重修城垣，更不要修筑滨海长城。理由是万一落入波斯人手里，就会成为敌人的要塞。特米斯托克利洞察了斯巴达人的用心。斯巴达陆军非常强悍，以长矛方阵为主要作战形式，所以他们是不建城墙的，城墙会妨碍其行动。雅典陆军不是斯巴达陆军的对手，如果不建城，斯巴达人可长驱直入。

如何回复斯巴达人，既不让他们达到目的，又不与他们反目导致反波斯同盟破裂，考验着特米斯托克利。

雅典人按照特米斯托克利的建议，让斯巴达代表留了下来（有将他们作为人质的含义）。与此同时，特米斯托克利则独自启程前往斯巴达。到斯巴达后，特米斯托克利以等代表团其他成员到后再举行会谈为借口，没有会晤斯巴达政府人员。这段时间，雅典政府动员了所有能工巧匠，日夜修筑城墙和滨海长城。直到工程快完成，足以应付作战需要时，他们才向斯巴达派出代表团的其余成员。特米斯托克利这时才向斯巴达人解释：雅典修筑长城，无论对雅典还是对其他城邦都是有利的，因为只有力量均等，才能平等地讨论共同的利益。斯巴达政府见木已成舟，对手又是他们最为尊敬的特米斯托克利，只好压住内心的不满，让雅典的代表回国。

成功应付了斯巴达这个来自希腊内部最大的威胁后，特米斯托克利将目光转向了刚在马拉松平原遭受失败的波斯帝国。马拉松之战的辉煌胜利，让希腊很多人都产生了轻敌和盲目乐观的情绪，对波斯可能发动的下一场战争缺乏思想准备。而特米斯托克利却意识到，为应付下一轮战争做好准备是雅典的当务之急。"这时，城里别的人都认为，蛮族在马拉松的战败就意味着战争的结束，但特米斯托克利却认为这仅是更大搏斗的开始。因此，他为自己做了涂油祭礼，仿佛他是保卫希腊的战士，并将全城投入训练。尽管那还是遥远的事，但他已预料到将降临的战祸。"[1]

【普鲁塔克. 希腊罗马名人传 [M]. 北京：商务印书馆，1990】

为了应付将来的战争，特米斯托克利经过长时间考虑后，提出了建立一支强大海军的构想。事实上，拥有一支强大的海军，对雅典很多方面都具有非凡的意义：

第一，波斯帝国征服海上强国腓尼基以及小亚沿岸的希腊城邦后，已组建起一支强大的海军，雅典将面对波斯帝国水陆的夹击。

第二，雅典要想在地中海激烈的商业竞争中脱颖而出，就必须拥有强大的海军。雅典城邦地处希腊东南部的阿提卡半岛，三面环海，有曲折的海岸线和优良的港湾，南部山区盛产大理石、优质陶土以及银矿，要想将这些转化为利润，就必须有强大的海军为后盾。

第三，雅典本身的海军非常弱小。公元前487年，雅典在与岛国埃吉纳的冲突中，因缺乏海军，不得不向科林斯借了20艘军舰。

第四，发展海军也为雅典人提供了众多就业机会。自梭伦改革后，第四等级公民虽然获得了一定的公民权利，但没有摆脱贫困，只能耕种着"疼痛和苦楚"的贫瘠土地。将他们加入海军，既可解决兵员问题，又可解决就业问题，可谓一举两得。

特米斯托克利提出主张后，立即遭到保守贵族势力的反对。贵族的经济基础在农业，军事基础在步兵，自然抵触特米斯托克利的改革。他们责怪特米斯托克利把雅典人降低到划船摇橹的地位。古希腊人也有"以农为本"的观念，因此从事工商业有不

务正业之嫌。因此，贵族说特米斯托克利损害了"社会的完整和纯洁"。特米斯托克利则答道："如果只凭步兵，雅典甚至敌不过最近的邻邦，可如果得到了来自战船的威力，不但能击退蛮族，还能使雅典在希腊居于领先地位。"①【普鲁塔克.希腊罗马名人传[M].北京：商务印书馆，1990】

最终，特米斯托克利的改革获得了支持，银矿的收入成了海军军费。"这些希腊小城邦对公共财政，与他们对公共道德等事情一样，有着简单且直接的想法：有人提议这笔钱应作为天赐之物分给公民。"②【普鲁塔克.希腊罗马名人传[M].北京：商务印书馆，1990】特米斯托克利则力排众议，将其用在海军建设。"爱琴海是表面的目标，但波斯人的威胁是他的心病。同时，他预见了雅典作为一个商业强国和海军强国的未来。"③【普鲁塔克.希腊罗马名人传[M].北京：商务印书馆，1990】

在特米斯托克利的努力下，雅典最终拥有了一支由200艘三列桨战船组成的海军。特米斯托克利甚至改变了雅典海军的作战模式。之前，一艘战舰上除

170 名桨手和 20 名水手外，还有 18 名士兵——大都是弓箭手和标枪手。而特米斯托克利设计的战舰上只有 4 名弓箭手，其他 14 人是重装步兵，他们的任务就是登上敌船近身格斗。

不过，战舰造价非常高昂，一艘三列桨的战舰造价约 1 万德拉科马（Drachma，古希腊货币单位），相当于 500 名重装步兵全部装备的费用。200 艘战舰，光造价就足够装备 10 万步兵。再加上战舰日常维护费用 4000 德拉科马，雅典海军每月的军费高达 280 万德拉科马，紧靠银矿的收入是无法维持的。

为了解决海军军费，特米斯托克利创立了"船主制度"（Trierarchy）。战舰的产权属于国家，使用权则可以拍卖，为期一年。竞标获胜者为"船主"，负责招募水手和桨手，承担日常的保养和维护，国家负责训练、指挥和提供士兵。

当时，雅典有大批平民富商，一直渴望获得政治地位，"船主"给他们提供了在政治上提升自己的良机。因此，船主们

相互攀比，让自己的战舰保持最好的状态，雇最好的水手。可以说，特米斯托克利的船主制度让雅典既节约了军费，又保持了海军的战斗力。

不过在此过程中，特米斯托克利也展现了自己阴暗的一面。由于在海军政策上存在分歧，特米斯托克利和雅典政坛的另一个强势人物阿里斯蒂德成为政敌。阿里斯蒂德出身贵族，受过良好教育，性格谦和豁达，私德很好。但特米斯托克利仅因政治上的分歧就设计放逐了阿里斯蒂德。

四 恐怖的波斯大军

正当特米斯托克利大展宏图时，波斯帝国发生了帝位更迭。马拉松战役失败后，帝国的属地埃及发生了叛乱，大流士一世还未决定先平定叛乱还是继续征讨希腊便突然死去，他的儿子薛西斯一世继承帝位。

薛西斯的母亲是波斯开国君主居鲁士的女儿，因此，他与其他王子比起来拥有更尊贵的出身。

在希罗多德所著的《历史》中，薛西斯认为自己处于世界之巅，俯视着蝼蚁般

的万千众生。他的举动时而宽宏，时而暴虐，难以揣摩。他本性并不残忍，某些特殊的时刻，他甚至像诗人一样心思细腻，感怀伤世。希罗多德写到波斯远征希腊的"五百万"大军时曾说："以身材和相貌而论，这数百万人中没有一个比薛西斯更有资格来统率大军。"奈波斯的《外族名将传·王者篇》则写道："'长臂'薛西斯的名望，主要来自他高大健美的身姿，论臂力，他强于任何波斯人。"

与他的父亲一样，薛西斯也是一位野心勃勃的征服者。迅速平定埃及叛乱后，他决定继承父亲遗志，继续征服希腊。薛西斯一共向臣服于波斯的 46 个国家、100 个民族征集大军，加上波斯军队，号称"百万"，准备一举吞下整个希腊。关于第二次波希战争波斯军的兵力，历来说法不一。同时期的希腊历史学家希罗多德说有五百万，波斯自称百万，后世历史学家考证应该在 15 万到 18 万之间。

除了庞大无比的军队外，波斯帝国还有支威名赫赫的精锐部队——不死军。不死队组建于冈比西斯二世统治时期，在大流士手中发扬光大。大流士曾精选波斯军中百战勇士与之前的宫廷禁卫军合并整编，新编的不死军人数为 1 万人，下辖 8 个步兵千人队、1 个轻装骑兵队、1 个快速战车队。战车队与骑兵队人数亦为千人。步兵队的标准配置为短矛、盾牌、短匕首、弓箭、青铜链甲、整块青铜圆甲(胸前铠甲)。骑兵队装备 1 柄波斯长马刀，副武器为双刃斧与弓箭，不再装备步兵的青铜链甲，改为皮甲。战车队主体由 160 辆双马轻战车组成，轮毂处设单刃刀，成员主要装备

左_薛西斯

右_不死军

为弓箭，副武器为匕首，着青铜链甲。

不死军曾镇压巴比伦、埃兰、米底等起义，连续作战 19 次，擒获 9 个暴动首领，最终拯救了濒于崩溃的帝国。由此，不死军成为波斯帝国皇帝手下最得力的部队，他们也因此享受着良好的待遇。据希罗多德记载："每个人都带着无数的黄金，金光闪闪；跟着他们的有盖马车里坐着精心打扮的女人和齐整的奴仆；他们还能享用有别于普通军队的特供食品……"

每当不死军有成员死亡，就会有其他部队的精锐战士填补其空缺，以保证整个军团始终是 1 万人。这也是不死军名称的由来。

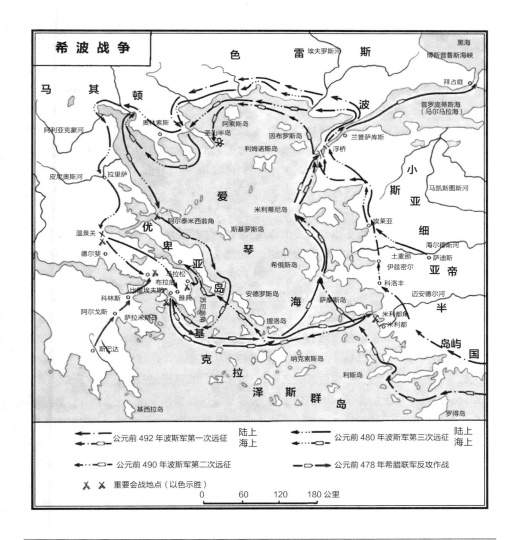

本页_希波战争态势图

这次远征，薛西斯吸取了上次的教训，准备工作做得非常充分。他先和地中海的海上强国迦太基结盟，让其牵制意大利西西里岛上的希腊城邦西拉丘斯（Syracuse），然后在赫拉斯滂海峡（Hellespont，今达尼尔海峡）修建两座浮桥，接着又在色雷斯境内沿路建了多个后勤基地。

据记载，赫拉斯滂海峡浮桥工程进展并不顺利，最初的两座桥刚建好就毁于风暴。尚在后方的薛西斯接到报告后非常震怒，自诩神王的他不能容忍伟大的远征被一道窄窄的海峡所阻碍，于是下令鞭笞大海。他的手下按其旨意，用皮鞭抽打了海水足足 300 下。接着，他们又把一副烧红的镣铐投入水中，向海神宣读战书："你这毒辣的水！我们的主公这样惩罚你，因为你伤害了他，尽管他丝毫没有伤害你。不管你愿不愿意，薛西斯王也要从你上边渡过去；任何人都不会向你献祭，因为你不过是一摊险恶而苦涩的水！"

最后，波斯人调来 600 余艘巨舰并排停在赫勒斯滂海峡，下锚钩住海床，然后以船身做桥墩，连以长索覆以巨板，搭成了两座不畏风浪摇撼的浮桥。两桥直贯欧亚大陆，天堑变成通途。号称百万的波斯大军就从这两座桥上踏上了欧洲的领土。拥有无限权力的帝王在普通人眼中，是如天神般的存在，当薛西斯乘着装饰极其华丽的车马，被前呼后拥着通过赫勒斯滂浮桥时，一个当地的目击者绝望地仰天问道："宙斯啊，你为什么要化作波斯人的样子，带全人类来灭亡希腊呢？！"

渡过海峡后，波斯大军沿着海岸线向西推进，沿途有四年前就准备好的五个巨型储粮仓，同时，往返于欧亚之间的运粮船也把后方的给养源源不断运来。经过卡尔启迪斯半岛时，波斯海军从一条新挖的运河直穿而过——早在三年前，波斯王就下令在此挖一条运河，工兵们开山凿渠，历时三年，挖出了一条长 25 千米、深 20 米、宽 30 米的河道，这条运河的遗迹今天还能看到。

为了应付即将到来的战争，特米斯托克利除了筹建海军，还团结其他希腊城邦。普鲁塔克说："（特米斯托克利）最大的成就是，制止了希腊城市之间的战争，说服他们将彼此之间的仇恨先搁在一边，以对付战事。"薛西斯入侵前夕，100 多个希腊城邦只剩 31 个还没有投降，他们结成了以斯巴达国王为军事统帅的反波斯同盟，因为这些城邦的代表们在科林斯会盟，因此被称为"科林斯同盟"，这是希腊前所未有的联合御侮行动。

可除此之外，无论是西西里岛的叙拉古，还是爱琴海上的第一大岛克里特岛，都拒绝帮忙。亚得里亚海的柯尔库拉岛虽然答应援助，可却暗中指示赴援的舰队慢慢前行，故意错过战机，以求避战自保。希罗多德鄙夷地写道："他们就这样推卸了对希腊的责任。"

希腊陷入了空前的孤立与无助。科林斯同盟只能奋力自救，第一次"泛希腊会议"（Panhllenic Congress）在科林斯召开，各方代表开始商讨在何处阻击敌军。商讨很快变成了争吵，各城邦都想动用全联盟的力量来保护自己。主要有两派：斯巴达人主张退守伯罗奔尼撒半岛和大陆连接处的科林斯地峡，该处地形狭窄，波斯的大军无法展开，适合斯巴达人发挥其精锐的单兵战斗能力，如果守住了科林斯地峡，地峡以南的斯巴达就会安然无恙；雅典等位于地峡以北的城邦当然表示反对，因为退守地峡等于要他们放弃家园，他们主张向北推进，依靠海军阻挡波斯舰队的前进。

双方僵持不下时，希腊北部的忒撒利亚人建议北上腾配关阻击波斯军，封锁奥林匹斯山和奥萨山之间的奥林匹斯通道。腾配关是希腊北部的第一个险要隘口，如果能在这里退敌，雅典等城邦都可以保全。这个计划兼顾了雅典和斯巴达的意愿，算

是个理想的折中方案。忒撒利亚人拥有希腊最出色的骑兵，是科林斯同盟得力的臂助，因此，同盟决定按照他们的计划，派出一万名步兵北上腾配关。这时，表面上倒向波斯的马其顿王亚历山大（后来消灭波斯征服东方亚历山大大帝的五世祖）暗中向科林斯同盟通风报信，说腾配关西侧有路可以绕到关后，无法固守。联军经勘察确认了这一情报的真实性，于是将防御战线往南撤，最后选在了温泉关。而忒撒利亚人认为自己被出卖了，索性倒向了波斯人。

此时已经到了公元前 480 年仲夏。由于忒撒利亚倒向波斯，北方的门户大开，温泉关成了保住希腊中部城邦的最后一道屏障。

五 温泉关前的死守

温泉关是一个易守难攻的狭窄通道，一边是大海，另一边是陡峭的山壁。这个村庄附近有热涌泉，因而被叫作温泉关。依据希罗多德的记载，希腊联军在温泉关一共布置了 6700 人，其中包括 300 名斯巴达近卫军、700 名斯巴达奴隶以及 5000 多名其他城邦步兵。

守军的核心是斯巴达国王列奥尼达带领的斯巴达禁卫军。根据希罗多德的记述，斯巴达人曾在出发前请求德尔斐的神谕，神谕中写道："哦，居住在斯巴达宽广街道上的人们啊！你们光荣的城镇要么将被

帕尔修斯（Perseus）的子孙们洗劫，要么将遍布拉哥尼亚广袤的大地。为一个国王的倒下默哀吧，那个赫拉克勒斯的后代！"

希罗多德还写道："列奥尼达清醒地认识到这次出征是一次必死的行动，他统领的这支部队人数少，根本无法取得最后的胜利，因此，他从军队中挑选了那些已经育有儿子的精锐战士编入出征队伍。"

普鲁塔克在他的《斯巴达妇女的话语》一书中提到，出征前，列奥尼达的妻子鼓励完他后问还有什么嘱咐时，列奥尼达简

单地回答道："嫁个好人，养群好孩子。"列奥尼达之所以表现得如此决绝，是因为斯巴达人已经没有退路了。早在波斯大军到来之前，索要"水和土"的波斯使者就出现在了希腊的各个城邦。由于他们背后有空前的军力，这一次，他们完成了薛西斯的使命，一些希腊城邦默默地服从了他们的要求。伯罗奔尼撒半岛的第二大城邦阿尔戈斯宣布，波斯大军到来时将"保持中立"。鉴于上一次波斯使者曾在雅典和斯巴达被杀，这一回薛西斯干脆不再派使者，而是直接宣布严惩雅典人和斯巴达人，绝不姑息。

因此，斯巴达人只能死战到底。所幸温泉关地势险要、山道狭窄，大部队不能展开，骑兵和战车都派不上用场，这才让斯巴达人有奋勇一战的机会。

一开始，薛西斯采取了派步兵轮番冲击的强攻战术，企图利用人数优势用车轮战打垮希腊联军。在第一天首轮进攻中，薛西斯派出了仆从国米底亚人和色雷斯人的军队，以及在马拉松战役中丧失亲人的战士，并将之前获得的希腊俘虏放在最前

方当炮灰，希望以人数优势迅速击溃温泉关守军。而希腊人却利用温泉关的地形优势，用锋利的长矛刺死了无数敌人。

根据当时的古代希腊历史学家克特西亚斯（Ctesia）的记载，波斯人第一波攻击被完全粉碎，而希腊人只损失了两三个斯巴达战士。而根据希罗多德的记载，薛西斯在第一波攻击失败后，认识到他面对的是一支多么可怕的军队，于是又投入了精锐不死军发起第二波攻势，结果也失败了。

第二天，薛西斯又派出五万人发起猛攻，但再度被击败。他决定暂停进攻，先派人去侦察附近的敌情。这时，一名叫埃彼阿提斯的当地农民前来告密，说有条小路可以通到温泉关的背后。薛西斯大喜过望，命令一支不死军部队跟着此人沿荆棘丛生的小道直插后山。列奥尼达原本在后山安排了一千名佛西斯士兵防守，因那里一直没被发现，所以他们全放松了警惕，直到波斯人到了才仓促上阵。此前见识过斯巴达军可怕的战斗力，不死军对守军十分畏惧，埃彼阿提斯提醒他们这不是斯巴达士兵，不死军才鼓起勇气发动进攻，向敌人射出密集的箭雨。结果，守军很快退至山顶。波斯人也不追击，从小路直插山后。至此，温泉关防线已被突破。

斯巴达国王列奥尼达得知消息后知道大势已去，于是召开了最后一次战时会议。为保存实力，他让已经丧失斗志的其他城邦军队撤到后方，只留下斯巴达王家卫队士兵断后。因为按照斯巴达的传统，士兵

永远不能放弃自己的阵地。700 名由将军迪莫费鲁斯率领的赛斯比城邦战士自愿留下同斯巴达人并肩作战。

波斯人前后夹攻，像潮水一样涌去隘口。守军兵力大大削弱，加上腹背受敌、失去地利优势，渐渐被压缩到角落。长矛阵不再有往日的威力，斯巴达士兵只能苦苦支撑，直到把手中的长矛都折断了。即使在如此不利的局面下，希腊人还是杀退了敌人的四次进攻，列奥尼达战死。希腊人越来越少，被迫撤到一个小山丘上。赛斯比人的心理防线逐渐崩溃，很多赛斯比人颤抖着向波斯人投降，然后被杀红了眼的波斯人斩杀。最后，波斯军队将残余的斯巴达人死死围住，在口令声中将雨点般的标枪和箭投向他们，直到最后一个斯巴达人倒下。至此，温泉关被波斯军队攻占。据希罗多德记载，薛西斯的两个兄弟阿布罗科麦斯（Abrocomes）和海帕兰西斯（Hyperanthes）也殒命于这场野蛮血腥的战斗。

为了攻占温泉关，据说波斯人付出了两万人的代价，以至于战后心有余悸的薛西斯问身边的人："斯巴达人是不是都是这样的？"他还下令割下斯巴达国王列奥尼达的首级，把其尸体钉到十字架上（希罗多德指出，这种行为在波斯传统中很罕见，波斯人通常十分尊敬那些英勇不屈战死的敌人），可见他何等愤怒。

随后，薛西斯审问阿卡狄亚城邦战俘："你们希腊人到底想干什么？为什么只派这么一点军队来防守？"这些战俘说其他人都去参加奥林匹克运动会了。当薛西斯问如果在运动会上得了冠军，获胜者会得到什么时，战俘答道："获胜者将会被授予一个橄榄枝编成的头冠。"听到这些，

本页_电影中的温泉关之战

站在一边的波斯将军提格兰尼斯忍不住对波斯统帅玛多尼斯说："我的老天，玛多尼斯，你这几天面对的都是些什么人啊？他们竟然为了那些虚幻的成就作战，而不是为了钱！"

正当希腊联军的陆军在温泉关奋战时，联军舰队已开往欧瑞普斯海峡。希腊舰队共有三列桨战舰 324 艘、五桨座战船 9 艘，其中雅典海军占有 180 艘，由特米斯托克利率领。因斯巴达一直在希腊以军事强国著称，此次舰队还是以斯巴达将领欧里拜德斯（Eurybiades）为最高司令官。因舰队中约有一半是雅典战船，斯巴达只提供了 20 艘，雅典官兵牢骚满腹。

"这是一种危险，对此，特米斯托克利立刻察觉到了。他将自己的指挥权交给了欧里拜德斯，并安抚雅典人，如果他们在战争中表现得英勇无畏，他将劝说全希腊服从雅典人。于是，他被认为是能拯救希腊，能引导雅典人在勇猛上超过敌人，在度量上超过同盟者的首要人物。"① 【普鲁塔克.希腊罗马名人传 [M].北京：商务印书馆，1990】

就在波斯陆军直扑雅典时，波斯海军绕过优卑亚岛、越过阿提卡，来到雅典的外港比里犹斯与陆军相呼应。很快，波斯海军主力和腓尼基支队南下进攻欧瑞普斯海峡，他们计划由主力舰队在海峡内与希腊正面交战，腓尼基支队则绕行以封锁海峡南段出口，将希腊舰队包围歼灭，然而中途被风暴阻滞。根据希罗多德的记载，波斯人损失舰船 400 艘，运输船则更多。其中，腓尼基支队几乎全军覆没，因此，希腊舰队在特米斯托克利的强烈鼓动下向波斯舰队发起了进攻。双方均有损伤，虽然波斯舰队损失更大一些，但希腊舰队也没有取得决定性战果。

六 萨拉米斯湾海战

温泉关失守、列奥尼达战死的消息传来，希腊联军受到了很大震撼。而波斯军没有停歇，继续南下。雅典人本希望盟军能够开入波提亚，但斯巴达人正在科林斯地峡加紧构筑防御工事。

战争爆发前，雅典人曾从德尔斐得到一则神谕："这个木墙会继续保护你和你孩子的安全。不要等候骑手的到来，或者是步兵的脚步。在大地上，你可以背向你的敌人，向远处逃离；但当那一天到来，你必与他交战。"

在当时的希腊，人们很相信这样的神谕，军队的士气可能也受到影响。大敌当前，特米斯托克利巧妙解释了神谕，将神谕所指的含义引向了自己的战略。他劝告说，希腊人应该相信木墙是指他们的船只，因而要做海上作战的准备。

最终，雅典人决定放弃雅典城，青壮

年撤到船上准备进行海战，老幼妇孺则撤往埃伊那、萨拉米斯和特洛曾等岛上，部分士兵被部署在市中心高山上的雅典卫城抵抗敌人。波斯大军很快席卷而至，雅典卫城守军苦战后还是无法击退敌人，最终全部战死。到这个时候，除在萨拉米斯湾或科林斯地峡决死一战，希腊人再也没有办法挡住波斯军了。

在此紧急关头，希腊海军却发生了严重的分歧。海军统帅斯巴达人欧里拜德斯希望舰队前往科林斯海峡，在那里协助陆军扼住通往希腊南部的隘口。这个计划把希腊仅存的陆海军都集中在一起，看似有道理，其实非常危险，极有可能给联合海军甚至整个希腊带来灭顶之灾。科林斯地峡非常狭窄，适合陆军扼守，附近海域却非常宽阔，波斯舰队规模比希腊舰队庞大得多，在宽阔海面作战只会让他们的优势发挥得淋漓尽致。

特米斯托克利敏锐地发现了问题，于是联合海军召开了最重要的一次会议。会上，特米斯托克利的演说被修昔底德等人记录，流传到了今天："啊！欧里拜德斯啊，拯救希腊全靠你，假使你听我的话，在这里与敌人交战，而不听那些人的话，把舰队撤回科林斯地峡，那么希腊就会得救。若是在地峡战斗，你就会在宽阔的海面上战斗，这对我们是大为不利的啊……波斯的海陆军同时前进，假使你要撤退，就把波斯人带向了伯罗奔尼撒，整个希腊都会毁灭。假使你听我的话，那么你会获得如下的利益：在窄海中作战我们能以寡击众，获得伟大的胜利……当人类依照理智去考虑，则理智会保证他们的成功，如果他们不依照理智去考虑，神也不会帮助他们！"

然而，欧里拜德斯并没有被特米斯托克利说服，双方陷入了无休止的争吵。特米斯托克利不让步，他威胁说，如果欧里拜德斯一意孤行，他就带领雅典人远走高飞，去地中海西部重新寻找家园。正在这时，刚被雅典人赦免的阿里斯蒂德（Aristides）赶到了，他从流放地乘快船到达萨拉米斯岛，带来了海峡北面出口被封锁的坏消息。这下不用再争吵了，舰队的退路已经被切断。陷入绝境的希腊海军要想活下来，只有破釜沉舟拼死一搏。

阿里斯蒂德一下船就前来拜会特米斯托克利，昔日的两个政敌如今尽释前嫌，共商抗敌大计。与特米斯托克利想法相同，阿里斯蒂德也认为应该在萨拉米斯海峡与波斯军决战。然后，两人和其他希腊将领见面，告诉大家现在已经没有退路，说服众人同波斯决一死战。

彻底断绝联军逃跑的念头后，特米斯托克利又派一个双面间谍给薛西斯送去一个情报，说希腊舰队正计划逃跑。波斯国王立即派200艘战舰团团围住了萨拉米斯海峡的西口，还派主力舰队封锁了海峡东面的出口。9月23日凌晨，波斯舰队完成了对希腊舰队的包围。海湾西口，200艘埃及战舰按时到达指定位置，堵住了希腊舰队的退路；海湾东口，800多艘波斯战舰排成三列，将海面封锁得严严实实。薛西斯志在必得，他把指挥权交给海军将领阿拉米西亚，自己在萨拉米海湾附近的一个山丘上搭起帐篷观战。站在他身边手拿纸笔的史官，也准备如实记录波斯海军的辉煌胜利。

就在希腊人为是战还是逃的问题争论不休时，一个反对过特米斯托克利的将领突然从门外闯进来大叫道："停止辩论，准备战斗吧！波斯人已经完全把我们包围了。"众人见事已至此，决心听从特米斯托克利的命令，在萨拉米斯海湾同波斯海军决战。

波斯海军凭借兵力优势主动发起进攻，被逼到绝境的希腊联合海军在特米斯托克利的指挥下迅速展开了队形：科林斯舰队开往海湾西口顶住埃及人的冲击；主力舰队分为左、中、右三队，欧里拜德斯的16艘斯巴达船只在右，雅典的180艘舰船在左，其他城邦的舰船在中央。希腊将主力集中在海湾东口，与波斯主力抗衡。科林斯海湾非常狭窄，大约只有1400米宽，这样的地形对数量较少的希腊三列桨战舰非常有利。三列桨战船是希腊、迦太基、罗马等地中海地区特有的一种战舰，源自单列桨战船，即船舷一侧各有一列桨，每列25只，随着造船技术的提高，船体越来越大，原有的单列桨已不能提供足够

的动力，于是单列变成双列或者三列。三桨座战船中在一侧的桨手上下错开，第三层的桨手位于甲板上，而第一、二层桨手则位于甲板下，每个桨由一名桨手操作。此后又出现了更大的五桨座战船，最下一层桨手每人滑动一只桨，上面两层每两人滑动一只桨，总共是五名桨手划动三层桨，全部桨手都位于甲板之下。

这种战舰通常35米长、5米宽，舰艏有金属包裹的冲角。战舰平时使用风帆航行，战斗时收帆放桨，以求速度和机动性。三列桨战船的首部有青铜制的撞槌（Ram），基本战术是依靠速度和机动能力（加速和变向）去撞击敌船的侧面，撞槌可在水线下将敌船撞出一个洞并击沉敌船，或撞断敌船的划桨使其失去机动能力，又或者远距离用弓箭标枪杀敌，然后让士兵登船进行肉搏。据研究，三列桨战船有效撞击的速度为10节，而这种战术成为其后几百年地中海地区海战的主要形式。

海湾入口处被萨拉米斯岛阻挡，水道十分狭窄，因波斯战船比希腊战船体积大、船身低，一次只能通过几十艘，波斯海军无法投入全部兵力。先头舰队排成几个纵队进入海湾时，舰队主力只能在后面等待。

本页_三列桨战船结构

此时，正值涨潮期，湾内暗流涌动，不熟悉环境的波斯舰队无法控制方向，场面一片混乱。在大风的吹动下，波斯战舰船身纷纷侧向希腊战船，还没等他们调转船头，早已列阵等候多时的希腊战船便飞快向他们冲了过来。希腊战船利用自己船速快的优势，不断向波斯战船作斜线冲击，首先用船头一根长约 5 米的包铜横杆划断敌人的长桨，使其失去行动能力，然后用镶有铜套的舰艏狠狠冲撞波斯战舰的腹部。守在西边入口的科林斯舰队也凭借速度优势赶来支援，此时，海湾内的希腊海军战船已高达 370 艘，而波斯舰队只进来了 100 艘，已形成局部兵力劣势。此时，海峡狭

窄的水面上挤满了战船，交战双方都很难移动。波斯舰队最外围的战船在希腊人第一波攻击中几乎全被撞沉后，后面的战船才得以转身对敌，双方绞杀在一起，开始了接舷战。

希腊每艘战船上有 18 名士兵，大多为重装步兵，这些士兵利用船身较高的优势跳上波斯战船展开近身格斗。波斯战船上几乎全部是弓箭手，在近距离的战斗中非常吃亏。于是，往往十几个希腊步兵就能毫不费力制服一艘敌舰。经过激烈的战斗，希腊舰队击溃了波斯舰队的右翼，并开始包抄其左翼，剩下的波斯战船想掉头逃跑，但又被源源不断开进海湾的后续舰

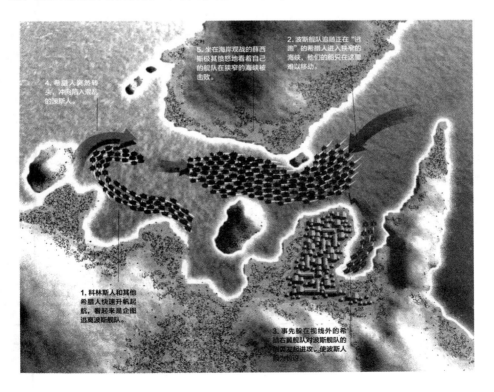

本页_萨拉米斯海战态势图

队堵住了退路。此时，等在外面的其他波斯战舰并不知道海湾里面的战况，依然争先恐后向海峡里开，于是，进来一批，被灭一批，进来一批，被灭一批……

希腊舰队几乎没有损失，他们士气高涨，后面还有大量生力军，再打下去，波斯海军必定难逃全军覆没的命运。薛西斯站在山顶上亲眼看见了整个海战结果，无奈地看着自己的战船被击沉或俘虏。战争进行到这里，他知道大局已定，不可能再战胜希腊人了。考虑到整体战略形势，他不能在这里和希腊海军继续拼下去了，如果他的海军全军覆没，仍在半岛中部作战

的庞大的陆军就会彻底失去后勤补给。薛西斯只好下令停止进攻，当天的战斗以希腊获胜而结束。

关于此战损失，波斯人没有留下详细记录，希腊史学家普遍认为波斯战船损失超过 600 艘，人员伤亡高达数万人。不过，当时波斯参战的战船一共只有 600 多艘，此后还爆发过激烈的海战，所以波斯海军此次损失的应该只是前锋舰队。饶是如此，战后，被海潮冲到萨拉米斯岛对岸海湾的波斯战船残骸和士兵尸体，也堆满了几公里长的海滩，让人触目惊心。

七 居功自傲死他乡

萨拉米斯湾海战胜利后，特米斯托克利主张派舰队去达达尼尔海峡烧毁波斯人的浮桥，将薛西斯困在希腊。但性格保守的阿里斯蒂德不赞成这样做，他认为薛西

斯的海军虽然已残，陆军尚有数十万之众，如果烧了浮桥，薛西斯势必会成一头困兽，后果难以预料，不如让他安全返回波斯，然后集中力量消灭留下的波斯军队。特米斯托克利同意了这一看法，便再次派人到波斯阵营假装投降，谎称希腊人打算派舰队去烧掉赫拉斯滂浮桥。薛西斯得知这一情况后大惊失色，立刻下令剩余的舰队撤往达达尼尔海峡，留下十余万精锐陆军驻扎在色萨利、色雷斯以及马其顿地区，统归马多尼奥斯负责，希望以这些兵力制服希腊人的反扑，自己则率领残部退往小亚细亚。

第二年，数万希腊联军在斯巴达新任国王波萨尼亚斯的带领下，在普拉提亚大胜波斯军队，并击毙了波斯大将。经此一战，波斯永远失去了进攻希腊的能力。同年，以雅典为首的希腊海军反攻波斯，进入小亚细亚，攻占了地中海进入黑海地区的咽喉拜占庭。原先臣服于波斯的小亚细亚沿岸各希腊城邦纷纷脱离波斯的统治。公元前 478 年，希波战争以双方签订《卡里阿斯和约》而结束，波斯帝国从此承认小亚细亚沿岸各希腊城邦的独立地位，并将其军队撤出爱琴海和黑海地区，长达半个世纪的希波战争结束，波斯帝国也由此走向衰败。

希波战争最关键的一战萨拉米斯海战，国力处于巅峰时期的波斯倾全国之力对希腊发起战争，在陆地上惨重损失还节节进逼，将希腊的抵抗力量全部压缩在科林斯地峡以南一小块土地上。而一旦希腊海军战败，被动防守的希腊陆军很难凭借地峡阻挡源源不断的敌人，希腊将会陷落，将不会有后来西方文明的发端。

萨拉米斯海战，是特米斯托克利以一人之力挫败了波斯舰队，拯救了危急关头的希腊。古希腊历史学者修昔底德这样称赞道："无比的天才……他用直觉应付危机的能力，是无与伦比的。"

雅典人不仅通过战争赢得了独立地位，而且建立了由亲雅典的希腊城邦组成的"提洛同盟"，雅典自然取得了同盟的领导权，俨然成了地中海地区的霸主，雅典的黄金时代到来了。

不仅如此，在此后的岁月里，希腊的经济取得了惊人的发展，雅典的拜里厄斯港成为世界的贸易中心。文化界更是精英辈出，群星璀璨。唯物论者德谟克利特、哲学家柏拉图、戏剧家欧里庇得斯、雕塑家菲狄亚斯，还有百科全书式的学者亚里士多德。他们如满天星辰照耀着西方历史的天空。

战争结束后，雅典人论功行赏，每个将军都认为自己的功勋应当排第一，但他

本页_雅典古城

们都毫无例外地将第二名的"殊荣"归于特米斯托克利，可见后者堪称那个时代无可争议的杰出人物。斯巴达人也授予特米斯托克利特殊的荣耀，将自己城中最好的一辆战车送给他，并派 300 名青年作为他的随身侍从，这在斯巴达历史上是绝无仅有的。在战后的奥林匹克运动会上，特米斯托克利成了比运动员还受欢迎的人物，观众们不再关注比赛，而是围着赞扬他，感谢他给希腊带来的一切。

特米斯托克利也认为这一切荣誉是理所当然的，他经常称颂自己的伟大，经常抱怨雅典人把他当成一棵大树，暴风雨来时都到树下避雨，暴风雨一过就开始砍树枝、剪树叶。一次，他路过波斯人的尸体时，指着那些尸体上的黄金饰品，对朋友说："你随便拿吧，你不是特米斯托克利。"还有一次，他说自己的儿子是全希腊最有权威的人，因为他支配着他妈妈，他妈妈又支配着她丈夫。与差不多同时期的王翦（王翦曾"多请田宅为子孙业，以自坚"来避免秦王的猜疑）比起来，特米斯托克利显然缺少了一种东方式的政治智慧，这也就注定了他的悲剧。特米斯托克利居功自傲，过于看重自己的能力和荣誉，战争给他带来的荣耀并没有持续多久，政敌们便开始攻击他。他的个人品德确实很成问题，在政坛上的名声一向不好，为实现目的往往不择手段，以前就经常使用贿选等手段取得政治优势，对盟友斯巴达更是从不讲信用。除此之外，他的财务问题也很容易受到攻击，他经常收受贿赂、勒索国内人民，并定期到爱琴海希腊各岛国为雅典海军索要军费。特米斯托克利的这些做法引起公愤，雅典人按照"陶片放逐法"把他流放到阿尔戈斯。用后来历史学家的话来说："他拯救了雅典，但未能拯救自己；他能击败一个大帝国，但不能战胜自己的权力欲。"

古希腊著名历史学家修昔底德却对特米斯托克利充满景仰和同情："特米斯托克利深知，如果雅典想保有其民主政体，它必须成为一个帝国，而要成为帝国，必须变成一个海上民族，海洋帝国是民主之母……他是第一个敢对雅典人说'你们的将来是在大海上'的人！"

特米斯托克利被流放期间，希腊联盟破获一起通敌案。通敌者正是曾率领希腊联军在普拉提亚歼灭十万波斯大军的斯巴达名将保萨尼埃（Pausanias）。保萨尼埃也是因为居功自傲，暗中联络波斯薛西斯。保萨尼埃认为特米斯托克利一定也对雅典人的忘恩负义怀恨在心，因此前来劝他一道向波斯投降，然而被特米斯托克利断然拒绝。保萨尼埃写给薛西斯的一封信被希腊联盟士兵截获，导致事情败露。此后，保萨尼埃在斯巴达东躲西藏，最后躲到一座神庙里面。愤怒的斯巴达人将神庙团团围住，然后用石块把门窗堵起来。据记载，保萨尼埃的母亲对儿子叛国的行为极为失望，亲自放上了第一块石头以示大义灭亲。一代名将保萨尼埃就这样被困在神庙里活活饿死。

而保萨尼埃此前为了向薛西斯邀功，在这封信里声称得到了特米斯托克利的支持，就这样，特米斯托克利也被牵扯了进去。雅典议会缺席审判将特米斯托克利定了叛国罪。特米斯托克利不甘心就这样被处死，于是选择了逃亡。在之后的数年里，特米斯托克利在希腊各城邦辗转漂泊，但雅典人一直对他紧追不放。走投无路之下，特米斯托克利前往波斯，请求死敌波斯薛西斯予以收留。特米斯托克利的到来让薛西斯欣喜若狂，晚上睡觉时曾三次在梦中高呼："我得到了特米斯托克利！"后来，特米斯托克利出任波斯的希腊语藩属国马格尼西亚（Magnesia）的总督，在那里平静地度过了晚年。

公元前462年，埃及再度爆发叛乱，在雅典人的支持下连续击败前往平叛的波斯军队，让当时的波斯皇帝阿塔薛西斯（Artaxerxes）大伤脑筋。为了根除威胁，阿塔薛西斯决心重建波斯海军，与雅典争夺海上霸权，有意让特米斯托克利出任波斯海军统帅。此时已经65岁的特米斯托克利接到波斯王来信后未做任何表示，而是在家里设宴款待客人。在宴席上，他和亲朋好友一一握手，等祭祀完众神后，将一杯毒酒一饮而尽，以死明志。特米斯托克利宁死不跟祖国作战的行为使波斯皇帝对他愈加敬佩，此后一直非常优待其子孙。

作为挽救了希腊的英雄人物，特米斯托克利在当时的雅典却是一个饱受非议的人物。他凭借天才的战略眼光力主发展海军，缔造了雅典的海上霸权，在他的带领下，雅典从一个故步自封的希腊城邦逐步演变为一个充满野心和进取精神的海上强权。可以说，雅典乃至整个希腊今后的历史都被深深打上了特米斯托克利的烙印，这样一个希腊英雄却最终投向了敌人，不能不说是一个悲剧。然而，无论是"变节"行为，还是并不那么高尚的私人品德，都不能掩盖这位远超时人的天才散发的耀眼光芒，以及他带领希腊人在萨拉米斯海战中战胜强大敌人所获得的伟大荣耀。

当特米斯托克利自杀的消息传到希腊时，修昔底德情不自禁为这位伟大将军写下了著作《历史》开篇以来第一份悼词："真的，特米斯托克利向世人显示了他是一个极富天才的人。他是超凡的。他比任何人都值得我们钦佩。对那些当场必须解决且不容长时间讨论的事情，他凭借自己的天赋就能得到正确的答案。在估计将来可能产生的结果时，他的预测永远比别人可靠。任何他熟悉的问题，他都可以完美地表述。对于外行的问题，他也同样可以提出很好的意见。他拥有惊人的力量，可以看透未来，看出其结果。由于天才的力量和行动的迅速，他能够在最恰当的时候做出最恰当的反应。这一点，远非他人所能及。他是希腊最伟大的人。"

致谢

在《信史》的编辑和出版过程中，得到了诸多军事历史研究者、爱好者以及相关文化机构团体的大力支持，在此特表示由衷的感谢（排名不分先后）！

个人：

董 治	刘欣怡	王雨涵	陈 焱
杨 超	杨英杰	周 鹏	寇 通
孙斯特	澜 风	刘 斌	张 伟
张 晓	陈 凌	胡 洁	张 泊
查攸吟	刘啸虎	陈亮宇	章 毅
陈修竹	朱 茜	王珑润	杨青烨
梁晓天	朱秀明	陈峰韬	陈 翔
廉 震	景迷霞	付晓宇	叶俊人
赵开阳	安晓良	孙朔铣	孙玲玲
陈正午	童 轶	黄如一	魏 锦
赵振华	郭大成	王 东	魏 博
耿煦文	董振宇	李商龙	刘润之
卫世良	李 瑜	蔡传亮	徐冈威
王 勇	危 巍	陶 金	史 效
季庆丰	江圣翀	俞思佳	赵易星
沃金方	张 锋	白晨光	席治通
秦思奕	王一峰	廖茂宇	张宇翔
马 凯	孙 喆	刘润之	顾 皓
姜文韬	马 千	白宇辰	荣毅德
叶 平	杨志民	朱怿昀	张立飞
张 磊	梁伟斌	吴 畋	赵 恺
李 煜	周家汉	许天成	郑礼添
许文强	付洪君	孟 驰	杨逸杰
宋春晓	郑志新	文 峰	

单位：

中央电视台新科动漫频道	探天下影视文化公司	War Drum Games 战鼓游戏
新科动漫频道论坛	正鹄弓箭社	百度朱棣吧
渤海大学文学院	中国联合弓会	百度骑兵吧

本书创作团队简介

指文烽火工作室，由众多资深历史、战史作家组成，从事古今战争、中外历史的研究、写作与翻译工作，通过精美的图片、通俗的文字、独到的视角理清历史的脉络。

Lepriest：美术工作者，高校艺术设计教师，喜爱世界历史和美术史，对西方文艺复兴史和文艺复兴艺术史及同时期军事史颇有研究。

澜风：专攻15世纪中叶至17世纪中叶"大航海时代"时期的世界史，涉猎各国的风土、社会以及军政人物史实，致力于挖掘外国一些非热门文明。

陈修竹：笔名大成至圣魏忠贤，历史爱好者，研究历史十多年，尤其熟悉先秦春秋史和西亚北非史，曾先后在多家杂志和专业网站发表文章。

卫世良：军史爱好者、硬币收藏爱好者，收集钱币十余年，对宋代铜钱尤其有深入研究。

董狐：安徽大学历史系硕士，军事历史作家、编剧，著有军事谍战小说《致命裁判》、名著解读《趣话水浒》等。

ENGLAND

英法百年战争
1415—1453

THE HUNDRED YEARS BETWEEN

[上卷]

王一峰 著

FRANCE

英法百年战争1415—1453

英法两国争夺欧洲大陆霸主的入场券

近400张图片及战时手绘地图，全面展示了百年战争中英王亨利五世、圣女贞德等一批杰出人物的功业与光辉事迹，细致勾勒了法兰西王国新君主体系建立的关键走向与曲折过程！

战争事典 特辑018

英国历史学家莱恩–普尔的代表作

以摩尔人为主线，展现了西班牙中世纪历史的宏大
以及活跃在地中海的巴巴里海盗群体的兴衰

MOORS

西班牙摩尔人和
地中海巴巴里海盗的故事

斯坦利·莱恩–普尔精选集

[英] 斯坦利·莱恩·普尔 著

张炜晨 李珂 译 刘萌 审阅

BARBARY CORSAIRS

信史创作团队

主创：何单 刘晓 王菁 丁秀群 朱章凤
视觉：黄丹 王星 周杰
营销：牟燕红 胡小茜 陈晶 王婕
指文烽火工作室主编：原廓

官方网站：www.zven.cn
天猫店：zwhxts.tmall.com
投稿信箱：zven@zven.cn